Uwe Hochmuth, Rudi Kurz, Michael Mangold (Hg.)
Wachstum am Wendepunkt

Wachstum. Wohlstand. Demokratie | 1

Editorial

Wirtschaftswachstum gilt nicht mehr als selbstverständlich und ein direkter Zusammenhang mit Wohlstandsmehrung wird zunehmend bezweifelt. Die lebensbedrohliche Zerstörung der Natur ist offensichtlich und die dadurch bedingten Wohlstandseinbußen sind wissenschaftlich nachgewiesen. Als Reaktion auf diese Dynamik entwickeln viele Menschen wirtschaftliche Abstiegsängste und denunzieren die liberale Demokratie aggressiv als Ursache.
Das Wissen um diese Probleme und die Informationen über notwendige Lösungen sind soweit vorhanden, dass sich koordiniertes Handeln ergeben sollte. In der Realität zeigt sich jedoch, dass dem nicht so ist. Die Buchreihe **Wachstum. Wohlstand. Demokratie** präsentiert Beiträge zur Analyse dieser komplexen Zusammenhänge und zur Frage, wie Wissen in Handeln übersetzt werden kann.
Die Reihe wird herausgegeben von Uwe Hochmuth, Rudi Kurz und Michael Mangold.

Uwe Hochmuth, geb. 1952, ist Research Fellow am Institut für Angewandte Wirtschaftsforschung (IAW). Er war u.a. Geschäftsführer des Sonderforschungsbereichs 3 (Mikroanalytische Grundlagen der Gesellschaftspolitik) der DFG und des Instituts für Angewandte Wirtschaftsforschung (IAW), Prorektor und Professor für Kulturökonomie an der Staatlichen Hochschule für Gestaltung Karlsruhe (HFG) und Professor für Finanzwissenschaft an der Hochschule der Wirtschaft für Management (HdWM). Seine Forschungsschwerpunkte sind Mikrotheorie, Kulturökonomie und Demokratietheorie.
Rudi Kurz, geb. 1952, ist ehrenamtlicher Sprecher des Arbeitskreises Wirtschaft und Finanzen im Bund für Umwelt und Naturschutz Deutschland (BUND). Er war wissenschaftlicher Referent am Institut für Angewandte Wirtschaftsforschung (IAW) und Professor für Volkswirtschaftslehre an der Hochschule Pforzheim. Seine Forschungsschwerpunkte sind Ordnungspolitik, Innovationsforschung, Wirtschaftswachstum, Umweltökonomie und Nachhaltige Entwicklung.
Michael Mangold (Dipl.-Soz., Dr. phil.), geb. 1962, ist Research Fellow am Institut für Angewandte Wirtschaftsforschung (IAW). Er war wissenschaftlicher Referent am Institut für Angewandte Wirtschaftsforschung (IAW) sowie Gründer und Leiter des Instituts für Medien, Bildung und Wirtschaft am ZKM | Zentrum für Kunst und Medien Karlsruhe. Er war beteiligt am Aufbau der Türkisch-Deutschen Universität Istanbul im Fachbereich Medien- und Kulturwissenschaften. Seine Forschungsschwerpunkte sind Demokratietheorie sowie wirtschaftlicher und sozialer Wandel.

Uwe Hochmuth, Rudi Kurz, Michael Mangold (Hg.)

Wachstum am Wendepunkt

Einsichten in Notwendigkeiten

[transcript]

Bibliografische Information der Deutschen Nationalbibliothek
Die Deutsche Nationalbibliothek verzeichnet diese Publikation in der Deutschen Nationalbibliografie; detaillierte bibliografische Daten sind im Internet über https://dnb.dnb.de/ abrufbar.

transcript Verlag | Hermannstraße 26 | D-33602 Bielefeld | live@transcript-verlag.de

Umschlaggestaltung: Maria Arndt
Druck: Elanders Waiblingen GmbH, Waiblingen
https://doi.org/10.14361/9783839421819
Print-ISBN: 978-3-8376-7872-7 | PDF-ISBN: 978-3-8394-2181-9
Buchreihen-ISSN: 3053-1470 | Buchreihen-eISSN: 3053-1489

Gedruckt auf alterungsbeständigem Papier mit chlorfrei gebleichtem Zellstoff.

Inhalt

Hinweis

Zur besseren Lesbarkeit wird in – den meisten Texten – dieser Publikation das **generische Maskulinum** verwendet. Die verwendeten Personenbezeichnungen beziehen sich – sofern nicht anders kenntlich gemacht – auf alle Geschlechter.

Grußwort

Meine sehr geehrten Damen und Herren,

ich darf Sie herzlich willkommen heißen im Hause der Deutschen Bundesbank und freue mich sehr, ein kurzes Grußwort halten zu dürfen. Mein Name ist Andreas Schuler, ich bin stellvertretender Leiter des Stabs von Frau Dr. Staab hier im Hause und darf Sie herzlich grüßen. Wir würden uns freuen, wenn Sie den heutigen Aufenthalt hier im Hause genießen können und wünsche Ihnen einen erkenntnisreichen fachlichen Austausch.

Thematischer Überblick

Und damit wären wir auch schon beim fachlichen Teil des heutigen Tages – Ihrem Workshop. Wie ich Ihrem Tagungsprogramm entnommen habe, stehen eine ganze Reihe von aktuellen Themen auf Ihrer heutigen Agenda. Besonders bereichernd finde ich es, dass Sie diese Themen aus interdisziplinärer Sicht beleuchten wollen. Gerade das kommt in heutigen Diskussionen – wie viele meiner Kolleginnen und Kollegen und ich finden – viel zu kurz. Gleichzeitig bin ich mir aber sicher: Sie haben sich damit keine einfache Aufgabe vorgenommen. Denn wenn ich mir die zentralen Begriffe in Ihrem Programm so anschaue – Wachstum, Wohlstand, Verteilungsfragen, Nachhaltigkeit usw. – kann ich Ihnen versichern, dass es sich dazu auch »nur« innerhalb der Ökonomenzunft vortrefflich diskutieren lässt – dazu bedarf es noch gar keines interdisziplinären Austauschs. Von daher wünsche ich Ihnen bereits an dieser Stelle ein gutes Gelingen bei Ihrem heutigen Vorhaben. Die Themengebiete, die Sie sich vorgenommen haben, sind aber auch für unser Haus von Interesse. Einige der zentralen Themen – nämlich Wachstum, Wohlstand und Nachhaltigkeit – möchte ich daher herausgreifen und kurz aus Sicht der Bundesbank kommentieren.

Wachstum

Beginnen wir mit dem Wachstum. Es ist selbsterklärend, dass wir als geldpolitische Autorität stets einen Blick auf das Wirtschaftswachstum in unserem Wirtschaftsraum, dem Euroraum, haben. Speziell für Deutschland hat die Bundesbank vor zwei Wochen ihre jüngste Deutschlandprognose vorgelegt. Nach Einschätzung unserer Prognostiker fasst die deutsche Wirtschaft nach rund zweijähriger Schwächephase langsam wieder Tritt. Das kalenderbereinigte reale Bruttoinlandsprodukt (BIP) legt demnach im laufenden Jahr um 0,3 Prozent zu. Für das kommende Jahr erwarten die Fachleute ein Wirtschaftswachstum von 1,1 Prozent, für 2026 von 1,4 Prozent. Nachdem das BIP im ersten Quartal 2024 um 0,2 Prozent gestiegen ist, wird für das laufende Quartal eine ähnliche Wachstumsrate erwartet. Laut des Berichts sollte die Erholung der Dienstleister noch an Breite und Kraft gewinnen, wenn auch vom privaten Konsum wieder Impulse kommen. Darauf deuten die verbesserten ifo-Indikatoren zur Geschäftslage und Geschäftserwartung hin. Die Unternehmensinvestitionen gehen hingegen wohl vorerst weiter zurück. In der Industrie ist angesichts der noch schwachen Auftragseingänge kurzfristig keine durchgreifende Belebung zu erwarten. Immerhin dürfte die Produktion in den energieintensiven Branchen ihre Aufwärtsbewegung fortsetzen. Auch von der Automobilindustrie dürften begrenzte Wachstumsimpulse ausgehen.

Im dritten Quartal erwarten wir, dass die Konjunktur noch einen Gang höher schalten wird. Dann dürfte sich der Konsum weiter festigen, und vor allem sollten von der Industrie stärkere Impulse kommen. Wir gehen davon aus, dass die Wirtschaft 2025 mit etwas höherem Tempo wachsen wird. 2026 sollte sich das Wachstum dann noch etwas verstärken und die Wirtschaft wird wieder in etwa ihr Produktionspotenzial erreichen. Getragen wird die Expansion zunächst weiterhin vom privaten Konsum und den Exporten. 2026 werden dann erstmals wieder spürbare Impulse von privaten Investitionen hinzukommen.

Für uns ebenso bedeutsam wie das Wachstum der volkswirtschaftlichen Produktion ist das Wachstum der Verbraucherpreise – und damit sind wir bei der Inflation. Bei der Bekämpfung der hohen Inflation infolge der Aufhebung der Corona-Beschränkungen und des Beginns des Ukraine-Kriegs befinden wir uns inzwischen auf der letzten Meile, die sich allerdings – wie so oft – als die hartnäckigste erweist. Die Inflationsrate, gemessen am Harmonisierten Verbraucherpreisindex (HVPI), dürfte von jahresdurchschnittlich 6,0 Prozent im vergangenen Jahr auf 2,8 Prozent im laufenden Jahr sinken. Vor allem die Teuerung von Energie und Nahrungsmitteln sollte in diesem Jahr erheblich nachlassen. Allerdings erweist sich die Inflation als hartnäckig, vor allem bei den Dienstleistungen. Dabei spielen die kräftig steigenden Löhne und der davon ausgehende Kostendruck eine wichtige Rolle. Die Tarifverdienste werden im laufenden Jahr besonders stark steigen und nach unserer Ansicht auch danach weiter deutlich zunehmen. Die höheren Arbeitskosten werden insbesondere im kommenden Jahr auch bei den Nahrungsmittelpreisen zu Buche schlagen. Dann wird sich nach unserer aktuellen Prognose auch Energie wieder etwas stärker verteuern. Insgesamt erwarten wir für 2025 einen leichten Rückgang der Inflationsrate auf 2,7 Prozent. Im Jahr 2026 soll die Teuerung dann deutlicher auf durchschnittlich 2,2 Prozent sinken. Die Kernrate (ohne Energie und Nahrungsmittel) geht indes nur zögerlich zurück, auf 3,1 Prozent im laufenden Jahr, auf 2,5 Prozent im kommenden Jahr und auf 2,3 Prozent im Jahr 2026. Dieser langsamere Verlauf des Disinflationsprozesses bei der Kernrate liegt vor allem an den kräftig steigenden Arbeitskosten. So werden die Tarifverdienste ab 2025 zwar deutlich weniger stark steigen, aber weiterhin kräftig zulegen. Die Effektivverdienste werden im Projektionszeitraum derweil durchgängig noch etwas stärker als die Tarifverdienste steigen.

Wohlstand

Eng mit dem Thema Wachstum verbunden ist der Wohlstand, den wir in einem Land sehen. Für ein außenhandelsorientiertes Land wie Deutschland hängt der Wohlstand natürlich eng vom Ausmaß des Handels mit seinen internationalen Wirtschaftspartnern ab. In der Vergangenheit hat Deutschland stark von der Globalisierung profitiert. Doch aktuell mehren sich die Stimmen, die von einer Deglobalisierung sprechen. Damit ist insbesondere die Gefahr gemeint, dass der weltweite Handel sich zunehmend in Blöcke aufteilt, sodass bestimmte Länder nur noch mit anderen bestimmten Ländern handeln und die durch den freien Außenhandel generierten Wohlfahrtsgewinne zunehmend verloren gehen. Als stark vom Export abhängiges Land träfe dies Deutschland besonders hart.

Was also tun? Natürlich geht eine erhöhte Resilienz der inländischen Wertschopfungsketten nicht mit weniger, sondern mit mehr Außenhandel einher. Handel mit mehreren Ländern schafft Diversifikation und vermindert Risiken. Gleichzeitig bleiben die Wohlfahrtsgewinne, die der internationale Handel schafft, zu einem großen Teil erhalten. Eine andere, weniger optimale, aber dennoch sinnvolle Option – der Ökonom würde sagen, die sogenannte »second-best«-Lösung – ist die Fokussierung auf strategische Allianzen. Und welche Allianz läge hier näher als die Europäische Union? Eine wesentliche Antwort auf die drohende Deglobalisierung liegt daher in unseren Augen in einer stärkeren Kooperation innerhalb der EU, beispielsweise in Form der Kapitalmarktunion. Die Chancen der Kapitalmarktunion, eines gemeinsamen europäischen Kapitalmarktes, sind groß. Ein tiefer, liquider Kapitalmarkt erleichtert es, privates Kapital zu mobilisieren. Und das benötigen wir in großem Umfang, um die ökologische und digitale Transformation der europäischen Wirtschaft zu forcieren. Die Europäische Kommission schätzt den zusätzlichen Investitionsbedarf auf über 745 Milliarden Euro – pro Jahr wohlgemerkt. Der Löwenanteil wird von privaten Akteuren zu stemmen sein. Auch für uns als Bundesbank wäre ein integrierter Kapitalmarkt in der EU von Vorteil. Einerseits unterstützt er die einheitliche Geldpolitik im Euroraum, indem er dazu beiträgt, dass die geldpolitischen Impulse gleichmäßig im gesamten Währungsraum wirken. Andererseits werden bei einem wirtschaftlichen Schock in einem Mitgliedstaat Folgekosten über das gesamte Währungsgebiet hinweg abgefedert. Insofern trägt eine umfassendere private Risikoteilung auch zur Finanzstabilität bei.

Nachhaltigkeit

Eben hatte ich bereits das Erfordernis der nachhaltigen Transformation der europäischen Wirtschaft angesprochen. Das Thema Nachhaltigkeit ist eines, das Sie heute ebenfalls diskutieren wollen – zumindest hatte ich den Begriff »Naturverbrauch« in Ihrer Agenda gesehen. Nachhaltigkeit ist aber auch ein Thema, das die Bundesbank umtreibt. Grundsätzlich sind bei diesem Thema und insbesondere bei der Bekämpfung des Klimawandels vor allem die Wirtschafts- und Steuerpolitik gefordert, wirksame Instrumente zu konzipieren und einzusetzen. Aus ökonomischer Sicht ist insbesondere ein CO_2-Preis eine sinnvolle Maßnahme. Ein höherer CO_2-Preis setzt klare Anreize, ökologische Kosten durch Verhaltensänderungen oder technische Innovationen zu reduzieren.

Trotz der federführenden Rolle von Regierungen und Parlamenten ist klar: Beim Schutz des Klimas ist die gesamte Gesellschaft gefragt. Dazu gehören auch die Notenbanken. Als Bundesbank leisten wir bereits in vielfacher Hinsicht einen Beitrag zum Klimaschutz. Und wir werden unsere diesbezüglichen Maßnahmen in den kommenden Jahren weiter intensivieren. Ein konkretes

Beispiel ist unsere Bankenaufsicht: Gerät der Kreditnehmer einer Bank aufgrund von schlagend werdenden Klimarisiken in Zahlungsschwierigkeiten, ist auch die finanzierende Bank unmittelbar betroffen. Es liegt daher im ureigenen Interesse der Finanzinstitute, diese Risiken zu antizipieren und klug zu agieren. Darauf zu achten, dass Risiken – also auch klimabezogene – tatsächlich von den Banken hinreichend berücksichtigt werden, gehört zu den grundlegenden Aufgaben der Zentralbanken. Daher halten wir die Institute als Bankenaufseherin dazu an, Klimarisiken vollständig in ihr Risikomanagement, ihre Geschäftsstrategie und ihre interne Organisation zu integrieren. Nur wenn Banken alle Risiken adäquat angehen, bleiben sie stabil und können darüber hinaus ihren wichtigen Beitrag zu einer nachhaltigen Transformation leisten.

Schluss

Meine sehr geehrten Damen und Herren, Sie sehen: Die zentralen Themen, die Sie heute diskutieren wollen, lassen sich nicht nur – um Ihr Programm zu zitieren – aus Sicht der Wirtschaftswissenschaften, der Soziologie, der Philosophie, der Umwelt- und Klimawissenschaften und der Politikwissenschaften diskutieren, sondern auch aus Sicht einer Notenbank. Persönlich bin ich der Auffassung, dass es nicht nur einer interdisziplinären Diskussion der einzelnen Begriffe bedarf, sondern auch einer simultanen Betrachtung dieser Konzepte, da diese – wie aus Sicht der Bundesbank dargestellt – untereinander zusammenhängen.

Ich freue mich daher sehr, dass Sie heute hier zusammengekommen sind, um dieser komplexen Thematik Rechnung zu tragen, und wünsche Ihnen nun einen gelungenen Workshop.

Dr. Andreas Schuler, Deutsche Bundesbank, Hauptverwaltung in Baden-Württemberg

Vorwort

Das Wirtschaftswachstum hat sich in den Industrienationen und besonders auch in Deutschland im Verlauf der letzten Jahrzehnte erheblich verlangsamt. Die verfügbaren Prognosen sagen voraus, dass das Wachstum des Produktionspotenzials auch künftig auf absehbare Zeit niedrig bleiben wird. Dies ist insbesondere der demografischen Entwicklung geschuldet, aber auch einer weiter zu erwartenden geringen Investitionsneigung. Der technische Fortschritt, beispielsweise aufgrund der Digitalisierung, wird diese Bremseffekte vermutlich nicht kompensieren können. Dazu kommt, dass eine nachhaltige Entwicklung Anpassungen in der Produktionsweise erfordert, die wiederum mit einer Reduktion des Wachstums verbunden sind, während z.B. weniger ressourcenintensive Technologien entwickelt und implementiert werden. Es ist sicher weiter erforderlich, Wachstumshemmnisse zu identifizieren und durch die Wirtschaftspolitik zu mindern. Aber zum Teil wird man sich der Herausforderung eines geringen oder über längere Zeiträume ganz zum Erliegen kommenden Wachstums stellen müssen. Dies hat profunde Folgen für die Gesellschaft insgesamt – die Verteilung von Einkommen und Vermögen und damit die wirtschaftliche Teilhabe zwischen unterschiedlichen gesellschaftlichen Gruppen, die Finanzierung des Sozialstaates, die Fähigkeit zur Bewältigung von Krisen unterschiedlicher Art und den Einfluss der westlichen Demokratien in der Welt. Im Zusammenhang betrachtet geht es folglich um die bislang als selbstverständlich geltende Verbindung zwischen wirtschaftlichem Wachstum, Wohlstand und Demokratie. Gleichermaßen wie ihr Zusammenwirken brüchig geworden ist, sind auch ihre einzelnen Komponenten in ihrem zukünftigen Bestand unsicher und auch im jeweiligen Gehalt undeutlich geworden. Damit werden grundlegende Fragen aufgeworfen, deren Bearbeitung die Zusammenarbeit unterschiedlicher Wissenschaftsbereiche und die Einnahme verschiedener Perspektiven erfordern. Dieser Aufgabe widmet sich der vorliegende Sammelband.

Das Institut für Angewandte Wirtschaftsforschung (IAW) besteht seit 1957 und kann auf eine lange Forschungslinie zum Thema Wachstum und Verteilungspolitik zurückblicken, wie aus Publikationen von Carl Föhl, Alfred E. Ott und vielen anderen seiner Forscherinnen und Forscher, Direktoren und Direktorinnen ersichtlich ist. Wie überall in der Wissenschaft verstärkt sich die Spezialisierung, es geht um die wissenschaftliche Exzellenz in einzelnen Fachgebieten. Dabei droht der Zusammenhang einzelner Erkenntnisse für die Erörterung grundlegender Fragen auf der Strecke zu bleiben. Entsprechend wichtig ist es, immer wieder Zusammenhänge herzustellen. Deshalb bin ich den Herausgebern, die wie auch einige der Autorinnen und Autoren ehemalige Mitarbeiter des IAW sind, sehr dankbar für die Initiative für diesen Sammelband. Die Grundlage hierfür wurde im Juni 2024 mit einem wissenschaftlichen Workshop in den Räumen der Deutschen Bundesbank – Hauptverwaltung in Baden-Württemberg gelegt, der mit Förderung der Friedrich-Ebert-Stiftung durchgeführt wurde. Ich bin sehr zuversichtlich, dass dieser Diskussionsprozess mit dem vorliegenden Band eine fruchtbare Grundlage für die Folgeveranstaltung im Juni 2025 legt.

Prof. Dr. Bernhard Boockmann, Wissenschaftlicher Direktor, Institut für Angewandte Wirtschaftsforschung, Tübingen

Einleitung

In weiten Teilen des globalen Nordens entfalten sich zunehmend individuelle Empfindungen von wirtschaftlicher, sozialer und kultureller Bedrohung, die sich zu einem kollektiven Empfinden des Niedergangs verdichten. Es entwickeln sich hinreichend übereinstimmende Situationseinschätzungen, Handlungsziele und lebensbeschreibende Narrative, aus denen stabile individuelle politische Identitäten und systemgefährdende kollektive Haltungen resultieren.

In besonderer Weise zeigt sich dies in Deutschland mit seinem seit der Nachkriegszeit stets exportlastigen und damit von internationalen Entwicklungen abhängigen Geschäftsmodell, dessen wirtschaftliche Erfolge hohe soziale und kulturelle Integrationsleistungen mit sich brachten. Wie in den meisten Industrieländern gerät jedoch auch in Deutschland die wirtschaftliche Entwicklung ins Stocken. Neben inländischen Wachstumshemmnissen wie beispielsweise Fachkräftemangel, Investitionsstau oder Bürokratiebelastung wirken auch das allgemeine Erlahmen der Wachstumskräfte in wichtigen Abnahmeländern und der stärker werdende Protektionismus offenkundig negativ. Das bisher scheinbar vorbehaltlos gegebene Expansionsversprechen wird abgelöst durch Vorstellungen eines dauerhaften Null- oder sogar Negativ-Wachstums. Verstärkt wird diese Tendenz durch die ökonomischen Wirkungen von nicht unmittelbar wirtschaftlichen Einflussfaktoren aus den Bereichen Demografie, Technologie, Ökologie und Gesundheit. Darüber hinaus ist durch den russischen Krieg gegen die Ukraine eine nicht abschätzbare neue Gefahrenlage eingetreten, die neben nicht messbarem menschlichem Leid auch zu gravierenden materiellen Wohlstandsverlusten und allgemeiner Verunsicherung führt. Insgesamt entsteht eine Atmosphäre des Ausgeliefertseins an Kräfte, die von den gewohnten politischen, sozialen und wirtschaftlichen Eliten nicht mehr ausreichend eingehegt werden können.

Obwohl die Dimensionen dieser Zäsuren noch nicht ganz überschaubar sind, lässt sich zweifelsfrei feststellen, dass grundlegende Störungen im bisher stabil erscheinenden sozioökonomischen Gefüge um sich greifen. Der wirtschaftliche Stress wirkt tief in die alltägliche Lebenswelt hinein. Gewohnte und angestrebte Lebensstile, institutionelle Sicherheiten und kulturelle Strukturierungen stehen in bisher unerwarteter Weise zur Disposition und wecken bei vielen Menschen die Angst, das eigene und das familiale Leben nicht mehr befriedigend bewältigen zu können. Da seit der Nachkriegszeit von einer scheinbar naturgesetzlichen Ausweitung wirtschaftlicher Leistungserstellung ausgegangen und jede drohende Schwierigkeit mit einer als hoffnungsgebend interpretierten naiven Wachstumserzählung gekontert wurde, konnten Fragen nach den Folgen einer Gesellschaft ohne längerfristiges wirtschaftliches Wachstum gar nicht erst aufkommen. Man fand keinen Abstand zu der Basisannahme, dass man die Probleme mittels instrumenteller Steuerung handhaben könne und stets zum Wachstum zurückfinden würde.

Dies hat lange funktioniert – nicht zuletzt aufgrund der bewussten und unbewussten Ausklammerung von tiefgreifenden Umweltbelastungen sowie der unzureichenden Auseinandersetzung mit technischen Entwicklungen und den immer größer werdenden Verteilungsungleichheiten bei Einkommen, Vermögen und Zugängen zu öffentlichen Gütern. Entsprechend dieser verschobenen Realitätswahrnehmung lagen und liegen die Reaktionen noch immer in einem weiten Feld zwischen wirtschaftspolitischen Diskussionen über praktische Maßnahmen zur temporären Konsumunterstützung oder zu überbrückenden Subventionierungen und sozialpolitischen Forderungen zur Einschränkung von staatlichen Leistungen. Die problematische öffentliche Engführung dieser Reaktionen auf unerklärte komplexe Konstellationen wird durch den Umgang mit potenziell unangenehmen Informationen gestützt. Sie reicht von naiven Rationalisierungen über das Beiseiteschieben oder Leugnen heikler Evidenz bis hin zur bewussten Manipulation der Ursachenerklärungen.

Diese defizitäre Sicht auf die Grundlagen und die praktischen Verlaufsformen von Wirtschaft, Gesellschaft und staatlichen Institutionen ist auch der Wissenschaft, insbesondere in ihrer politikberatenden Funktion, geschuldet. Eine wesentliche inhaltliche Klammer des einflussreichen wirtschaftswissenschaftlichen Mainstreams und der daran angelehnten Sozialwissenschaften bildeten die scheinbar unbestreitbare, quasi-monopolistische Wachstumsbehauptung sowie die Ausrichtung aller Maßnahmen an ihr. Diese teilweise betriebsblinde Selbstgestaltung der Politikberatung verengte die Betrachtung von politischen Handlungsoptionen. Ein Loskommen von dieser Praxis ist nur schwer möglich. »The difficulty lies not in the new ideas, but in escaping from the old ones« (Keynes 1936, xxiii).

Es existieren mithin keine fundierten Vorstellungen über die Bewältigung einer solchen Herausforderung der Wohlstandssicherung ohne Wachstum und eventuell notwendiger Zumutungen durch Konsumbeschränkungen, auf die man in der öffentlichen Meinungsbildung zurückgreifen könnte. Die politische Antwortautomatik zielt stets auf Versuche, zu den »tradierten« Wachstumsszenarien zurückzukehren und die als erfolgreich eingeschätzte Vergangenheit zu revitalisieren. Außen vor bleiben dabei ernsthafte Erkundungen von möglichen Entwicklungspfaden ohne Wachstumsnotwendigkeiten sowie von deren Wirkungen auf das gesellschaftliche Integrationsvermögen und auf die Bereitschaft zur aktiven Unterstützung demokratischer Strukturen. Eine solche Exploration kann jedoch nur durch eine Überschreitung gewohnter Betrachtungsweisen und durch Einbezug der thematisch betroffenen Fachdisziplinen erfolgen.

Spätestens beim Einbezug der Schädigung der natürlichen Umwelt in den Betrachtungshorizont werden die notwendigen Überschreitungen offensichtlich. Betreffen die wirtschaftlichen, sozialen und kulturellen Bedrohungen vorwiegend Standardeinbußen, so geht es bei Umweltbedrohungen zunehmend um Fragen des Überlebens. Dennoch treten erstere in der gesellschaftlichen Öffentlichkeit dominanter auf und verstellen so den Blick auf immer drängendere Handlungsnotwendigkeiten angesichts von Strukturbrüchen beim Erhalt von Klimastabilität und Biodiversität, die sich einer rationalen Gestaltung zu entziehen scheinen und eine eigene Dynamik entfalten. Während die Diagnose bevorstehender Kipppunkte beim Naturverbrauch und bei den erwartbaren Folgen der Umweltzerstörung wissenschaftlich weitgehend unstrittig ist und mit jedem Katastrophenereignis offensichtlicher wird, gibt es schwer erklärliche Hemmnisse bei der Abhilfe. Die Ursachen für diese Handlungshürden reichen von Zweifeln an Sachverhaltsdarstellungen über das Verdrängen und Leugnen von Tatsachen bis hin zu demonstrativ schädlichem Verhalten. Damit bestehen kaum noch Durchsetzungschancen für ein grundlegendes Umsteuern. Resiliente Infrastrukturen und der Katastrophenschutz rücken daher in den Vordergrund. Daran knüpfen dann wiederum ernste Fragen der Finanzierung und der letztlichen Lastentragung an (z.B. hitzeresistente Städte, Hochwasserschutz inkl. Verlagerung von Siedlungen, Sturmvorsorge).

Sowohl die wohlfahrtsstaatlichen Mehrbelastungen aufgrund eines nicht mehr ausreichenden oder ausbleibenden Wachstums und gleichzeitig problematischer Einkommens- und Vermögensverteilungen als auch die enormen Belastungen aus Umweltschäden führen den Staat an seine Finanzierungsgrenzen. Aus Sicht einer wachstumsgewohnten und -verwöhnten Gesellschaft erscheint dies als ein Bündel von Zumutungen, die aus dem Versagen der Politiker-Elite resultieren. Deren bisher stets um Beruhigung bemühte Versprechen stoßen immer öfter auf Skepsis und Ablehnung, zumal Einkommensverluste und Abstiegsbedrohungen in der sozialen Umgebung spürbar werden. Aus einer den handelnden demokratischen Politikern zugeschriebenen Krise wird unter der Hand eine Krise demokratischer Institutionen, denen die Vorteilhaftigkeit gegenüber autoritären Herrschaftsformen abgestritten wird und denen man folglich das Vertrauen entzieht. Daraus entsteht eine angespannte Grundstimmung, in der das kombinierte Versprechen von wirtschaftlichem Wachstum, gesellschaftlichem Wohlstand in einer weitgehend intakten Umwelt und demokratischen politischen Verhältnissen von großen Teilen der Bevölkerung in Zweifel gezogen wird. Viele sehen die bisherige Erfolgsgeschichte an einem Punkt angekommen, der zu ihrer Fortsetzung autoritäre Strukturen verlangt. Dies ist eine radikale Abkehr von der nahezu unbestrittenen Vorstellung einer zu Ende gekommenen Suche nach der idealen Wirtschafts- und Gesellschaftsordnung, wie sie in der letzten Dekade des 20. Jahrhunderts gesehen wurde und besonders deutlichen Ausdruck in Fukuyamas Buch zum »Ende der Geschichte« (1989) fand.

Der vermeintliche Abschluss gesellschaftlicher Ordnungsfragen behindert dabei noch immer die breite Entwicklung von Modellen, die Wohlfahrtsvorstellungen folgen, die nicht zwingend Wachstum voraussetzen und Anpassungspfade an neue, handlungsbeschränkende gesellschaftliche und ökologische Situationen mithilfe resilienterer Strukturen skizzieren. Eine der Hauptschwierigkeiten wird die Formulierung einer gemeinsamen, geteilten Erzählung sein, die gesellschaftlichen Zusammenhalt auch dann stiftet, wenn aus der Substanz einer Volkswirtschaft umverteilt werden muss und die Zumutungen einer ökologischen Zeitenwende ungleich verteilt werden müssen. Die dafür notwendigen gesellschaftlichen Aushandlungsprozesse stellen hohe Anforderungen an die Diskursbereitschaft aller Beteiligten, aber auch an deren Bereitschaft, sich Wissen über komplizierte Sachzusammenhänge anzueignen. Eine zentrale Funktion kommt dabei der Wissenschaft zu, die multiperspektivisch und über die disziplinären Grenzen hinaus bisher wenig hinterfragte und scheinbar gesicherte Annahmen aufschlüsselt und neue

Erklärungsansätze entwickelt, die dann entsprechend aufbereitet in einer interessierten Öffentlichkeit diskutiert werden können.

Die vorliegende Publikation möchte einen Beitrag zu diesem Prozess leisten. Sie beruht auf einer Tagung des Instituts für Angewandte Wirtschaftsforschung an der Universität Tübingen (IAW) in Kooperation mit der Friedrich-Ebert-Stiftung und der Deutschen Bundesbank – Hauptverwaltung Baden-Württemberg. Unter dem Titel »Wachstum. Wohlstand. Demokratie« sollte der Stand der Debatte unter anderem zum Zusammenhang von Wachstum und Postwachstum, Einkommens- und Vermögensverteilung, Naturverbrauch, Lebensqualität und Demokratie in verschiedenen wissenschaftlichen Disziplinen erkundet und sollten Ansatzpunkte für inter- oder transdisziplinäres Weiterdenken aufgespürt werden. Trotz der Dringlichkeit der Problemabhilfe ging es dabei nicht um schnelle Handlungsrezepte, sondern um eine Situationsbeschreibung, an die in weiteren Schritten vernünftig angeknüpft werden kann. Den damit verbundenen Fragen widmete sich die Fortsetzung der Veranstaltung vom Juni 2025, unter dem Motto »Entscheiden und Handeln bei zunehmender Unsicherheit«.[1]

Im vorliegenden Band wählt **Rudi Kurz** als Ausgangspunkt der Betrachtung ein aus aktueller wirtschaftspolitischer Sicht kaum vorstellbares Szenario: einen nicht nur konjunkturell bedingten Rückgang von Produktion, Einkommen und Konsum (Rezession), sondern eine viele Jahre anhaltende Minderung der wirtschaftlichen Tätigkeit. Das gab es bislang nur als regional eng begrenztes Phänomen (z.B. Ruhrgebiet, Rust-Belt in den USA). Der Autor untersucht, wie einem möglichen Megatrend ausbleibenden Wachstums in Deutschland begegnet werden könnte und welche wirtschaftspolitischen Strategien möglich wären. Dabei wird ein Rückgang des Bruttoinlandsprodukts nicht gleichgesetzt mit allgemeinem Niedergang, Siechtum und Verfall, sondern es wird darin die Chance zu einer hilfreichen Selbstbeschränkung thematisiert. Dazu müsste nach seiner Auffassung auch die Gleichsetzung von Wachstum und Wohlstand beendet und eine breit angelegte Wohlstandspolitik implementiert werden, um allfälligen Verteilungskonflikten entgegenzuwirken.

Die Argumentation für eine solche Umorientierung in Richtung einer nachhaltigen Entwicklung wird von **Jürgen Kopfmüller** unterfüttert. Er gibt eine Übersicht zum Grundverständnis des Konzepts der Nachhaltigkeit und

1 Programme zu den Workshops dieser IAW-Reihe: https://www.iaw.edu/iaw-veranstaltungen-und-seminare.html

zu möglichen Umsetzungen. Ausgehend von der Historie, der Bedeutung und den Grundgedanken des Leitbilds der nachhaltigen Entwicklung erläutert Kopfmüller notwendige Entscheidungen zugunsten geeigneter Nachhaltigkeitskonzepte und skizziert mit der Internalisierung externer Kosten, der Diskontierung sowie der Rolle von Wirtschaftswachstum drei gerade unter inter- wie intragenerativen Verteilungsgesichtspunkten relevante Themen. Wie grundlegend ihre Bedeutung für die Umsetzung des Leitbilds ist, zeigt sich auch daran, wie kontrovers und politisch aufgeladen sie diskutiert werden. Der Beitrag mündet in Überlegungen zur Rolle der Wissenschaft für und in Transformationsprozessen zugunsten der Nachhaltigkeit sowie zu den dafür erforderlichen Bedingungen.

Das herrschende Verständnis von Wirtschaftswachstum als einem im Normalfall expansiven Prozess ist kaum zu trennen von der gemeinsam geteilten Erfolgsgeschichte der Nachkriegszeit. Wie **Michael Mangold** darlegt, bildete sich in diesem Kontext ein Narrativ des Wachstums heraus, das im kulturellen Grundverständnis verankert und politisch in Dienst gestellt wurde. Unter dem Begriff »Soziale Marktwirtschaft« schuf die erfolgreiche Wachstumspolitik zugleich die Basis für eine sozial beruhigende gesellschaftliche Integration, die bis heute als Bezugspunkt politischen Handelns gilt. Im Schatten der öffentlichen Wahrnehmung blieb dabei die Verankerung und Entfaltung der liberalen Demokratie. Bei Ausbleiben der materiellen Wohlstandseffekte – so der Fluchtpunkt des Beitrags – ist daher damit zu rechnen, dass das mangelnde Wissen um und über die notwendigen Voraussetzungen demokratischer Gesellschaften zu deren Krise führen kann.

Uwe Pfenning weist in seinem Beitrag darauf hin, dass die dominierenden wirtschaftswissenschaftlich geprägten Konzepte zur Beschreibung sozialer, gesellschaftlicher und kultureller Phänomene zu kurz greifen. Anhand von Gemeinschaftsaufgaben wie der Bereitstellung von Infrastrukturen oder der sozialen Sicherung zeigt er, dass insbesondere neoliberale Modelle wegen ihrer sehr eng geführten Menschenbilder, der damit verbundenen unterkomplexen Handlungsbeschreibungen und der in der politischen Praxis daraus gefolgerten Marktradikalität zu gefährlichen Instrumenten werden können, welche die soziale und die ökologische Nachhaltigkeit verhindern. Er gibt am Ende eine nicht abschließende Übersicht zu den mit neoliberalen Mitteln nicht gelösten Problemen aktueller Gesellschaften und verweist so implizit auf ein noch ausstehendes Konzept für einen Ausweg.

Uwe Hochmuth zeigt anhand des existenzbedrohenden Klimawandels und der als ungerecht empfundenen Einkommensverteilung, dass mögliche Lösungen für solch komplexe gesellschaftliche Probleme in liberalen Demokratien nicht durch scheinbar unstrittige modellbasierte technische Maßnahmen erreicht werden können und auch nicht im Verordnungsweg zu finden sind. Es braucht dazu vielmehr öffentliche Diskurse zur Meinungs- und Willensbildung, aus denen eine möglichst allgemeine Akzeptanz und Legitimation für über demokratische Institutionen gestaltete Regelungen entsteht. Den originären Ort für solche Deliberationsprozesse sieht er in den Kommunen mit der dort sicht- und erfahrbaren Teilhabe an zivilgesellschaftlichen Meinungs- und Willensbildungsprozessen.

Während Pfennig und Hochmuth in ihren Kapiteln kritisch Bezug nehmen auf neoklassische Modelle in der Politikberatung, führt **Werner Röger** aus, dass diese Modelle in den öffentlichen Diskursen um wirtschaftspolitische Maßnahmen einen hilfreichen Beitrag leisten können und dass sie auch in Modellsituationen mit Wachstumsschwächen funktionieren. Genau solche Situationen seien in den kommenden Jahren in den entwickelten Industrieländern zu erwarten. Röger skizziert mithilfe des neoklassischen Wachstumsmodells ein Nullwachstumsszenario. Aufgrund des Rückgangs von Erweiterungsinvestitionen prognostiziert das Modell als gesellschaftspolitisch bedeutsamste Konsequenzen einen Anstieg ausgeschütteter Gewinne am verfügbaren Einkommen sowie einen Anstieg des Vermögens als Anteil am Bruttoinlandsprodukt. Daraus lässt sich die vermögenspolitische Empfehlung ableiten, den Anteil von Lohneinkommensbeziehern am Gesamtvermögen zu erhöhen. Der Autor diskutiert zwei alternative Strategien: eine stärkere Kapitaldeckung der Rentenversicherung über den Aufbau eines Kapitalfonds und als Alternative eine Vermögenssteuer.

Nach Anregungen und Impulsen jenseits der Standardökonomie suchen **Jürgen Volkert** und **Hugo Winters**. Aufbauend auf der Kritik von Ökonomen an der Standardökonomik in den letzten Jahren und einer Erörterung der Konzeptionen von Adam Smith sowie des Utilitarismus analysiert der Beitrag zunächst die Ursachen des Weiterentwicklungsbedarfs der Standardökonomik. Anschließend veranschaulichen die Autoren exemplarisch die gesellschafts- und wirtschaftspolitischen Folgen eines standardökonomisch engen Denkmusters. Im Anschluss wird aufgezeigt und diskutiert, inwieweit der Capability-Ansatz Beiträge zur Weiterentwicklung der Ökonomik leisten kann, aber auch, wo er an Grenzen stößt.

Eine noch deutlich weiterreichende Ausdehnung des Betrachtungsrahmens nimmt **Christiane Heibach** vor. Sie beschäftigt sich mit Denk- und Diskursstrukturen, die sich in den Diskussionen um Umweltschutz und

Klimawandel seit den 1960er/70er-Jahren in den Kulturwissenschaften beobachten lassen. Der Schwerpunkt liegt dabei auf den letzten Jahren, in denen Klimawandel und Nachhaltigkeit als brennende Probleme der Gegenwart sowohl in den Kulturwissenschaften als auch in der Kunst zunehmend reflektiert werden. In beiden Bereichen werden spekulative Szenarien entworfen, um die Dringlichkeit des Umdenkens, verbunden mit einem Handlungsimperativ, deutlich zu machen. Gegenüber den 1960er/70er-Jahren erfolgt dabei eine Abwendung von anthropozentrischen Modellierungen der Problemlagen zugunsten von Konzepten für eine arten- und generationengerechte Zukunft, in denen die Rolle des Menschen im ökologischen Netzwerk radikal neu, nämlich dezentriert, gedacht wird.

Von dieser um Kultur erweiterten Perspektive der Analyse geht **Joachim Spangenberg** abschließend über zu einer politischen Sichtweise, deren Ausgangspunkt die Abhängigkeit des Sozialstaats von seiner Finanzierung über anhaltendes Wirtschaftswachstum ist. Auch er verweist auf die begründete Annahme, dass ein solches Wachstum aufgrund der sich rapide akkumulierenden Umweltkosten nicht dauerhaft zur Verfügung stehen wird. Da mit einem Postwachstum das Steueraufkommen sinkt, gibt es nach Spangenberg drei zentrale Ansatzpunkte, um einen Kollaps zu vermeiden: Verringerung des Transferbedarfs durch eine gerechtere Verteilung der Primäreinkommen, Ersatz bezahlter Care-Arbeit durch (mit Anreizen unterstützte) unbezahlte Arbeit sowie Sicherung des Restbedarfs durch Verlagerung der Einnahmebasis auf eine nicht wachstumsabhängige Basis. Für eine solche Wende, so Spangenberg, fehlt jedoch bisher der öffentliche Druck wie auch der Wille der Politik.

Dieser Beitrag schafft einen Übergang zur Tagung im Juni 2025 (»Entscheiden und Handeln bei zunehmender Unsicherheit«), die den ersten Workshop des IAW zum Themenkomplex Wirtschaftswachstum, Wohlstand und Demokratie fortsetzt.[2] Die Öffnung des traditionellen Untersuchungshorizonts der Wirtschaftswissenschaften und der Einbezug von Erkenntnissen aus Soziologie, Politikwissenschaft, Klimaforschung sowie Kulturwissenschaften kann auch als Beleg für die Bereitschaft des Autorenteams gewertet werden, zukünftig enger zusammenzuarbeiten, dabei Forschungsgrundlagen zu überprüfen und gegebenenfalls eigene Grenzen zu überschreiten.

---

2 Die Publikation zum Workshop erscheint 2026 unter: »Wachstum. Wohlstand. Demokratie / zwei. Vom Wahrnehmen zum Handeln«.

Stellvertretend für das IAW danken wir dem wissenschaftlichen Direktor und Kollegen, Bernhard Boockmann für die Bereitschaft, diese Öffnung zu unterstützen. Der Workshop im Juni 2024 fand in den Räumen der Deutschen Bundesbank in Stuttgart statt und auch die Folgeveranstaltung im Juni 2025 konnte dort ausgerichtet werden. Für die hervorragenden Arbeitsbedingungen in der Hauptverwaltung in Baden-Württemberg, die hilfreiche Unterstützung bei der Durchführung und die insgesamt sehr angenehme Kooperation mit Dr. Andreas Schuler aus dem Team der Präsidentin Dr. Patricia Staab bedanken sich die Herausgeber ganz besonders. Für die stets an der Freiheit der Wissenschaft orientierte Zusammenarbeit und die großzügige finanzielle Unterstützung der Veranstaltung durch die Friedrich-Ebert-Stiftung ist an dieser Stelle insbesondere Florian Koch, dem Landesvertreter der Stiftung, ebenfalls herzlich zu danken.

Jede Veranstaltung und jede daraus hervorgehende Publikation erfordert gleichermaßen kompetente wie zuverlässige Unterstützung durch unterschiedliche Fachkräfte, die ansonsten im Hintergrund bleiben. In diesem Sinne möchten wir Sebastian Habicht und Birgit Ullrich vom IAW in den Vordergrund stellen. Aus der unerlässlichen Hintergrundarbeit möchten wir schließlich auch Stephanie Kaiser-Dauer hervorheben, die seit Beginn der 1990er-Jahre immer wieder bei der Überarbeitung unserer Texte ihre Fähigkeiten als »Kaiserin« einbringt. Selbstverständlich liegen verbleibende Schwächen der Beiträge gleichwohl in der Verantwortung der Autoren.

Die Vorbereitung von Workshops, die daraus hervorgehenden Publikationen sowie die Fortführung der Arbeit in Forschungsprojekten setzt jeweils ein die Kreativität förderliches Umfeld voraus. Die Herausgeber fanden ein solches während zahlreicher Sitzungen im Gasthof Seehaus bei Pforzheim. Das ebenso freundliche wie geduldige Personal muss mit der Fortsetzung dieser oftmals lange währenden Besprechungsrunden rechnen. Letztlich wären ohne einen engagierten Verlag auch unsere Manuskripte in der Schublade verschwunden oder hätten sich in der Diaspora des Internets verloren. Dass dies nicht der Fall war, ist Valentin Müller und Michael Volkmer vom transcript Verlag zu danken. Herr Volkmer nahm auch an unserem Workshop teil und zeigte von Beginn an ausgeprägtes Interesse an unserem Publikationsvorhaben. Dafür, dass schließlich das Manuskript in ein Buch überführt werden konnte, sorgte in kompetenter und angenehmer Weise Rebecca Hohnhaus von transcript, deren freundliche Dienste auch weiterhin in Anspruch genommen werden, da der Verlag bereit war, sich auf unser Vorhaben einer Publikationsreihe einzulassen. Diesen Verlegermut – schließlich widmet sich der erste Band den Problemlagen sowie der Erarbeitung von Fragestellungen, ohne zugleich (populäre) Lösungen anzubieten – möchten wir belohnen durch die Ausrichtung des Folgebandes. Er wird die schrittweise Annäherungen an mögliche Problemlösungen ins Zentrum stellen.

Karlsruhe, Mühlhausen und Tübingen, Mai 2025

Literatur

Fukuyama, Francis (1989): The End of History, in: The National Interest, No. 16, S. 3–18.

Keynes, John Maynard (1936): The General Theory of Employment, Interest and Money, London.

Wohin treibt Deutschland?
Klimaschutz zwischen Wachstumsschwäche und Wachstumsende

Rudi Kurz

1 Einführung: Klima, Krise, Krieg

Seit Jahrzehnten wird über die Grenzen des Wachstums diskutiert (vgl. Meadows et al. 1972, Randers 2012; Kurz 2023a). Nun scheint es, als habe Deutschland sie erreicht. Seit mehr als fünf Jahren ist das BIP (real) nicht mehr gewachsen und die längerfristigen Wachstumsszenarien lassen keine Besserung erwarten. Damit sind erwünschte ökologische Entlastungseffekte verbunden, z.B. ein signifikanter Rückgang der CO2-Emssionen in den Krisenjahren 2020 (65 Mio. t) und 2023 (76 Mio. t). Das Zusammenspiel von Effizienz, Substitution (Erneuerbare Energien) und Suffizienz (weniger Produktion und weniger Konsum) wirkt also. Mit diesem Reduktionstempo wären die Klimaschutzziele erreichbar.

Allerdings sind die sozio-ökonomischen Nebenwirkungen, die sich aus dem Wachstumsausfall der letzten (»verlorenen«) fünf Jahre ergeben, gravierend. Pandemie, Krieg, Inflation und Zuwanderung haben die Gesellschaft massiv verändert. Das betrifft vor allem die Verschärfung von Verteilungskonflikten, die (rettende) Rolle des Staates und ein Wahlverhalten, das problemverschärfend und demokratiegefährdend wirkt. Hinzu kommen Protektionismus und erratische Schocks, die von der westlichen Führungsmacht USA ausgehen. Damit wird die ökologische Chance, die im Ende des Wachstums liegt, kaum wahrgenommen. Ein öffentlicher Diskurs über die Frage »Was kommt nach dem Wachstumszeitalter?« findet nicht statt. Es ist wenig Lust auf »neue Wohlstandsmodelle« bzw. »Wohlstand erneuern« (BMWK 2023) erkennbar – aber viel Sehnsucht nach der Rückkehr auf den alten Wachstumspfad, nach wirtschaftlicher Sicherheit in unsicheren Zeiten.

Im Folgenden werden zunächst die Wachstumsaussichten in Deutschland betrachtet, die These der »Wachstumsschwäche« geprüft – und Argumente für die Gegenthese »Wachstumsende« dargestellt (Abschnitt 2). Während das Wachstum ausbleibt, nehmen zeitgleich die Ansprüche und die Anforderungen an die Wirtschaftsleistung zu (u.a. durch Alterung, Aufrüstung, Klimafolgen). Auf zwei zentrale Aspekte bzw. Kostenfaktoren wird in Abschnitt 3 eingegangen: auf den Verlust der Friedensdividende sowie den der Globalisierungsdividende. Als unvermeidbare Konsequenz werden Verteilungskonflikte zunehmen und rücken Verteilungsfragen ins Zentrum der wirtschafts- und gesellschaftspolitischen Diskussion (Abschnitt 4). Eine Chance birgt das Wachstumsende dann, wenn damit die Diskussion um Wohlstand breiter und intensiver geführt wird – und schließlich Wachstumspolitik ersetzt wird durch Wohlstandspolitik. Dazu werden einige Bausteine in Abschnitt 5 dargestellt. Am Beispiel Klimaschutz werden mögliche Anpassungspfade durch die Verbindung von Effizienz- und Suffizienz-Option aufgezeigt. Abschließend wird auf die Frage der Auswirkungen von (weniger) Wachstum und Wohlstand auf die Wirtschafts- und Gesellschaftsordnung eingegangen (Abschnitt 6). Ein (unerwartetes) Ende des Wachstumszeitalters kann zu einer Krise von Marktwirtschaft und Demokratie werden. Es kommt auf die Gestaltung (Design) der Transformation, auf Institutionen und auf Kommunikationsformen an. Die offene Frage bleibt, ob und wie sich das Rettende durchsetzen kann.

2 Ende des Wachstumszeitalters, Schrumpfung, Niedergang?

Nach einem (»goldenen«) Wachstumsjahrzehnt 2010–2019 mit einer durchschnittlichen Wachstumsrate des BIP (real, inflationsbereinigt) von 1,3 % p.a. haben Pandemie, Inflationsbekämpfung und Ukraine-Krieg zu schweren ökonomischen Einbrüchen geführt. Die Erholung vollzieht sich schleppend und erst 2026 wird das Niveau des Jahres 2019 (voraussichtlich) wieder erreichen werden. Insgesamt also ein halbes Jahrzehnt »Null-Wachstum«. Ist danach wieder mit einem »dynamischen« Wachstum zu rechnen? In der Deutschland-Prognose der Deutschen Bundesbank (vgl. Monatsbericht Dezember 2024) wird nach dem Rezessionsjahr 2024 (−0,2 %) in den Folgejahren mit schwachem Wachstum gerechnet: 0,2 % (2025), 0,8 % (2026), 0,9 % (2027). Die langfristigen Szenarien (bis 2070), die vom Sachverständigenrat gerechnet worden sind, lassen eine Wachstumsrate von 0,4-0,7 % p.a. erwarten (vgl. SVR

2023). Auch durch diese Zahlen wird die Diagnose »Wachstumsschwäche« gestützt. Wie kommt der Sachverständigenrat (SVR) zu diesen Ergebnissen?

Abb. 1: Wachstum Deutschland 1970–2070

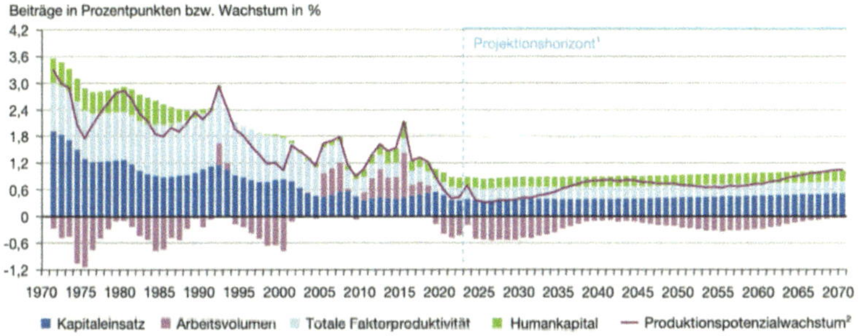

¹ Werte für 2023 und 2024 basieren auf der Kurzfristprognose des SVR Wirtschaft. Ab 2025 Projektion. ² Das Produktionspotenzialwachstum berechnet sich als Summe der Wachstumsbeiträge der vier Faktoren der Produktionsfunktion: Kapitaleinsatz, Arbeitsvolumen, Totale Faktorproduktivität sowie Humankapital. Deren Beiträge können auch negativ sein.

Quelle: Grimm/Kroeger/Ochsner 2024: 180–186

Ausgangspunkt ist eine Produktionsfunktion mit den Produktionsfaktoren Arbeit A, Kapital K, technischer Fortschritt T, die das gesamtwirtschaftliche Produktionspotential PP bestimmen:

$$PP = PP(A, K, T)$$

Deren Entwicklungstrends können grob vereinfachend so skizziert werden (vgl. SVR 2023; Kurz 2023a):[1]

- A schrumpft, es sei denn die Netto-Zuwanderung steigt auf über 400.000 p.a.;
- K nimmt nicht zu (Abschreibung von stranded assets; Unter-Investition in öffentliche Infrastruktur);
- T wird schwächer (< 0,5 % p.a., »productivity puzzle«).

1 Bei konstantem Auslastungsgrad ist die Wachstumsrate des BIP gleich der Wachstumsrate des PP.

In Summe ergibt sich daraus als (wahrscheinlichstes) Szenario ein Wachstum von 0,4–0,7 % p.a. Nicht gerechnet wurde ein Schrumpfungs-Szenario, das sich z.B. aus weniger Zuwanderung ergeben könnte (wenn sich Integrationsfähigkeit und Akzeptanz weiter verschlechtern sollten). Ein anhaltender Trend mit negativer Wachstumsrate im Bereich von 0 bis –1 % p.a. ist nicht ganz unwahrscheinlich und müsste daher mehr Beachtung und Analyse erfahren – zumal, da potenziell hohe gesellschaftliche Kosten zu erwarten sind (u.a. Tragfähigkeit der öffentlichen Haushalte und der Sozialen Sicherungssysteme).

Wie würde sich eine anhaltende Schrumpfungsphase auswirken, z.B. –1 % p.a. über die nächsten zwei (Transformations-)Jahrzehnte? In einem solchen Schrumpfungsszenario geht das BIP kontinuierlich (»by design«) um 1 % p.a. zurück, d.h. über zwei Jahrzehnte bis 2045 um ca. 20 %, von heute 100 auf 80 (genau: 81,8). Das würde einem BIP-Niveau entsprechen, das ungefähr um das Jahr 2005 erreicht war. Wenn aber gleichzeitig in der Bevölkerung weiterhin die tradierte Wachstumserwartung von +1 % p.a. vorherrscht, wird für 2045 ein Anstieg der Einkommen von 100 auf 120 (genau: 122) erwartet. Der Vergleich von Schrumpfungsrealität und Wachstumserwartung ergibt eine Lücke von 120 – 80 = 40, d.h. von 50 % (bezogen auf 80), also ein gravierender Unterschied, der erhebliche Frustration erzeugt (»Frustrationslücke« 120 – 80).

Noch dramatischer wird die Einkommensentwicklung, wenn nicht die Brutto-, sondern die Netto-Einkommen betrachtet werden. Aufgrund der wachsenden Aufgaben des Staates in der Transformation (plus Kriegslasten, plus internationale Verpflichtungen) und aufgrund des demografisch bedingten Kostenanstiegs in den Sozialen Sicherungssystemen wird die Steuer- und Abgabenlast steigen, d.h. es wird weniger Netto vom Brutto geben. Die Konsumausgaben werden also im Szenario um mehr als 20 % sinken müssen.

Der gesellschaftliche Sprengstoff ergibt sich dadurch, dass der Konsum-Verzicht nun ökonomisch »erzwungen« wird. Es geht also nicht um Suffizienz als Anpassung der Lebensstile durch freiwillige Verhaltensänderung (»weniger ist mehr«). Vielmehr erleben die Bürger*innen das Ende des alten (deutschen) Wohlstandsmodells unvorbereitet. Sie werden sich als »naive« Opfer fühlen und nach Schuldigen suchen, die es hätten wissen müssen – und als Macher hätten verhindern müssen. Aber es läuft unkontrolliert, »by disaster« (not by design, Victor 2008). Das kann zu einem sozio-ökonomischen Kipppunkt führen (vgl. Kurz 2024c), insbesondere dann, wenn durch die Schrumpfung die Arbeitslosigkeit zunehmen sollte.

Dann also doch Wachstumspolitik? Selbst wenn das Umweltschutz-/Klimaziele gefährdet? Die Stimulierung des Wachstums – soweit sie tatsächlich gelingt – könnte Vorteile für einige Industrien (z.B. die »energieintensiven«) bringen und helfen, eskalierende Verteilungskonflikte zu befrieden. Eine solche »Retro-Strategie« (vgl. Kurz 2022) wird aber volkswirtschaftlich sehr teuer:[2]

- Wohlfahrtsverluste durch paternalistische Eingriffe in die Arbeits-/Freizeit-Präferenzen;
- Fehl-Allokation durch (mehr) negative externe Effekte und durch »großskalige« Industriepolitik (vgl. Kurz 2023a);
- Staatsversagen aufgrund der Fehleinschätzung von Steuerbarkeit/Machbarkeit und staatlicher Leistungsfähigkeit.

Daher sind die anhaltenden Versuche, die »Wachstumsschwäche« durch Angebotspolitik und allerlei Programme und ein Sammelsurium von Maßnahmen zu überwinden, zwar verständlich und können Politikern als Nachweis ihrer Aktivität dienen.[3] In Regierung und Parlament geht der Streit nur darum: Was sind wirksame und notwendige Maßnahmen, um die »Wachstumsschwäche« zu überwinden? Kein Politiker wagt es, die (ökonomische) Aussichtslosigkeit oder gar die (ökologische) Schädlichkeit zu thematisieren. Tenor: Wachstumsschwäche ist ein temporäres Problem, gegen das es geeignete Mittel gibt und das überwunden werden kann (und muss). Grimm et al. (2024) weisen darauf hin, dass ein wachsendes BIP positiv auf die CO_2-Intensität wirken könnte (d.h. CO_2/BIP sinkt dann schneller) – und damit Wachstumspolitik zugleich Klimapolitik ist (kritisch dazu Kurz 2025). Die aktuell beschlossenen, großkalibrigen, kreditfinanzierten Staatsausgaben-Programme werden keine dauerhaft höhere Wachstumsrate bewirken. Sie sind einerseits auf Rüstungsausgaben gerichtet (Abzug von Produktionsfaktoren aus der Zivilproduktion) und andererseits auf Reparatur (Rückstau) von maroder Infrastruktur (keine Erweiterungs-, sondern Ersatz-Investition).

Fazit: Immer fragwürdiger wird die Diagnose einer temporären Wachstumsschwäche und es wird immer wahrscheinlicher, dass es für Deutschland keine

2 Es kommt zu »uneconomic growth« (H.E. Daly), dessen gesellschaftliche Zusatzkosten höher sind als der Zusatznutzen.

3 Vgl. z.B. die »Wachstumsinitiative« der Ampel-Regierung mit »49 Maßnahmenbündel mit über 130 konkreten Schritten«, https://www.bundesregierung.de/breg-de/bundesregierung/gesetzesvorhaben/wachstumsinitiative-2306060.

Rückkehr mehr zum alten Wachstumspfad geben wird. Das Wachstumszeitalter ist zu Ende gegangen, das BIP hat seinen Zenit überschritten.

- Wirtschaftspolitische Versuche (Gipfel, Programme, Initiativen etc.), die »Wachstumsschwäche« zu überwinden, sind bislang erfolglos geblieben und wären im Erfolgsfall mit negativen Nebenwirkungen verbunden.
- Zukunftsorientierte Politik muss auf die Möglichkeit vorbereitet sein, dass das Wachstumszeitalter zu Ende ist. Es sind Problemlösungen gefragt, die auch in einer schrumpfenden Volkswirtschaft funktionieren (Wachstumsunabhängigkeit).
- Ein Rückgang des BIP (der Pro-Kopf-Einkommen) ist nicht gleichbedeutend mit Niedergang. Allerdings ist eine (sozio-kulturelle) Neuorientierung erforderlich, die allenfalls in Ansätzen erkennbar ist (vgl. Abschnitt 5), und es müssen Umfeldbedingungen beachtet werden, die gerade jetzt den »Wohlstand für alle« bedrohen (vgl. Abschnitt 4).
- Genau an dieser Bruchstelle treten nun auch noch erhöhte Anforderungen an die Wirtschaftsleistung auf, die im nächsten Abschnitt betrachtet werden. Die »Zeitenwende« trifft auf radikal veränderte weltwirtschaftliche Bedingungen, zu denen das tradierte deutsche Geschäftsmodell nicht passt.
- Eine aktive Degrowth-Politik, eine »Anti-Wachstumspolitik« (Borchardt 1974), ist weder erforderlich (Begründung vgl. Abschnitt 4), noch wäre sie durchsetzbar – wer würde schon eine Partei wählen, die weniger (Netto-)Einkommen verspricht? Erforderlich ist eine flankierende und ermöglichende Suffizienzpolitik (vgl. Abschnitt 5).

3 Verluste: Friedensdividende, Globalisierungsdividende

Das Ende des Wirtschaftswachstums trifft zusammen mit großen globalen »Verwerfungen«,[4] einem zunehmend feindseligen Umfeld, das in Krieg und Drohgebärden aller Art mündet (Zölle sind noch das mildeste Mittel). Durch die gravierenden Veränderungen der geostrategischen Lage seit der Pandemie 2020 und dem Beginn des Ukraine-Kriegs 2022 (Zeitenwende 1.0) hat die deutsche Volkswirtschaft erhebliche Mehrkosten zu tragen bzw. leidet unter

4 Auch als »Megathreats« bezeichnet (vgl. dazu Kurz 2024c).

dem Verlust von langjährigen Kostenvorteilen. Weiter verschärft hat sich die Lage durch die Trump-Administration (Zeitenwende 2.0).

Hier wird auf zwei Faktoren eingegangen, während andere nur erwähnt werden können, z.B. die Altersstruktur (mit Auswirkungen auf die Sozialen Sicherungssysteme und auf die Innovationsdynamik) und die Klimakosten-Lawine (bestehend aus fortgesetzter Investition in Reduktion plus Anpassungskosten plus Reparatur-/Schadenskosten). Gemeinsam ist allen, dass sich damit »soziale Kosten« in den Vordergrund drängen, die bislang »externalisiert«, d.h. in die Zukunft verschoben worden sind. Diese Zukunft hat jetzt begonnen. »Wir« sind nicht mehr die Generation(en), die von der Lastverschiebung profitieren, sondern die Generation(en), die Opfer dieser Lastverschiebung werden. Wenn nun der Zahltag angebrochen ist, wirkt sich das als höhere Steuer- und Abgabenlast aus, d.h., der Keil zwischen Brutto- und Netto-Einkommen wird (noch) größer werden: weniger Netto vom Brutto.

Nach dem Angriff Russlands auf die Ukraine ist allgemein klar geworden, dass mit Russland keine Geschäfte mehr gemacht werden durften, d.h., umfassende Sanktionen gegen den Aggressor unverzichtbar waren. Dies kostete die deutsche Volkswirtschaft insbesondere den Zugang zu billigen Energieträgern (Erdgas). Ein zweiter Kostenfaktor resultiert aus der Erkenntnis, dass Deutschland (wieder) wehrfähig sein muss. Als Sofortprogramm wurden 100 Mrd. € für die Nachrüstung der Bundeswehr bereitgestellt (Sondervermögen); zukünftig soll der Wehretat mindestens 3 % des BIP betragen (F. Merz: »whatever it takes«), aus dem regulären Haushalt und kreditfinanziert. Damit sind die Zeiten der »Friedensdividende« vorbei. Also ca. 30 Jahre, in denen aus dem Wehretat mindestens 30 x 20 Mrd. €, also rund 600 Mrd. € freigesetzt und für andere Zwecke verwendet worden sind (allerdings nicht für »Friedenspolitik«). Weitere Kosten entstehen aus der militärischen Unterstützung der Ukraine, aus der Aufnahme ukrainischer Flüchtlinge und schließlich aus Wiederaufbauhilfen für die Ukraine.

Spätestens mit dem Verhalten Chinas im Ukraine-Krieg ist auch deutlich geworden, dass China nicht nur ein ökonomischer Weltmarkt-Konkurrent ist, sondern ein Feind, der Russland die nötige Rückendeckung gibt und der eigene Expansionspläne im Hinblick auf Taiwan und im Südchinesischen Meer hat. Weil aber die Abhängigkeit der deutschen Wirtschaft von China sowohl im Export als auch im Import wesentlich höher ist als die von Russland, erfolgt zunächst nur eine sehr verhaltene Reaktion: Ein »De-Risking«, d.h. eine Diversifizierung, um den Grad der Abhängigkeit schrittweise zu reduzieren. Weil auch die USA und andere Staaten die Abhängigkeit von China reduzieren, ergibt sich insgesamt eine De-Globalisierung und können damit die Vorteile der internationalen Arbeitsteilung nicht mehr in vollem Umfang ausgenutzt werden (Verlust der »Globalisierungsdividende«). Auch daraus entstehen Mehrkosten, die letztlich die inländischen Konsumenten treffen (sei es durch teurere Solarpanels oder Elektro-Autos). Hinzu kommen die noch unkalkulierbaren Kosten des Protektionismus (Zölle) der Trump-Administration. Seit dem Oktober 2023 belastet ein weiterer Krieg die deutsche Wirtschaft und den Staatshaushalt: Nach dem Angriff der Hamas ist Unterstützung für Israel notwendig, und es besteht die Gefahr der Ausweitung zu einem großen Krieg mit dem Iran. Zudem nehmen die Kosten für die innere Sicherheit zu, um hier jüdisches Leben zu schützen. Ob der Sturz des Assad-Regimes in Syrien zur Befriedung beitragen kann, ist noch nicht absehbar.

Aus einer Welt, die noch 2015 fähig zur Kooperation im Angesicht des Untergangs zu sein schien, ist (wieder) eine Welt geworden, die sich durch Kampf-Strategien ihrer (letzten) Überlebenschancen beraubt. Die Kosten-Lawine, die das deutsche Wirtschaftsmodell besonders hart trifft, ist so massiv, dass eine Verteidigung von »Besitzständen« und staatliche »Rettung« nicht mehr weiter möglich sein werden. Die Verteilungskonflikte werden auch deshalb zunehmen, weil die Produktion umgestellt werden muss auf Kriegswirtschaft (trade-off »butter or guns«). Dabei wird auch deutlich weniger Rücksicht auf ökologische Folgeschäden genommen werden. Unter Kriegsbedingungen geht es um die Mobilisierung des maximal möglichen Ressourceneinsatzes: Wett-Rüsten = Wett-Wachsen = max. Ressourcenausbeutung, denn der Sieg ergibt sich aus Ressourcen x Willenskraft (vgl. Clausewitz 1832). Aus Kostenbelastungen wird ein Niedergang, wenn die Gegenkräfte und innovativen Fähigkeiten nicht wachsen, sondern schwinden, z.B. abnehmende Innovationskraft durch Alterung und Risikoaversion (Bürokratisierung, Besitzstandswahrung) und durch Erodieren der politischen Kultur (Führungsqualität, zivilgesellschaftliches Engagement, Wahlverhalten).

Fazit: Während in der Wachstumswende die ökonomische Leistungsfähigkeit der deutschen Wirtschaft abnimmt, nehmen zeitgleich die Anforderungen und Ansprüche zu – intern und international. Das wird Einschränkungen des privaten Konsums zur Folge haben. Wenn sich Wohlstand (allein) auf Konsum stützt, wird auch der Wohlstand sinken. In den nächsten Abschnitten wird daher zunächst nach gerechter Lastverteilung gefragt und dann nach Entkoppelungsmöglichkeiten gesucht.

4 Verteilungskonflikte: Gerechte Lastverteilung

Weil nicht mehr selbstverständlich von einem größer werdenden Kuchen (BIP real) ausgegangen werden kann, ist mit einer Verschärfung der Verteilungskonflikte zu rechnen. Verschärfend wirken auch die zunehmenden Ansprüche an diesen (kleiner werdenden) Kuchen, insbesondere durch die Krise der Sozialen Sicherungssysteme, die weder »altersfest« noch »wachstumsunabhängig« sind. Die allgemeinen Rettungsversuche, die noch in der Corona-Pandemie für Befriedung gesorgt haben, sind in einer jahrzehntelangen Transformation nicht schmerzfrei finanzierbar. Weniger Einkommen Y und höhere Abgabenlast T zwingen zu weniger Konsum C (bei konstanter Spar- bzw. Konsumquote c):

$$C = c\,(Y-T)$$

Es wird zu drastischen Einschränkungen kommen, die alle treffen werden – allerdings nicht alle gleich und nicht entsprechend ihrer Tragfähigkeit. Es muss daher eine gerechte Lastenverteilung politisch hergestellt werden, um auch (und gerade) unter den verschlechterten Bedingungen den gesellschaftlichen Zusammenhalt zu sichern. Die unvermeidbaren Erhöhungen von Steuern und Abgaben müssen zugleich ein Beitrag zur Verteilungsgerechtigkeit sein, indem die oberen Einkommensschichten deutlich stärker belastet werden (z.B. Progressionsgrad der Einkommensteuer, Transformations-Soli). Zudem muss die Vermögens(um)verteilung eine größere Rolle spielen, zum einen was die Besteuerung betrifft, zum anderen aber auch was die Vermögensbildung anbelangt, die über Jahre vernachlässigt worden ist – aber eigentlich ein zentrales Element der Sozialen Marktwirtschaft sein sollte (vgl. Erhard 1957; Röpke 1958). Die Sicherung der Staatseinnahmen ist auch deshalb wichtig, weil eine leistungsfähige staatliche Infrastruktur (von Kita über Hallenbad bis zu Mobilität) bei sinkenden Einkommen eine unverzichtbare Kompensationsfunktion hat. Bildungssystem und Kultursektor müssen erhalten bleiben, um das Aufstiegsversprechen (soziale Mobilität) und um Teilhabe zu verteidigen.

Von zentraler Bedeutung sind in einer nicht-wachsenden Volkswirtschaft die Sozialen Sicherungssysteme, die für alle Versicherten einen erheblichen Vermögenswert darstellen, der ihnen ein gutes Leben sichert – auch unter widrigen Umständen. Allerdings sind diese Systeme bereits heute nicht mehr in einem langfristig tragfähigen Zustand, geschweige denn »wachstumsunabhängig«. Daher ist es jetzt an der Zeit für eine Neuausrichtung, die nicht nur die wachsende demografische Last, sondern auch die schwindenden Beitragszahlungen berücksichtigt – und entsprechend die noch möglichen Leistungen nach unten anpasst. Es werden »vulnerable Gruppen« zu definieren sein, die schon jetzt an der Armutsgrenze leben und daher ihren Konsum nicht weiter reduzieren können. Der harte Kern einer Reformagenda unter Postwachstumsbedingungen wird also die gerechte Lastverteilung durch (progressive) Steuern und Abgaben einerseits und durch den Zugang zu öffentlichen Gütern (insbesondere Bildung, Gesundheit, Sicherheit, Umweltqualität) andererseits sein; das wirkt »egalisierend«.

Damit ist die (staatliche) Pflicht-Aufgabe skizziert. Die wesentlich anspruchsvollere Kür-Aufgabe besteht darin, bei sinkenden Einkommen andere Wohlstandsquellen in einem Prozess zu entdecken, der nur dezentral von der Zivilgesellschaft, den Bürger*innen in Eigeninitiative geleistet werden kann; der Staat (insbesondere die Kommunen) kann das nur flankieren (z.B. Räume zur Verfügung stellen für ein Repair-Café). Bei der Frage, ob es gelingt neue Weg zu Wohlstand zu finden, wird es auf Initiativen, Projekte, Experimente, Labore etc. ankommen (»Wohlstand erneuern« BMWK 2023; Kurz/Zahrnt 2024).

Von entscheidender Bedeutung wird auch sein, wie die zunehmenden Verteilungskonflikte ausgetragen werden. Das kann zu bürgerkriegsähnlichen Zuständen mit erheblichen Schäden und Kosten führen. Daher sind für die Konfliktaustragung belastbare Institutionen und Verfahren (z.B. Tarifverhandlungen, Runde Tische, Bürgerbeteiligung, Bürgerräte etc.) entscheidend – bestehende und neue. Das wird zum ultimativen Test für das Gemeinwesen und für die Zukunft der Nation, für die Fähigkeit zur Kooperation – um uns gemeinsam gegen eine zunehmend feindliche Natur und gegen militärische Aggressoren zu verteidigen. Wieviel Einigkeit und Solidarität (noch) in der diversen Multi-Kulti-Gesellschaft stecken (Wir-Gefühl in homogenen Gruppen) ist kaum prognostizierbar. Überall verschaffen sich die spaltenden Kräfte Aufmerksamkeit, die z.B. auf einen dumpfen Nationalismus als identitätsstiftendes Element setzen. Die Spaltung kann schon beim ersten Schritt beginnen:[5] bei der Ehrlichkeit über die dramatische Lage (»emergency«). Es müssen Kommunikationsformen praktiziert werden, die konstruktive Suchprozesse unterstützen (vgl. Kurz 2021). Und es muss schnell und wahrnehmbar gehandelt werden, faire Regeln definiert und wirksame Maßnahmen

5 Zur »Spaltungsdiagnose« als »Masternarrativ« vgl. auch Mau/Lux/Westheuser (2023).

implementiert werden, weil sonst das Soziale Kapital erodiert. Zum Beispiel: Verbote, die alle gleich treffen (wie ein Tempolimit).

Fazit: Die ungelösten Verteilungskonflikte in der Sozialen Marktwirtschaft werden sich weiter verschärfen. Die internationalen Verpflichtungen aus Krieg, Migration und Ausgleichszahlung (»loss and damages«) werden immer drängender – nicht nur unter dem Aspekt der Verantwortung (der Nord-Staaten), sondern auch wegen Fluchtursachen und wegen Rohstoff-Lieferungen. Zwingend für die Systemstabilität ist eine Suffizienzpolitik, die ausbleibende Einkommenszuwächse teilweise kompensiert (öffentliche Güter, Infrastruktur) und die Interessen und Präferenzen auf die neuen Rahmenbedingungen ausrichtet (Erwartungsmanagement). Alle Maßnahmen müssen insgesamt die Verteilungsgerechtigkeit verbessern und eine Lastverteilung erreichen, die als fair empfunden wird.

5 Ökologische Entlastungseffekte: Suffizienz-Option

Zur Erreichung von Umweltschutzzielen stehen grundsätzlich zwei strategische Optionen zur Verfügung: Effizienz und Suffizienz. Am Beispiel des Ziels der CO_2-Reduktion: Ausgehend von $CO_2 = CO_2$ kann geschrieben werden (Komponentenzerlegung):

$$CO_2 = CO_2/BIP \times BIP$$

Die CO_2-Emissionen ergeben sich aus dem Produktionsvolumen (BIP real) einerseits und der CO_2-Intensität der Produktion CO_2/BIP andererseits.[6] Letztere kann durch Steigerung der Energie-Effizienz (weniger kWh/BIP) und durch Substitution von fossilen durch CO_2-freie (erneuerbare) Energieträger (weniger CO_2/kWh) bis auf null gesenkt und damit Klimaneutralität bzw. Dekarbonisierung erreicht werden:

$$CO_2/BIP = CO_2/kWh \times kWh/BIP$$

---

6 In einem weiteren Schritt kann noch die Einwohnerzahl bzw. das Bevölkerungswachstum eingeführt werden und man erhält die viel zitierte Kaya-Identity bzw. IPAT-Gleichung: $CO_2 = CO_2/BIP \times BIP/Einwohner \times Einwohner$ Dabei steht BIP/Einwohner für das (sinkende) Pro-Kopf-Einkommen, das vielfach als Wohlstandsindikator verwendet wird.

Wenn das BIP weiter wächst, wird diese Wirkung (teilweise) konterkariert. Verstärkt werden kann die Wirkung, wenn das BIP nicht wächst, sondern konstant bleibt oder sinkt. Weniger Einkommen und damit (bei konstanter Konsumquote) auch weniger Konsum ist die zweite strategische Option zur Erreichung von gesellschaftlich definierten Nachhaltigkeits- bzw. Reduktionszielen. Sie wird als Suffizienz-Option bezeichnet und ist mit der Frage verbunden, wieviel Einkommen und Konsum »genug« ist, genug für ein gutes Leben. Wie kann das Wohlstandsniveau gehalten werden, auch wenn das Einkommen sinkt? Diese Frage stellt sich in Deutschland; sie stellt sich nicht in Ländern, in denen die Menschen in (absoluter) Armut leben und sicherlich nicht für die Millionen, die hungern.[7]

Lange Zeit und noch bis heute war die Diskussion um ökologische Ziele beherrscht vom Narrativ der Versöhnung, die »Versöhnung« von Wachstum und Umwelt-/Klimaschutz durch Entkoppelung. Es sei möglich, beides zugleich zu haben: die weitere Vermehrung von Produktion und Konsum und die Reduzierung der Umweltbelastungen (»Entkoppelung«). Dazu müsse allerdings der technische Fortschritt beschleunigt werden. Diese Green-Growth-Erzählung hatte eine unverzichtbare politische Funktion: Sie nahm ökologischen Zielen und Beschränkungen ihren Schrecken. »Technofix« ohne Zumutungen, ohne Verzicht und ohne Verhaltensänderung (z.B. einfach nur ein anderer, »elektrischer« Antriebsstrang), das war für die Wirtschaft machbar und für viele Bürger*innen »wählbar« – und verschaffte den Grünen z.B. in der Bundestagswahl 2021 einen großen Stimmenanteil.

Tatsächlich ist in Deutschland in vielen umweltrelevanten Bereichen Entkoppelung gelungen – meist sogar absolute Entkoppelung, d.h. mit einem absoluten Rückgang der Belastungen. Die Entkoppelung findet statt und leistet einen unverzichtbaren Beitrag zur Erreichung von Nachhaltigkeitszielen, nicht nur bei der Dekarbonisierung, sondern auch beim Artenschutz, weil die Zunahme der Siedlungs- und Verkehrsfläche (Flächenversiegelung) gebremst werden konnte: Während Anfang der 1990er noch 120 ha täglich notwendig waren, sind es heute nur noch 69 ha/Tag – bei einer Zunahme des BIP (real) um über 40 %; daraus ergibt sich eine Effizienzsteigerungsrate von 2,8 % + 1,2 % = 4 % pro Jahr. Bis 2030 soll ein Rückgang auf 30 ha/Tag erreicht werden (vgl. Bundesregierung 2021). Dazu wäre – bei konstantem BIP (also ohne Wachstum) – eine Reduktion um 4,3 % p.a. erforderlich. Die Fortsetzung des

7 Das UN SDG 2 »Zero Hunger« erscheint nicht mehr erreichbar in den verbleibenden Jahren bis 2030.

bisherigen Rückgangs würde dafür ausreichen. Auf dem weiteren Weg zu Netto-Null-Versiegelung bis 2045/50 ist dann aber ein deutlich höhere jährliche Reduktionsrate erforderlich (Größenordnung 12 %).

Bei den Stoffströmen ist die absolute Entkoppelung bislang nicht gelungen, d.h. keine Reduzierung des Rohstoffverbrauchs. Die Gesamtrohstoffproduktivität steigt um etwa 1,5 % p.a. und wird damit durch das Wirtschaftswachstum aufgezehrt (vgl. Bundesregierung 2021). Für eine Halbierung der Stoffströme innerhalb der nächsten beiden (Transformations-)Jahrzehnte wäre eine Reduktionsrate von mehr als 3 % erforderlich; damit wäre auch eine Reduzierung der Stoffströme um 80–90 % bis 2050 erreichbar (Basis 1990). Es müss(t)en also signifikante Verbesserungen (Verdoppelung) durch Effizienz und Kreislaufwirtschaft erzielt werden. Wenn Wirtschaftswachstum hinzukommt, muss die Entkoppelungsleistung entsprechend höher sein. Sollte das BIP schrumpfen, könnte man bei gegebener Effizienzsteigerungsraten den Zielen wesentlich näherkommen.

Im Mittelpunkt der Versöhnungs- und Entkoppelungsdiskussion steht nach wie vor der Klimaschutz. Dabei ist es nicht strittig, dass hier die (absolute) Entkoppelung stattfindet. Ökologisch entscheidend ist aber das Tempo der Emissionsreduzierung: Aus der Entwicklung der letzten Jahrzehnte (1990–2025) ergibt sich eine Dekarbonisierungsrate von 2 % p.a. Würde man in diesem Tempo fortfahren, blieben statt der angestrebten 50 Mio. t in 2045 noch 400 Mio. t, also eine Lücke (»gap«) von ca. 350 Mio. t. Wollte man von 674 Mio. t (2023) auf eine Restemission von 50 Mio. t (2045) kommen, wäre in den nächsten 20 Jahren eine Dekarbonisierungsrate von mehr als 10 % p.a. erforderlich. In absoluten Zahlen: In Deutschland müssten die CO_2-Emissionen in den nächsten Jahren jeweils um 60–70 Mio. t reduziert werden. Die 20–30 Mio. t Schritte der vergangenen Jahre reichen also nicht. Bis zum Zwischenziel 2030 kann – bei linearer Reduktion – auch so gerechnet werden: 674 – 322 = 342/7 Jahre = 48,85 = ca. 50 Mio. t p.a. Das galt bislang als unerreichbar. Nur im (Corona-)Krisenjahr 2020 wurde eine solche Reduktion erreicht (65 Mio. t). Diese Reduktion ist im (Rezessions-)Jahr 2023 noch deutlich übertroffen worden: Die Reduktionsmenge lag bei 76 Mio. t, die Reduktionsrate bei 10 %. Das müsste sich nun fortsetzen: Wenn der Rückgang der CO_2-Intensität der Jahre 2020 bzw. 2023 bei ca. 10 % p.a. gehalten werden könnte, würden die Klimaziele erreicht. Das wäre dann sogar mit der erwarteten BIP-Wachstumsrate von ca. 1 % p.a. möglich. Die entscheidende Frage ist, ob und wie eine Reduktionsrate in der Größenordnung von 10 % p.a. über die nächsten Jahre sichergestellt werden kann.[8] Das ist zwar nicht vollkommen unmöglich, hat aber eine solch geringe Wahrscheinlichkeit, dass dieser Fall nicht zur Grundlage der Klimapolitik gemacht werden kann. Vielmehr muss davon ausgegangen werden, dass sich 2045 erhebliche Zielverfehlungen ergeben werden (vgl. ERK 2024) und bis dahin das deutsche Klimabudget ganz erheblich überzogen worden sein wird – was ggf. zu Ausgleichszahlungen innerhalb der EU und an Länder des Globalen Südens führen wird.

Global gesehen ist das auch die des Weltklimarats (IPCC): Mit der Effizienz-/Dekarbonisierungsoption allein ist Klimaneutralität bis 2050 (global) nicht erreichbar. Daher müssen (zwei) weitere Optionen mobilisiert werden:[9]

- Demand-Side, d.h. die Nachfrage nach Energie, die sich aus dem Produktions- und Konsumvolumen ergibt. Allerdings ist diese Option in armen Weltregionen nicht anwendbar. In reichen Ländern dagegen ergibt sich daraus die Diskussion um Degrowth und um Suffizienz.
- Statt Reduktion wird CO_2 wie ein Schadstoff »end-of-pipe« eingefangen (»capture«) und wie anderer Müll auch deponiert (»storage«). Dazu muss das CO_2 entweder in fossilen Prozessen abgeschieden werden (Carbon Capture and Storage CCS) oder direkt der Luft entzogen werden (Direct Air Capture DAC). Das sind energie-intensive Verfahren und die Deponierung ist mit unkontrollierbaren Risiken verbunden (vgl. dazu Kurz/Spangenberg/Zahrnt 2024).

Trotz der unkalkulierbaren Risiken, der energetischen Ineffizienz und der hohen ökonomischen Kosten, setzt sich die CCS-Option immer mehr durch – auch in Deutschland. Hier wird vom Bundeswirtschaftsministerium und anderen Verfechtern betont, dass es nur um die 2045 und darüber hinaus »unvermeidbaren Rest-Emissionen« gehe, also um ca. 50 Mio. t (in der EU um insges. 550 Mio. t) – und damit nicht generell das fossile Zeitalter verlängert werden solle. Faktisch wird sich aufgrund der hohen Vorlauf-Investitionen (Anlagen,

8 Bis 2045, also innerhalb von 22 Jahren, müsste die Emissionsmenge von 674 (2023) auf max. 50 Mio. t p.a. zurück gehen – was nur mit der Reduktionsrate von 10 % p.a. gelingen würde.

9 Oder man gibt (ambitionierte) Klimaziele auf, verschiebt sie auf dem Zeitstrahl in Richtung Zukunft (nach 2050 oder 2060) – und überzieht damit (noch mehr) das Klimabudget. Auch das ist nun eine relevante Position in der politischen Diskussion, in der Klimaschutz an Priorität und Unterstützung verloren hat.

Pipeline-Netz, Deponien) aber eine ökonomische Dynamik entwickeln (Kostendegression), die politisch kaum noch zu stoppen sein wird. Es vollzieht sich daher eine entscheidende klimapolitische Weichenstellung: Technofix vs. Suffizienz, Symptom- vs. Ursachentherapie, Verantwortung vs. Lastverschiebung in die Zukunft (intergenerative Gerechtigkeit).[10]

Die Weichenstellung ist also weit fortgeschritten, am Hebel sitzen die CCS-Industrie-Vertreter, die zunächst hohe staatliche Subventionen für den Bau der »Infrastruktur« einwerben und dann im Betrieb (ohne Haftung) eine Lizenz zum Gelddrucken haben. Es fügt sich auch perfekt in die Erzählung vom »Grünen Wachstum«. Der Anlagenbau ist ein großes (globales) Beschäftigungsprogramm – d.h. Mehr-Arbeit statt Mehr-Muße, eine Extra-Runde im Hamsterrad. Green Growth ist nicht auf Senkung, sondern auf BIP-Steigerung angelegt. Es entsteht ein (ökonomisch gewollter) Rebound-/Wachstums-Effekt. Die Mehr-Produktion frisst die Effizienz-Steigerungen auf. Dagegen ist die Suffizienz-Option nach wie vor das Spielfeld zivilgesellschaftlicher Akteure, die mit ihren Projekten, Initiativen, Laboren etc. auch an Einfluss gewinnen – aber den globalen Megatrend nicht aufhalten können.

Weiterhin verdrängt wird, dass nachhaltige Entwicklung und ein Leben in planetaren Grenzen bei einer großen Weltbevölkerung (»full world«) im Kern kein technologisches Problem ist – Technologie hilft nur immer wieder, Zeit zu gewinnen und akute Probleme zu verschieben. Im Kern geht es aber um das Suffizienz-Problem: Wie viele Menschen mit welchem Lebensstil verkraftet der Planet? In den reichen Ländern ist zumindest das Bevölkerungswachstum einem Schrumpfungstrend gewichen – in der EU, aber auch in China. Für die Reichen, vor allem in diesen Ländern, stellt sich weiterhin und verstärkt die Frage des Fußabdrucks, des Umwelt- und Ressourcenverbrauchs pro Kopf. Am Beispiel der CO_2-Emissionen, des Klimabudgets und des Umweltraums ist das diskutiert und letztlich (in Verträgen und Gesetzen) festgeschrieben worden (z.B. Paris Agreement 2015). Nachhaltige Entwicklung ist nicht nur ein Ingenieurs-Projekt, sondern primär ein Kulturprojekt. Lebenssinn und -zufrie-

10 Tatsächlich ist CCS eine industriepolitische Neuauflage der Atomenergie-Etablierung in den 50er und 60er Jahren durch staatliche Subventionierung und Privilegierung (Haftung). Es wird eklatant gegen das ökonomische Prinzip verstoßen, interessen-getrieben ein Irrweg eingeschlagen, der sich als eine riesige Fehlinvestition erweisen wird. So wird der Eindruck erzeugt und verfestigt, nachhaltige Entwicklung sei ein ingenieurtechnisches Problem und durch einen gewaltigen Technologie-/Modernisierungsschub lösbar – alle notwendigen Technologien seien schon bekannt und es gelte nur, die Implementierungshemmnisse schneller zu überwinden.

denheit können nicht aus Technologie abgeleitet und gewonnen werden. Aber nirgendwo ist in der Diskussion und in der gesellschaftlichen Praxis der (imperialen) Lebensstile ein Durchbruch erzielt worden. Noch immer ist aus einer Vielzahl von (vorbildlichen) Einzelprojekten/-initiativen keine öko-soziale Innovationswelle geworden.

Es gibt das Gegengewicht durch individuelle und zivilgesellschaftlich geschaffene »Fluchten« und »Nischen«. Die sind gesellschaftlich wichtig für die Resilienz des Systems: Zufriedenheit (Glück, Happiness) auch wenn die Einkommen nicht weiter wachsen, durch Suffizienz (Subsistenz, Subsidiarität). Das begründet auch staatliche Unterstützung (Subventionen), weil damit gesellschaftlich relevante ökologische Entlastungseffekte verbunden sind und ins Soziale Kapital (Zusammenhalt) investiert wird (positive externe Effekte). Für Suffizienz gibt es keine schlagkräftige Industrie-Lobby. Der Anstoß und die Verstärkung der Suffizienz-Diskussion werden nicht aus der technikdominierten Umweltschutz-Industrie und -Politik kommen. So wie es zunächst notwendig schien, den Energieverbrauch zu senken – nun aber Sonne und Wind den Engpass (umweltverträglich) auflösen und eine Elektrifizierungswelle rollt. Als neues Speicher-/Transportmedium bietet sich Wasserstoff an. Und auch für die »Rest-Emissionen« scheint eine technologische Lösung gefunden (CCS).

Die Suffizienz-Diskussion und ihre Intensivierung basieren einerseits auf der Einschätzung bzw. Befürchtung, dass es die Effizienz-Revolution allein nicht richten wird, und andererseits auf der dezidierten Ablehnung der Implementierung einer weiteren Risiko-Technologie mit neuen Deponien (Altlasten), wie es mit der CCS-DAC-Technologie vorbereitet wird. Mit dieser wohlbegründeten Skepsis gegen technologische Versprechungen (Technofix) ist es zwingend, dass aus der nun über viele Jahrzehnte geführten Suffizienz-Diskussion auch messbare Umweltentlastungen generiert werden – betrieben durch individuelle Verantwortung und zunehmend auch durch ökonomische Zwänge.

6 Politische Handlungsoptionen: Elemente einer Wohlstandspolitik

Die folgenden (wirtschafts-)politischen Überlegungen beruhen auf zwei Grundlagen, die in den vorigen Abschnitten dargelegt worden sind:

a) Was wird aus dem Wirtschaftswachstum? Es wird davon ausgegangen, dass es auf absehbare Zeit kein Wirtschaftswachstum geben wird, sondern eher mit einem Rückgang des BIP zu rechnen ist.
b) Was wird ohne das Wirtschaftswachstum? Die wachstumslose Gesellschaft muss Wachstumsunabhängigkeit lernen. Wohlstand speist sich aus vielen Quellen, die das sinkende Einkommen kompensieren können – u.a. aus einer Verbesserung der Umweltqualität.

Diesen zweiten Punkt gilt es im Folgenden zu vertiefen: Was kann getan werden, damit der Wohlstand erhalten bleibt? Damit werden einige Bausteine einer Agenda skizziert, die den Blick abwendet vom BIP und Entwicklungsmöglichkeiten (Ermöglichung) in den Vordergrund rückt (vgl. dazu auch Schneidewind/Zahrnt 2013):

1. Die Herausforderung(en) und Bedrohungen (Megathreats) begreifen und vermitteln: Die Dimension der »Zeitenwende« begreifen und im öffentlichen Bewusstsein verankern, ist eine Kommunikationsaufgabe (Information und Aufklärung), an der alle mitwirken müssen, die über Vertrauenskapital verfügen (z.B. auch Wissenschaft, Künstler, Kirchen). Vermittelt werden muss die radikale Veränderung der (geopolitischen, ökologischen etc.) Bedingungen einerseits – und andererseits die Unmöglichkeit, das alles (Polykrise) allein durch »Technofix« (inklusive KI) zu lösen. Schmerzfreies Green Growth, Nachhaltigkeit allein durch Effizienz/Substitution; von der (Elektro-)Mobilität bis zur Wohnfläche. Der Fortschritt der Menschheit speist sich nicht aus KI, sondern aus HI, »human intelligence«. Die Transformation betrifft nicht nur die Wirtschaftsstruktur, sondern auch die »mentale Infrastruktur«, die Veränderung von Konsumgewohnheiten und Lebensstilen – ist also im Kern ein umfassender Kulturwandel (gesellschaftliche Innovation).
2. Das Suffizienz-Thema wird stärker (vgl. Kurz/Zahrnt 2024): Neue Lebensstile und Wohlstands-Modelle stehen auf zwei Beinen. Sie umfassen die Entscheidung über die Verwendung des Zeitbudgets (Work-Life-Balance) und über die Verwendung des Einkommens, über anders und weniger konsumieren. Konsumverzicht (Sparen) ist dabei kein neues Phänomen, sondern eine notwendige Voraussetzung für gutes Leben auch morgen noch. Verzichtsleistungen gehören zum Leben und beginnen schon im Kindesalter. Sie sind Ausdruck von (rationaler) Risikoaversion und von Gegenwartspräferenzen. Eine (imperiale) Lebensweise etabliert sich dann,

wenn Markt-Macht-Verhältnisse es zulassen und fördern (insbes. Preisrelationen, Institutionen und Eigentumsverhältnisse). Suffizienzpolitik muss das beenden, indem sie Alternativen zugänglich und attraktiv macht. Die Änderung von Ernährungs-, Mobilitäts- und sonstigen Gewohnheiten verläuft langsam, weil diese an (mentale) Infrastrukturen und an Peer-Groups orientiert sind.

3. Ziele und Zielkonflikte: Verschiebungen im gesellschaftlichen Zielsystem: Klimaschutz ist auf der Prioritätenliste zurückgefallen. Auf Platz 1 der politischen Agenda sehen die Wähler*innen jetzt (Wirtschafts-)Sicherheit und Migration (als Bedrohung der Identität und als Kostenfaktor). Immer neue Katastrophen-Ereignisse rufen allerdings den Stellenwert von Klimaschutz schmerzhaft in Erinnerung. Dennoch werden Zielkonflikte jetzt wieder eher gegen ambitionierten Klimaschutz entschieden, der als Wachstumshemmnis gesehen wird. In Deutschland wird über die Verschiebung des Ziels der Klimaneutralität um 5 Jahre diskutiert (»EU-einheitlich« 2050); in den USA wird von der Trump-Administration der Rückzug aus dem Pariser Abkommen vorbereitet und auf die Entfesselung der Öl- und Gas-Industrie gesetzt.
4. Kommunikation und Akzeptanz: Zielkonflikte nicht verdrängen bzw. schönreden, »inconvenient truth« zur Kenntnis nehmen und kommunizieren (vgl. dazu Kurz 2021): Innerhalb der politisch festgelegten Zeiträume für Dekarbonisierung gibt es keine »Versöhnung« von Klimaschutz und Wachstum – dafür ist die Entkoppelung zu schwach. Es muss politisch entschieden werden, wieviel Klimaschutz (CO_2-Reduzierung) notwendig und politisch durchsetzbar erscheint – auch wenn damit Wachstumseinbußen hinzunehmen sind. Es gibt kein »Green Growth«. Es ist aber auch keine aktive Degrowth-Politik erforderlich. Am Beispiel Deutschland ist zu sehen, dass die Wachstumsdynamik ohnehin nachlässt – und sich daraus ökologische Entlastungseffekte ergeben.[11] Im ökologischen Strukturwandel (Transformation) ist es nicht möglich, alle (gut bezahlten Industrie-)Arbeitsplätze zu erhalten; der Kohleausstieg und seine Kosten (40 Mrd. € für 20.000 Arbeitsplätze) ist nicht generalisierbar, wenn es z.B. um den Rückbau der Autoindustrie geht (mit 800.000 Arbeitsplätzen).

---

11 Randers (2012) hat die ökologisch entlastende Wirkung von nachlassender Wachstumsdynamik im globalen Maßstab dargelegt. Vereinfachend: BIP = BIP/Erwerbstätige x Erwerbstägige, d.h. er erwartet, dass sowohl die Arbeitsproduktivität als auch die Erwerbstätigenzahl langsamer wachsen wird als in der Vergangenheit.

Industriepolitik z.B. für Grünen Stahl oder für die Ansiedlung von Zukunftsindustrien (Batterie-, Chip- etc.-Fabriken) erweist sich als extrem fehleranfällig und teuer. Der fortbestehende Fachkräftemangel darf nicht darüber hinwegtäuschen, dass die Arbeitslosigkeit zunimmt und dass daher der Widerstand gegen (ökologischen) Strukturwandel zunehmen wird.

5. Abschied nehmen von der BIP-Fixierung: Das war so einfach und über Jahrzehnte hatte sich die Konvention entwickelt, dass die Wachstumsrate des BIP (real) – sogar minimale Veränderungen in den Quartalswerten – von schicksalhafter Bedeutung sei: »Ohne Wachstum ist alles nichts« (Merkel 2003). Nun steht diese magische Zahl in komprimierter Form für das Steigerungs- und Fortschrittsversprechen unserer freiheitlichen Ordnung mit der Botschaft: Wachstum schafft eine stetig zunehmende Güterversorgung und damit Konsummöglichkeiten – und das ist die Grundlage und der harte Kern des Wohlstands. Wenn diese Zahl negativ wird, dann gehen nicht nur die ökonomischen Warnlampen an, sondern auch die politischen. Dann muss auch mit gesellschaftlichen Verwerfungen gerechnet werden. Das ist falscher Alarm aufgrund von Fehlmessung (»mismeasuring«). Das muss sich ändern, indem andere, zusätzliche Indikatoren verwendet werden (vgl. BMWK 2023). Diese ergeben sich aus einer breit angelegten Wohlstandspolitik (deren Performance es zu messen gilt):

   $$W = W(BIP, X)$$

   X steht für die vielen Faktoren, die Wohlstand und Zufriedenheit (Glück) bestimmen. Dazu gibt es eine umfangreiche, interdisziplinär angelegte Forschung (vgl. z.B. Frey 2008), deren Ergebnis noch zu wenig politische Wirkung entfalten.
6. Die Staatsaktivität muss sich ändern. Der Staat darf zwar nicht als der »Macher« des Übergangs von der eindimensionalen Wachstumspolitik zur Wohlstandspolitik begriffen werden, aber es kommen neue Aufgaben auf ihn zu.[12] Damit das nicht zu einer Überforderung führt (»Staatsversagen«), muss auch nach Entlastungen für den Staat gesucht werden. Das

12 Eine andere Richtung wird mit »Experimenten« wie in Argentinien (Milei) und in den USA (Trump) eingeschlagen: die Staatsaktivität radikal auf die Minimalfunktion von innerer und äußerer Sicherheit reduzieren (»Nachwächterstaat«).

ist die permanente Anpassungs- und Modernisierungsaufgabe.[13] Keine Staatsaufgabe ist es, eine bestimmte Wachstumsrate herzustellen (vgl. Erhard 1957: 230). Wesentlich und »systemrelevant« sind dagegen:

- Allokationsfunktion, die mehr ist als effiziente Allokation (Korrektur von Marktversagen, Bereitstellung öffentlicher Infrastruktur) und zur Innovationsfunktion wird, die nicht nur Technologien (Industriepolitik) umfasst, sondern auch auf gesellschaftliche Innovation (zivilgesellschaftlicher Projekte, Initiativen) gerichtet sein muss.
- Distributionsfunktion, die nicht nur auf eine gerechte intra-generative Lastverteilung ausgerichtet ist, sondern auch auf eine intergenerative (Lastverschiebung auf zukünftige Generationen).
- Stabilisierungs- und Sicherheitsfunktion, die nicht nur (keynesianisch geprägte) Rezessionsbekämpfung und Vollbeschäftigung umfasst, sondern die Stabilität der sozialen Sicherungssysteme insgesamt.

Als Querschnittsaufgabe über alle Funktionen hinweg muss der zukunftsorientierte Staat den gesellschaftlichen Kulturwandel (jenseits von Angebot und Nachfrage) befördern, der auf Suffizienz und Lebensstiländerungen gerichtet ist. Die Impulse müssen primär aus der Zivilgesellschaft kommen. Infrastrukturen, Anreizsysteme und Sicherheitsnetze können aber einen wesentlichen Unterschied für die Entfaltung der Suffizienz-Option und die Neuausrichtung des Wohlstands machen. Mit den Aufgaben nimmt der Finanzierungsbedarf zu. Konkret wird über zusätzliche 50–60 Mrd. € p.a. diskutiert – und dafür eine Kreditfinanzierung vorgeschlagen, die eine Verfassungsänderung verlangen würde (vgl. dazu Kurz 2024a). Für eine Verfassungsänderung gibt es allerdings keine zwingenden Gründe, denn die Finanzierung ließe sich auch mit der Schuldenbremse realisieren, z.B. durch folgenden Drittel-Mix: Subventionsabbau (ökologisch schädliche Subventionen) + Netto-Kreditaufnahme (verfassungskonform 0,35 % des BIP, also ca. 15 Mrd. € p.a.) + Steuererhöhungen (die zugleich der Distributionsfunktion dienen). In Summe können so über 20 Jahre 1.000 Mrd. € mobilisiert werden (50 Mrd. € p.a. x 20 Jahre). Politisch durchgesetzt hat sich aber eine Schuldenfinanzierung von 500 Mrd. € für »zusätzliche« Infrastruktur-Projekte.

---

13 Vgl. dazu auch Mazzucato (2013; 2021), die einen »Entrepreneurial State« skizziert, der »mission«-orientiert arbeitet.

7. Bedrohungen der Demokratie abwenden: Die Schlüsselfrage lautet: »Ist Demokratie noch möglich, wenn rasches, permanentes Wirtschaftswachstum ausbleibt?« (Becker/Dörre 2018: 1). Wenn die Entkoppelung und die Erhaltung des Wohlstands gelingt, wird Wachstum irrelevant und ergibt sich keine Bedrohung für die Demokratie. Ob die Demokratie einen allgemeinen Wohlstandsrückgang überstehen würde, ist fraglich. Es muss stets mit dem Auftreten von Kräften gerechnet werden, die Frustrationslücken in systemzerstörende Munition verwandeln. Daher ist diese Entkoppelung so entscheidend – und so schwer. Durch höhere Verschuldung können »Zumutungen« noch eine Weile von den Wähler*innen ferngehalten werden.

In Summe: Es gibt keine Silver Bullet, keinen Hebel, den »man« einfach umlegen müsste – und es liegt schon gar kein neues System fertig im Regal des Wissenschaftsladens. Vieles klingt nach Zumutung, aber es darf auch auf positive Überraschungen gehofft werden, auf eine Eigendynamik, die sich aus der konkreten Arbeit an einem neuen (»rettenden«) Kulturentwurf ergibt, inspiriert und beflügelt durch die Kunst in ihrer schöpferischen Vielfalt.

7 Perspektiven: Wohlstand in einer Öko-Sozialen Marktwirtschaft

Ob das Wachstumszeitalter für Deutschland (u.a.) vorbei ist, kann niemand mit Sicherheit wissen. Die Indizien verdichten sich allerdings. Die empirische Analyse der Bestimmungsfaktoren lässt Wachstumsraten erwarten, die nur noch wenig über null liegen. Schon leichte Veränderungen in den Annahmen (z.B. über Zuwanderung) führen zu einem Schrumpfungsszenario. Dass das Wachstumszeitalter für Deutschland nicht vorbei ist, kann auch niemand mit Sicherheit wissen. Aber auch Wachstumsoptimisten sollten (sich) daher die Frage stellen, welche Auswirkungen das dauerhafte Ausbleiben von Wachstum haben würde – und welche (Katastrophen-)Vorsorge ggf. noch getroffen werden könnte (Plan B).

Aus diesen Grundgedanken speisen sich die Überlegungen, die hier angestellt worden sind. Festzuhalten bleibt, dass

a) das Wachstumsende eine ökologische Chance ist, da es bei allen ökologischen Zielen eine Entlastung bringt;

b) es Wirtschaft und Gesellschaft unvorbereitet trifft – trotz der intensiven Diskussion seit 1972. Die Wachstumserwartungen sind ungebrochen, ihre Enttäuschung daher systemgefährdend.

Das Wachstumsende könnte als Systemversagen und als Politikversagen interpretiert und politisch (aus)genutzt werden. Dem kann und muss mit Analysen der Ursachen begegnet werden (»ausgewachsen« s.o.). Viel wichtiger ist aber, das obsolete Wachstumsversprechen durch eine neue Vision zu ersetzen. Dazu ist kein vollständiger »Neustart« (»reset«, »system change«) erforderlich, sondern es kann angeknüpft werden an Ideen, die das expansive Zeitalter von Anfang an begleitet haben – von Mill (1848) über Keynes (1930) bis zu Erhard (1957). Für die »Zukunft unserer Enkelkinder« (Keynes 1930) trifft Erhards »Wohlstand für alle« noch immer den Kern. Diese Vision muss befreit werden von der Gleichsetzung von Wohlstand mit (BIP-)Wachstum. Und »für alle« muss heute im globalen Maßstab interpretiert werden und auch zukünftige Generation einbeziehen – also eine internationale und eine intergenerative Dimension haben.

Die sozio-ökonomische Herausforderung ist es, nach Jahrzehnten der selbstverständlichen Gleichsetzung nun die Entkoppelung von Wachstum und Wohlstand zu vollziehen und Wachstumsunabhängigkeit anzustreben. Das betrifft das wirtschaftswissenschaftliche Monopol des Wachstumsparadigmas (vgl. Kurz 2020). Es verlangt individuelle Lernprozesse, Erwartungen müssen neu justiert werden. Und es verlangt Veränderungen von Institutionen und Rahmenbedingungen, eine Suffizienzpolitik, »damit gutes Leben einfacher wird« (Schneidewind/Zahrnt 2013). Freie, kreative Menschen in einer lebendigen Demokratie haben diese Gestaltungskraft. Der Machtkampf gegen kurzsichtige Lobby-Interessen kann aber auch verloren gehen. Die »ordnenden Potenzen« (Eucken 1952) sind permanent gefordert. Das gilt besonders für eine Phase, die als Zeitenwende, als Übergang in eine neue Epoche gelten kann. All die abwegigen Gestaltungsversuche, die Eucken und andere Ordoliberale beschrieben haben, treten hier wieder auf und gefährden die Entwicklung eines systemadäquaten Ordnungsrahmens, der die Einhaltung der sozialen und ökologischen Grenzen sicherstellt. Vom wirksamen Einsatz der ordnenden Potenzen wird es abhängen, ob und wohin Deutschland treibt und ob es gelingt, im Strom der Megatrends (marginalen) gestaltenden Einfluss zu nehmen – für die Vision ein gutes Leben, selbstbestimmt und in Freiheit zu erhalten (»pursuit of happiness«).

Sinkende Einkommen sind nicht Ausdruck des Verlusts der Wohlstands-Perspektive und signalisieren nicht den Verlust der Fortschrittsdynamik. Wettbewerb und Innovation bleiben die Kernprozesse des Systems (vgl. Schumpeter 1942). Aber Wohlstand muss ganzheitlich erfasst werden, insbesondere auch die Komponenten, die vielfach als selbstverständlich vorausgesetzt und nicht mitgerechnet werden: öffentliche Sicherheit und Ordnung; ein gut bezahlter und sicherer Arbeitsplatz; bezahlbares Wohnen/Essen/Kleidung; Freizeit und Urlaub; Ansprüche aus den sozialen Sicherungssystemen (Rente, Pflege, Krankheit, Arbeitslosigkeit) als Vermögenswerte; eine intakte, gesunde Umwelt (Luft, Wasser). Zu den (staatlichen) Institutionen hinzukommen muss das Sozialkapital, auf dessen Bildung und Erhaltung der Staat wenig Einfluss hat. Einbindung und Zusammenhalt in Familie, Nachbarschaft, Vereinen etc. wirken sinnstiftend und wohlstandssteigernd. Hier können sich auch Suffizienz-Lösungen entwickeln und entfalten. Es geht um die individuelle Erfahrung der »Selbstwirksamkeit« und der jederzeit möglichen Verhaltensänderungen. Hinzu kommen Kooperation (»social inclusion«) und Einbettung in Peer-Groups als Beschleuniger. Aus Wachstumsschwäche ergibt sich nicht zwingend die Notwendigkeit einer verstärkten Wachstumspolitik. Wachstum ist nicht unabdingbar für den Wohlstand. Aber: Ohne Wachstum muss die Wohlstandsperspektive neu definiert, vermessen, gefördert und gelebt werden. Das ist die große gesellschaftliche Herausforderung der nächsten beiden Transformationsjahrzehnte. Es ist auch eine neue Staatsaufgabe und Teil der Ordnungsfunktion, die auf Erhaltung einer offenen Gesellschaft und Stärkung ihrer Abwehrkräfte (Resilienz) gerichtet ist und auch unter widrigen Bedingungen Kurs hält.

Literatur

Becker, Karina/Dörre, Klaus (2018): Editorial: Demokratie ohne Wachstum? in: Berliner Journal für Soziologie 28, S. 1–8, https://doi.org/10.1007/s11609-018-0369-3 ; letzter Abruf 07.05.2025

Borchardt, Knut (1974): Dreht sich die Geschichte um? Modelle für Wachstumsschranken, Ebenhausen bei München.

BMWK (Bundesministerium für Wirtschaft und Klimaschutz) (2023): Jahreswirtschaftsbericht 2023: Wohlstand erneuern, Berlin. https://www.bmwk.de/Redaktion/DE/Publikationen/Wirtschaft/jahreswirtschaftsbericht-2023.html ; letzter Abruf 07.05.2025

Bundesregierung (2021): Deutsche Nachhaltigkeitsstrategie. Weiterentwicklung 2021, Berlin. https://www.bundesregierung.de/resource/blob/975274/1873516/9d73d857a3f7f0f8df5ac1b4c349fa07/2021-03-10-dns-2021-finale-langfassung-barrierefrei-data.pdf?download=1 ; letzter Abruf 07.05.2025

Clausewitz, Carl von (1832/1980): Vom Kriege. Auswahl (Hg.) Ulrich Marwedel, Stuttgart.

EEA – European Environment Agency (2023): European Climate Risk Assessment (EUCRA), EEA/PUBL/2023/025, Luxembourg. https://www.eea.europa.eu/publications/european-climate-risk-assessment ; letzter Abruf 07.05.2025

EEA – European Environment Agency (2024): Trends and Projections in Europe 2024, Luxembourg. https://www.eea.europa.eu/en/analysis/publications/trends-and-projections-in-europe-2024 ; letzter Abruf 07.05.2025

Erhard, Ludwig (1957): Wohlstand für alle, Düsseldorf/Wien.

ERK – Expertenrat für Klimafragen (2024): Gutachten zur Prüfung der Treibhausgas-Projektionsdaten 2024, Berlin. https://www.expertenrat-klima.de ; letzter Abruf 07.05.2025

Eucken, Walter (1952): Grundsätze der Wirtschaftspolitik, 6. Aufl. 1990, Tübingen.

Frey, Bruno (2008): Happiness. A Revolution in Economics, Cambridge, MA/London.

Grimm, Veronika/Sölch, Christian/Wirth, Johannes (2024): Wachstum und Klimaschutz vereinen, Konrad-Adenauer-Stiftung, Berlin. https://www.kas.de/de/einzeltitel/-/content/wachstum-und-klimaschutz-vereinen ; letzter Abruf 07.05.2025

Grimm, Veronika/Kroeger, Thilo/Ochsner, Christian (2024): Wege aus der Wachstumsschwäche, in: Wirtschaftsdienst, 104. Jg., Heft 3, S. 180–186. https://www.wirtschaftsdienst.eu/inhalt/jahr/2024/heft/3/beitrag/wege-aus-der-wachstumsschwaeche.html ; letzter Abruf 28.05.2025

Keynes, John Maynard (1930/1963): Economic Possibilities for Our Grandchildren, in: Essays in Persuasion, New York, S. 358–373.

Kurz, Rudi (1996): Innovationen für eine zukunftsfähige Entwicklung, in: Aus Politik und Zeitgeschichte. Beilage zur Wochenzeitung Das Parlament B7/96, 9. Februar 1996, S. 14–22.

Kurz, Rudi (2020): Die Dominanz des Wachstumsparadigmas in der Wirtschaftswissenschaft – ungebrochen? https://www.postwachstum.de/was-lernen-wir-aus-35-jahren-wachstumsdebatte-i-20201104 ; letzter Abruf 07.05.2025

Kurz, Rudi (2021): Sustainability Communication in Case of Emergency: The Role of NGOs in Implementing the SDGs, in: Franzisca Weder et al. (Hg.): The Sustainability Communication Reader. A Reflective Compendium, Wiesbaden, S. 463–484. https://doi.org/10.1007/978-3-658-31883-3_25; letzter Abruf 07.05.2025

Kurz, Rudi (2022): Lindner-Papier: Mit Angebotspolitik zurück in die Zukunft? in: Makronom. Online-Magazin für Wirtschaftspolitik, 26.05.2022. https://makronom.de/christian-lindner-strategiepapier-mit-angebotspolitik-zurueck-in-die-zukunft-41895 ; letzter Abruf 07.05.2025

Kurz, Rudi (2023a): Argumente gegen einen subventionierten Industriestrompreis: Ökonomisch ineffizient, unsozial, ökologisch schädlich, in: Makronom. Online-Magazin für Wirtschaftspolitik, 25.09.2023. https://makronom.de/industriestrom-subventionierung-oekonomisch-ineffizient-unsozial-oekologisch-schaedlich-44979 ; letzter Abruf 07.05.2025

Kurz, Rudi (2023b): Wachstumsunabhängigkeit: Transformation und Wohlstand erneuern – ohne Wachstum, in: Wirtschaftsdienst 103. Jg., Heft 7, S. 445–449. https://www.wirtschaftsdienst.eu/inhalt/jahr/2023/heft/7/beitrag/wachstumsunabhaengigkeit-transformation-und-wohlstand-erneuern-ohne-wachstum.html ; letzter Abruf 07.05.2025

Kurz, Rudi (2024a): Finanzierung von Staatsaufgaben: Nachhaltige Finanzpolitik und Schuldenbremse, in: Wirtschaftsdienst 104. Jg, Heft 1, S. 29–32. https://www.wirtschaftsdienst.eu/inhalt/jahr/2024/heft/1/beitrag/finanzierung-von-staatsaufgaben-nachhaltige-finanzpolitik-und-schuldenbremse.html; letzter Abruf 07.05.2025

Kurz, Rudi (2024b): Demokratie ohne Wachstum und Kultur des Wandels, in: Wirtschaftsdienst 104. Jg., Heft 9, S. 626–630. https://www.wirtschaftsdienst.eu/pdf-download/jahr/2024/heft/9/beitrag/demokratie-ohne-wachstum-und-kultur-des-wandels.html ; letzter Abruf 07.05.2025

Kurz, Rudi (2025): Zeitenwende 2.0: Was wird aus dem Klimaschutz? in: Makronom, 27. März 2025. https://makronom.de/zeitenwende-2-0-was-wird-aus-dem-klimaschutz-48691 ; letzter Abruf 28.05.2025

Kurz, Rudi/Spangenberg, Joachim/Zahrnt, Angelika (2024): Carbon Management Strategie: Deponieren statt reduzieren? in: Ökologisches Wirtschaften 39. Jg., Heft 3, S. 8–11.

Kurz, Rudi/Zahrnt, Angelika (2024): Suffizienz als strategische Option gewinnt an Bedeutung, in: Ökologisches Wirtschaften 39, Heft 4, S. 30–34.

Mau, Steffen/Lux, Thomas/Westhäuser, Linus (2023): Triggerpunkte. Konsens and Konflikt in der Gegenwartsgesellschaft, Berlin.

Mazzucato, Mariana (2013): The Entrepreneurial State: Debunking Public vs. Private Sector Myths, London.

Mazzucato, Mariana (2021): Mission Economy. A Moonshot Guide to Changing Capitalism, Dublin.

Meadows, Dennis L. et al. (1972): The Limits to Growth. A Report for the Club of Rome's Project on the Predicament of Mankind, New York.

Randers, Jorgen (2012): 2052. A Global Forecast for the Next Forty Years, White River Junction.

Röpke, Wilhelm (1958): Jenseits von Angebot und Nachfrage, Erlenbach-Zürich/Stuttgart.

Schmelzer, Matthias (2023): Degrowth als Notwendigkeit. Wider die Legende vom grünen Wachstum, in: Blätter für deutsche und internationale Politik, Oktober, S. 96–104.

Schneidewind, Uwe/Zahrnt, Angelika (2013): Damit gutes Leben einfacher wird. Perspektiven einer Suffizienzpolitik, München.

Schumpeter, Joseph A. (1942): Capitalism, Socialism and Democracy, New York.

Spangenberg, Joachim H./Kurz, Rudi (2023): Epochal Turns: Uncomfortable Insights, Uncertain Outlooks, Sustainable Development, Vol. 31, S. 1–16. https://doi.org/10.1002/sd.2512 ; letzter Abruf 8.07.2025

SVR – Sachverständigenrat zur Begutachtung der gesamtwirtschaftlichen Entwicklung (2023): Wachstumsschwäche überwinden – in die Zukunft investieren, Jahresgutachten 2023/24, Wiesbaden. https://www.sachverstaendigenrat-wirtschaft.de/fileadmin/dateiablage/gutachten/jg202324/JG202324_Gesamtausgabe.pdf ; letzter Abruf 09.01.2025

Victor, Peter A. (2008): Managing Without Growth. Slower by Design, Not Disaster, Cheltenham u.a.

Vollrath, Dietrich (2020): Fully Grown. Why a Stagnant Economy Is a Sign of Success, Chicago/London.

Welzer, Harald (2011): Mental Infrastructures. How Growth Entered the World and Our Souls, Heinrich Böll Foundation, Berlin.

Nachhaltige Entwicklung: Grundverständnis und Umsetzung

Jürgen Kopfmüller

1 Nachhaltige Entwicklung: Ursprung und inhaltliche Essenz

Unzweifelhaft ist das Leitbild der nachhaltigen Entwicklung zu einem zentralen Begriff in den globalen wie nationalen Debatten über die künftige Entwicklung der Menschheit geworden. In Politik, Wirtschaft und Gesellschaft in seiner Bedeutung anerkannt und vielfach institutionalisiert, ist es damit auch zu einem zentralen Gegenstand von Forschung geworden. Wissenschaft hat dazu beigetragen und tut es weiterhin, der Kritik am Leitbild, eine eher inhaltsarme rhetorische Floskel oder anspruchsüberladene Illusion von vermeintlichen Gutmenschen zu sein, zu begegnen.

Die Geschichte des Nachhaltigkeits-Leitbilds ist über 300 Jahre alt. Üblicherweise wird die Abhandlung »Sylvicultura Oeconomica« des sächsischen Oberberghauptmanns von Carlowitz aus dem Jahr 1713 als erstmalige Erwähnung genannt (vgl. Grober 2013). Landwirtschaft, Schiffbau sowie zunehmender Holzbedarf in Berg- und Hüttenwerken hatten in vielen Regionen Mittel- und Südeuropas zu einer massiven Übernutzung der lebenswichtigen Ressource Holz geführt. Vor diesem Hintergrund wurde unter nachhaltiger Forstwirtschaft eine Bewirtschaftungsweise verstanden, bei der pro Zeit- oder Raumeinheit nicht mehr Holz geschlagen wird als nachwächst. Diese in heutigen Worten ressourcenökonomische Leitlinie, von den Zinsen eines Kapitals und nicht vom Kapital selbst zu leben, blieb rund 250 Jahre weitestgehend auf die Forstwirtschaft beschränkt. Die existenzielle Abhängigkeit der Menschheit von den natürlichen Grundlagen der Erde wurde erst wieder thematisiert, als der unbekümmerte Fortschrittsoptimismus gegen Ende der 1960er Jahre angesichts der negativen Folgen von Produktions- und Lebensstilen vor allem in den Industriestaaten in Frage gestellt wurde. Im Bericht »Die Grenzen des

Wachstums« des Club of Rome (vgl. Meadows et al. 1973) wurde dies erstmals einer breiteren Öffentlichkeit nahegebracht.

Stand zunächst die Endlichkeit verfügbarer Ressourcen im Mittelpunkt, richtete sich der Fokus in den 1980er und 1990er Jahren u.a. angesichts des Klimawandels stärker auf die Belastungs- und Regenerationsfähigkeit der Ökosysteme (»Senkenproblematik«) (vgl. Michelsen 2016, SRU 2002). Die Erkenntnis, dass Ressourcen- und Senkenprobleme vielfach zusammenhängen und Begrenztheiten unterliegen, wird heute mit dem Begriff der »Planetary Boundaries« verbunden (vgl. Rockström et al. 2009).

Der Beginn der »modernen« Nachhaltigkeitsdebatte in den 1980er Jahren lässt sich darauf zurückführen, dass 300 Jahre Menschheitsentwicklung entlang globaler »Megatrends« wie Urbanisierung, Industrialisierung, Technisierung, Globalisierung, Bevölkerungswachstum oder Konsumgesellschaft zwar einerseits zu besseren Lebensbedingungen für viele Menschen geführt haben, was Gesundheit, Wohnen und Arbeiten betrifft. Sie sind jedoch andererseits mit Folgen verbunden (bzw. haben diese nicht verhindern können), die als Symptome globaler Nicht-Nachhaltigkeit bezeichenbar sind. Klimawandel, Artensterben oder Luftverschmutzung sind ebenso Beispiele hierfür wie Armut (2,5 Mrd. Menschen), Hunger (900 Mio.), Analphabetismus (700 Mio.), fehlende bzw. mangelhafte Versorgung mit Sanitäranlagen (3 Mrd.), sauberem Trinkwasser (2 Mrd.) oder Elektrizität (800 Mio.) oder extreme Einkommensunterschiede auf nationaler wie globaler Ebene.

Bereits bei der ersten Weltumweltkonferenz der Vereinten Nationen 1972 in Stockholm wurde die enge Verknüpfung zwischen mangelnder Entwicklung und Umweltzerstörung thematisiert und Konsequenzen in der Entwicklungspolitik gefordert. Dies weiter denkend und angesichts der genannten globalen Probleme legte die UN Weltkommission für Umwelt und Entwicklung, die so genannte Brundtland-Kommission, in ihrem Bericht die bis heute weithin akzeptierte Definition von nachhaltiger Entwicklung vor (vgl. Hauff 1987). Sie ist demnach realisiert, wenn sie »den Bedürfnissen der heutigen Generation entspricht, ohne zu riskieren, dass künftige Generationen ihre eigenen Bedürfnisse nicht befriedigen können« (ebd.: 43). Diese sehr allgemein gehaltene und zugleich sehr weitreichende Definition stellt sowohl menschliche Bedürfnisse als auch Gerechtigkeitsprinzipien innerhalb und zwischen den Generationen in den Mittelpunkt. Der Bericht diagnostizierte neben Umweltproblemen vor allem wachsende Ungleichheit in den Einkommens- und Vermögensverteilungen, die große Zahl in absoluter Armut lebender Menschen sowie die Bedrohung von Frieden und Sicherheit und stellte damit eine wesentliche Grundlage für die Konferenz für Umwelt und Entwicklung der Vereinten Nationen in Rio 1992 dar. Dort wurden u.a. die Rio-Deklaration, die Agenda 21 sowie die Klimarahmenkonvention verabschiedet.

Mit den 2015 von den Vereinten Nationen im Rahmen der Agenda 2030 verabschiedeten siebzehn Nachhaltigkeitsziele (SDGs) für das Jahr 2030 (vgl. UN 2015) hat sich erstmals die Weltgemeinschaft als Ganze, genauer alle 193 Unterzeichnerstaaten, auf einen Kanon von Entwicklungszielen geeinigt. Kritik wird insbesondere daran geübt, dass die Ziele nicht rechtlich verpflichtend sind und dass Themen wie Machtstrukturen, Wachstumsfolgen, Ungleichheiten oder auch Zielkonflikten zu wenig Beachtung geschenkt wird. Trotz allem stellen die Agenda und die SDGs aktuell das politisch wirkmächtigste Nachhaltigkeitsdokument dar, das mittlerweile als Orientierung für viele Nachhaltigkeitsstrategien, Indikatorsysteme und Nachhaltigkeitspolitiken auf verschiedenen Ebenen dient.

Aus der Brundtland-»Philosophie«, den genannten Dokumenten der Rio-Konferenz und weiteren Konferenzen, Dokumenten und Prozessen bis hin zur Agenda 2030, die alle Bestandteil eines bis heute andauernden Rio-Folgeprozesses sind, lassen sich fünf Grundpfeiler nachhaltiger Entwicklung destillieren:

- Ein ganzheitliches Verständnis, das Umweltaspekte, soziale, wirtschaftliche und kulturelle Aspekte zusammen denkt.
- Ein Verständnis von Gerechtigkeit und Fairness als Leitorientierung für Entwicklung innerhalb und zwischen den Generationen, das materielle (z.B. Einkommen, Lebensbedingungen) und prozedurale Elemente (Partizipation, Inklusion) enthält und Prinzipien der Leistungs- und Bedürfnisgerechtigkeit integriert.
- Eine globale Perspektive, die bei Zielformulierung, Problemidentifikation und Handlungsstrategien nationale und lokale Implikationen und Erfordernisse berücksichtigt.
- Eine langfristige Perspektive, die auch kurzfristige Handlungserfordernisse berücksichtigt.
- Eine partizipative und inklusive Einbindung der Zivilgesellschaft in Entscheidungsprozesse.

Getragen werden diese Grundpfeiler durch eine Ethik der Verantwortung des Einzelnen wie auch der (Welt-)Gesellschaft. Im Sinne von Hans Jonas (1979) bedeutet dies, dass jeder so handle, dass die Wirkungen dieser Handlungen verträglich sind mit der Permanenz echten menschlichen Lebens auf Erden. Mit anderen Worten: jeder trage die Kosten seiner Entscheidungen *selbst* bzw. die Gesellschaft trage die Kosten ihres Wohlstands *heute*. Die Realität ist jedoch häufig gekennzeichnet durch zeitliche Verlagerungen von Folgen und Kosten in die Zukunft (Beispiel: Klimawandel, Kernenergie) wie auch durch räumliche Verlagerungen (Beispiel Klimawandel, Abfall in Entwicklungsländer, EU-Agrarsubventionen mit existenzbedrohenden Folgen für Landwirte in ärmeren Ländern). Die Übernahme von Verantwortung durch Staat, Unternehmen, Zivilgesellschaft und Wissenschaft bedeutet vor diesem Hintergrund, allen heute und zukünftig lebenden Menschen ein menschenwürdiges Leben zu ermöglichen. Konkretisierbar ist dies anhand der Sicherung von Grundgütern, die, basierend auf der Rawlsschen Theorie der Gerechtigkeit (vgl. Rawls 1979) und dem Capability Ansatz von Sen (1985) und Nussbaum (2011) unterschiedliche Elemente enthalten: politische Rechte und Freiheiten, Lebens- bzw. Verwirklichungschancen (z.B. bzgl. Gesundheit, Grundversorgung, intakte Umwelt) oder auch soziale Ressourcen und gesellschaftlicher Zusammenhalt (Toleranz, Solidarität, Inklusion, Partizipation, Gemeinwohl, ...).

In einem solchen Zukunfts- und Gegenwartsverantwortung gleichrangig betrachtenden Nachhaltigkeitsverständnis müssen neben den o.g. ökologischen auch Grenzen in den Blick genommen werden, wie sie in der Donut-Ökonomie (vgl. Raworth 2018) bezogen auf mangelnde Gesundheit, Bildung oder soziale Gerechtigkeit adressiert werden. Auch deren Überschreitung kann zu möglicherweise irreversiblen Nachhaltigkeitsdefiziten führen. Das in dieser Weise definierte Nachhaltigkeitsleitbild ist heute weitgehend Konsens, mit unterschiedlichen Nuancierungen in Details bei verschiedenen gesellschaftlichen Akteuren. Es sind damit Gestaltungsaufgaben und -ansprüche in einer Komplexität verbunden, die einmalig in der Menschheitsgeschichte sind: Die Menschheit bzw. Weltgesellschaft als Ganzes wird zum Objekt bewusster Gestaltung (vgl. Grunwald/Kopfmüller 2022). Wenn Politik und Wissenschaft entsprechende Transformationsprozesse initiieren, umsetzen und begleiten wollen, bedarf es geeigneter Konzepte, Status-Quo-Analysen und -Bewertungen sowie daran orientierter Steuerungsansätze.

2 Zentrale Themen und Kontroversen

Nachhaltigkeitstransformationen müssen sich an den genannten Grundpfeilern des Leitbilds orientieren. Sie bedürfen dabei der Konkretisierung von Begriffen wie »Gerechtigkeit« oder »Zukunftsverantwortung«, wie sie z.B. mit den SDGs vorgelegt wurde. Diese hängt jedoch von Interpretationen, Deutungen und Kontexten ab, die mit Wertungen und Prioritätensetzungen verbunden und damit häufig kontrovers sind. Nachfolgend werden einige Themen skizziert, die hier ebenso bedeutsam wie kontrovers diskutiert sind.

Konzeptionelle Ansätze: Dimensionen der Nachhaltigkeit und ihre Gewichtung

Nachhaltige Entwicklung betrifft ein weites Spektrum thematischer Dimensionen – auch als »Säulen« bezeichnet –, die ökologische, soziale, wirtschaftliche, politisch-institutionelle oder kulturelle Aspekte umfassen. Dabei entstehen Fragen der Gewichtung oder Abwägung (vgl. Grunwald/Kopfmüller 2022). In den 1990er Jahren wurde in Nachhaltigkeitskonzepten überwiegend der ökologischen Dimension Vorrang eingeräumt, die Erhaltung der natürlichen Lebens- und Wirtschaftsgrundlagen als unabdingbare Voraussetzung für Entwicklung gesehen. In den in der Folge zunehmend dominierenden mehrdimensionalen Konzepten wird ein prinzipieller Vorrang einer Dimension abgelehnt und die Notwendigkeit einer zumindest a priori Gleichrangigkeit betont. Begründet wird dies damit, dass die Umsetzung des Gerechtigkeitspostulats und die Gewährleistung von Grundgütern für alle Menschen die Einbeziehung aller Dimensionen erfordern (vgl. Grunwald/Kopfmüller 2022). Lange Zeit wurde dann nachhaltige Entwicklung vorwiegend aus der Sicht jeder einzelnen Dimension definiert, meist mit dem Drei-Säulen-Ansatz (Triple-Bottom-Line) (vgl. Elkington 1997) bezogen auf Ökonomie, Ökologie und Soziales. Demgegenüber gehen integrative Ansätze davon aus, dass Zukunftsverantwortung, Verteilungsgerechtigkeit und die Versorgung mit Grundgütern Dimensionen übergreifenden Charakter besitzen, weswegen Nachhaltigkeit nicht getrennt in den Dimensionen betrachtet werden kann.

Beispiele hierfür sind in Deutschland das Integrative Konzept nachhaltiger Entwicklung (IKoNE) der Helmholtz-Gemeinschaft (vgl. Kopfmüller et al. 2001) und die Nachhaltigkeitsstrategie der Bundesregierung (2002), die SDGs sind ebenfalls hierzu zu zählen. Ausgangspunkt sind im IKoNE drei konstitutive Elemente: intra- und intergenerative Gerechtigkeit, eine globale

Perspektive und ein »aufgeklärter« anthropozentrischer Ansatz, der die Erhaltung der natürlichen Lebensgrundlagen nicht mit einem Eigenwert der Natur, sondern mit dem Eigeninteresse der Menschheit ihre Art zu erhalten begründet. Diese Elemente werden anhand von substanziellen und instrumentellen Nachhaltigkeitsregeln konkretisiert. Sie adressieren die Sicherung menschlicher Existenz, die materiellen sowie immateriellen Grundlagen gesellschaftlicher Entwicklung. In der Deutschen Nachhaltigkeitsstrategie wird das integrative Nachhaltigkeitsverständnis durch die vier Grundprinzipien Generationengerechtigkeit, Lebensqualität, sozialer Zusammenhalt und internationale Verantwortung definiert, die mittlerweile, ähnlich wie in den meisten nationalen oder lokalen Strategien, in Anlehnung an die SDGs operationalisiert werden.

Nach über 20 Jahren kontroverser Diskussionen über Nachhaltigkeitskonzepte und langer Dominanz des Drei-Säulen-Ansatzes in Politik und Gesellschaft ist vor allem im Zuge der Entwicklung der SDGs ein wieder stärkerer Fokus auf die Kernideen des Brundtland-Berichts entstanden. Der Begriff der »Imperative der Nachhaltigkeit« (vgl. Holden et al. 2018), die auf menschliche Bedürfnisse, soziale Gerechtigkeit und planetare Grenzen in dem oben angesprochenen erweiterten Verständnis fokussieren, bringt dies treffend zum Ausdruck.

Angesichts der Debatten und bisherigen Praxis in konzeptionellen Fragen bleiben vor allem zwei Dinge festzuhalten: zum einen ist letztlich weniger entscheidend, welches Konzept im Einzelnen wissenschaftlichen Arbeiten oder Politiken zugrunde gelegt wird, als vor allem, welche Aspekte und Kriterien konkret adressiert werden. Hier besteht durchaus Spielraum in allen Ansätzen. Zum anderen spielen Wechselwirkungen oder Zielkonflikte zwischen einzelnen Prinzipien, Regeln oder Kriterien sowie der Umgang mit ihnen für eine erfolgreiche Umsetzung von Nachhaltigkeitskonzepten oder -strategien eine erhebliche Rolle (vgl. Möller 2024, Grunwald/Kopfmüller 2022, Dusseldorp 2017). Jenseits der Mindestanforderung, solche Phänomene zu identifizieren, offenzulegen und in ihrer Relevanz sowie ihren (möglichen) Konsequenzen zu beurteilen, bestehen zwei grundlegende Möglichkeiten, damit umzugehen: über die Suche nach Win-Win-Lösungen, also den Versuch, auf der Handlungsebene Wege zu finden, mehreren Zielen gleichzeitig gerecht werden zu können, oder über die Festlegung von Priorisierungen zwischen einzelnen Zielen oder Kriterien. Priorisierungen können z.B. mit Hilfe eines Vergleichs des Grads der Zielerreichung (Distance-to-target Ansatz) (vgl. Muhl et al. 2023, Cohen/Shinwell 2020) vorgenommen werden. Mit der Cross-Impact-Balance Methode (vgl. Weimer-Jehle 2023) können anhand systematischer Betrachtungen von Wechselwirkungen zwischen Faktoren besonders relevante, weil viele andere Faktoren beeinflussende Aspekte identifiziert werden. Möglich ist auch die Einbeziehung von Stakeholdern, damit diese Gewichtungen aus ihrer Sicht vornehmen.

Bislang werden jedoch Zielkonflikte und der Umgang mit ihnen in Wissenschaft und Politik nur selten systematisch betrachtet. In Bezug auf die SDGs werden erste Überlegungen dazu angestellt und diskutiert (vgl. Breuer/Janetschek/Malerba 2019, International Council for Science 2017, Pradhan et al. 2017).

Internalisierung und Diskontierung: zwei höchst nachhaltigkeitsrelevante Instrumente

Kontroversen bestehen auch in der Frage, mit welchen Mechanismen und Instrumenten Nachhaltigkeit realisiert werden kann und wie diese unter Gerechtigkeitsgesichtspunkten einzuschätzen sind. Nachfolgend werden mit der Internalisierung externer Effekte und der Diskontierung zwei Beispiele betrachtet, die für Nachhaltigkeit wesentliche, weil Gerechtigkeits- und Verteilungsfragen berührende (ökonomische) Ansätze darstellen, die bislang zu wenig bzw. zu wenig reflektiert diskutiert und umgesetzt werden.

Die Notwendigkeit von *Internalisierung* liegt darin begründet, dass ein Teil der in Produktions- und Konsumaktivitäten entstehenden negativen Effekte (Kosten) oder auch positiven Effekte nicht in Kalkulation und Preisgestaltung von Produzierenden und in Kaufentscheidungen von Konsumenten berücksichtigt wird, sondern »extern« von unbeteiligten Dritten getragen werden müssen bzw. genutzt werden können. Externe Kosten entstehen z.B. durch Ressourcenübernutzung, Ökosystemschädigungen, gesundheitsgefährdende Arbeitsbedingungen, Folgen von technologischem Wandel, Arbeitslosigkeit oder die Zerstörung sozialer Beziehungen, etwa infolge beruflicher Mobilitätszwänge. So belaufen sich bspw. die externen Kosten des Verkehrs in der EU auf rund 1.000 Mrd. Euro pro Jahr, verursacht durch Umwelt- und Gesundheitsschäden, Unfälle und Staus, insbesondere im Straßenverkehr (EU Kommission 2019). Ihre Nichtberücksichtigung führt zu Preis- und Güterstrukturverzerrungen, Fehlallokationen von Ressourcen, zu individuellen wie auch gesamtgesellschaftlichen Wohlfahrtsverlusten (vgl. Leipert 1989, Kapp 1979) und letztlich zu Nachhaltigkeitsdefiziten. Nicht selten wird daher

Kosten-Externalisierung auch als modernen Gesellschaften quasi inhärentes Phänomen charakterisiert (vgl. Biesecker/v. Winterfeld 2018).

Vor diesem Hintergrund besteht das Ziel der Internalisierung darin, diese a priori keiner Steuerung über Markt- oder Preismechanismen unterliegenden Effekte den Verursachenden zuzurechnen, damit diese sie in ihre Entscheidungskalküle einbeziehen. Dies kann durch Vereinbarungen zwischen den Beteiligten geschehen, meist aber durch staatliche Maßnahmen. Letztere lassen sich unterscheiden in ordnungspolitische (Ge-/Verbote, Grenzwerte, Haftungsrecht, Versicherungsmechanismen, ...), marktbasierte (Steuern, Abgaben, ...), Mischformen (z.B. Zertifikatehandel) und informatorische (z.B. Labelling).

Zwei wesentliche Herausforderungen und zugleich kontroverse Debatten sind mit Internalisierung verbunden. Zum einen betrifft dies die Ermittlung der Folgekosten als Grundvoraussetzung für »Zurechenbarkeit«. Jenseits der weitgehend anerkannten Notwendigkeit quantifizierbarer Informationen hierfür gehen die Einschätzungen zu Praktikabilität und Angemessenheit der hier meist in Rede stehenden umweltökonomischen Bewertungsansätze auseinander (vgl. Hansjürgens/Lienhoop 2015). Methoden einer monetären Inwertsetzung von z.B. Ökosystemleistungen, intakter Gesundheit oder einem menschlichen Leben bzw. der Schädigung dieser »Güter« werden damit begründet, dass auf diese Weise Bewusstsein für deren Wert gestärkt, Informationen unterschiedlichen Typs vergleichbar gemacht und somit Entscheidungsgrundlagen verbessert werden können. Vorbehalte bestehen zum einen wegen methodischer Probleme etwa bei der Ermittlung des Grads der Externalität bestimmter Effekte, bei der notwendigen Festlegung von Systemgrenzen oder bei der Verfügbarkeit und Qualität erforderlicher Daten. Zum anderen bestehen ethisch begründete Vorbehalte gegen eine »Ökonomisierung« dieser Güter. Die über die Dimension »Geld« hergestellte Relation zwischen Naturgütern oder sozialen Grundgütern und anderen Marktgütern suggeriere ihre Austauschbarkeit – ein fragwürdiges Signal vor allem bei Gütern, deren irreversible Schädigung droht oder für die kein funktionales Äquivalent existiert. Dies leiste dem »Ausverkauf« der Natur Vorschub und ignoriere die faktische Unmöglichkeit bzw. Fragwürdigkeit der Ermittlung etwa des Werts eines Lebens (vgl. Hansjürgens/Lienhoop 2015, McCauley 2006).

Auch gegenüber Ansätzen zur Ermittlung individueller Bereitschaften, für den Schutz bestimmter Güter zu zahlen bzw. für deren Beeinträchtigung entschädigt zu werden (contingent valuation), bestehen methodische Vorbehalte (vgl. Hausman 2012). Aufgrund des hypothetischen Charakters von diesbezüglichen Fragen sowie fehlender Anreize, »korrekte« Angaben zu machen und stattdessen »strategisch« anderen Motiven folgend zu antworten, sei die Validität von Ergebnissen begrenzt. Mit dem Vermeidungskostenansatz wird versucht, die Probleme mangelnder Ermittelbarkeit externer Kosten zu umgehen, indem die Aufwendungen zu ihrer Vermeidung, z.B. für Emissionsminderungen, hilfsweise und meist als Untergrenze der (vermuteten) Schadenskosten erhoben werden. Vermeidungskosten sind allerdings stark technologie- und situationsabhängig, weshalb sie für andere Zeitpunkte und Rahmenbedingungen – ähnlich wie auch Schadenskosten und Zahlungs-/Entschädigungsbereitschaften – nur schwer ermittelbar sind.

Festzuhalten bleibt, dass die Erfassung externer ökologischer und sozialer Kosten ebenso essenziell wie schwierig ist. Daher ist die Weiterentwicklung ökonomischer Methoden sicher notwendig – siehe z.B. die laufenden Aktivitäten in Deutschland sowie auf internationaler Ebene (vgl. WD 2024). Eine umfassende ökonomische bzw. monetäre Bewertbarkeit bleibt aber wohl eine Chimäre. Der Fokus sollte daher ergänzend auf Kombinationen verschiedener Maßnahmenansätze gerichtet werden, die spezifische Knappheitsbedingungen berücksichtigen, auf eine gerechte Verteilung von Vorteilen und Belastungen zwischen den von externen Effekten Betroffenen sowie die Versorgung der Menschen mit Grundgütern zielen.

Damit ist bereits die zweite Herausforderung angesprochen, die Internalisierung selbst. Hier stellt sich zunächst die Frage, wer verantwortlich ist für die Entstehung von Externalitäten bzw. wie die Verantwortung zwischen verschiedenen Akteuren zu verteilen ist. Inwieweit ist bspw. im Falle von umwelt- oder gesundheitsgefährdenden Effekten bei der Herstellung eines Pkw auch dem Käufer bzw. Nutzer Verantwortung zuzuschreiben? Dabei geht es zum einen um die Frage, für welche Akteure bezogen auf welche Produkte oder Aktivitäten welche der oben genannten Internalisierungsmaßnahmen in welcher Eingriffstiefe und ggf. in welcher Kombination angewendet werden sollen. Zum anderen sind für die Akzeptanz, die Umsetz- und Wirksamkeit sowie ggf. erforderliche Korrekturen solcher Maßnahmen insbesondere zwei Aspekte in den Blick zu nehmen: die wesentlichen (nicht-)intendierten prozess- oder verhaltensbezogenen Nebenwirkungen auf andere nachhaltigkeitsrelevante Indikatoren sowie die Verteilung von resultierenden Belastungen und Vorteilen innerhalb und zwischen den Generationen.

Die zentrale Zielsetzung und zugleich Herausforderung besteht somit darin, die fehlende bzw. mangelhafte Steuerung existierender Märkte durch ein

»rechtes Maß« der Internalisierung zu korrigieren. Maßnahmen im Bereich Klimaschutz und Klimaanpassung sind Beispiele für die Relevanz beider Gerechtigkeits-/Verteilungsperspektiven. Mögliche Ansatzpunkte hierfür sind z.B. eine Differenzierung bei Preis-Aufschlägen nach sozioökonomischen Kriterien oder Kompensation bzw. Subventionierung ärmerer Haushalte. Für die Umsetzung solcher Maßnahmen sollten die Möglichkeiten des Einsatzes von Digitalisierungs- bzw. KI-Technologien untersucht werden, basierend auf Abwägungen zwischen deren nachhaltigkeitsbezogenen Chancen und Risiken.

Weitergehende, strukturelle Maßnahmen wie etwa eine ökologische Steuerreform, die ökologische Schädigungen bzw. die sie verursachenden Aktivitäten mit einem Preis versieht oder ihn erhöht, oder eine sozial-ökologische Steuerreform, bei der z.B. die Abgabenbelastung des Faktors Arbeit reduziert und diejenige auf Naturverbrauch erhöht wird, werden seit vielen Jahren diskutiert (vgl. Bach/Kemfert/Praetorius 2024, Krohn 2023). Ähnliches gilt für die Frage nach dem angemessenen Verhältnis zwischen Beitrags- und Steuerfinanzierung der sozialen Sicherungssysteme, um Gerechtigkeitsaspekte besser adressieren zu können (vgl. Kohlstruck 2024, Walendzik 2009, Rürup 2005). In der Realität sind diese Ideen und Vorschläge jedoch bislang nur in bescheidenen Ansätzen realisiert, stattdessen häufig in partei- oder koalitionspolitischen Kontroversen gescheitert oder verwässert worden.

Anders als bei der Internalisierung, mit der nachhaltigkeits-schädliche Phänomene oder Verhaltensweisen korrigiert werden sollen, steht dies bei der *Diskontierung* zunächst nicht im Vordergrund. Sie kann sogar nachhaltige Entwicklung behindern. Generell kommt dieses aus der betriebs- und finanzwirtschaftlichen Praxis der Kosten- und Investitionsrechnung stammende Verfahren zur Anwendung, wenn in der Zukunft auftretende Effekte in Form ökonomisch relevanter Größen für heutige Entscheidungen in die Gegenwart übertragen, d.h. auf ihren Gegenwarts- oder Barwert abgezinst werden sollen.

In den Wirtschaftswissenschaften werden insbesondere von der neoklassischen Theorie verschiedene Begründungen für die Diskontierungspraxis angeführt (vgl. Birnbacher 2024, Gronemann/Döring 2001). Zunächst wird davon ausgegangen, dass Individuen künftige Bedürfnisse und Konsummöglichkeiten geringer schätzen als heutige (reine Zeitpräferenz) – nicht zuletzt evolutionär erklärbar als Überlebensstrategie, sein Denken und Handeln auf die Bewältigung von Gegenwartsproblemen statt auf die Sorge um eine schwer abschätzbare Zukunft zu konzentrieren (vgl. Birnbacher 2024). Ebenso wird das Phänomen des mit steigender Konsummenge abnehmenden Grenznutzens eines Gutes angeführt: ausgehend von stetigem Konsumwachstum wird die Ausweitung von Konsummöglichkeiten in der Zukunft mit einem geringeren Grenznutzen bewertet als heute möglicher Mehrkonsum. Analog wird unter dem Begriff der »gesellschaftlichen Zeitpräferenz« argumentiert, dass, ebenfalls bei Annahme stetigen Wachstums, heutige Generationen nur so »Zugriff« auf einen Teil der künftigen Generationen potenziell verfügbaren größeren Gütermenge erhalten und damit Verteilungsungerechtigkeiten zwischen Generationen korrigiert werden können. Argumentiert wird auch mit bestehenden Unsicherheiten, etwa bzgl. der genauen Ausprägung technischen Fortschritts und dessen Folgen für Produktion, Konsum, Mensch und Umwelt, bzgl. des Eintretens künftiger Ereignisse und deren Nutzen- bzw. Schadenspotenzial sowie bzgl. der Präferenzen künftiger Generationen. Aus diesen Gründen wird es als notwendig erachtet, in der Zukunft liegende Größen in die Gegenwart zu projizieren (d.h. herunter zu rechnen), insbesondere im Zuge von Investitionsentscheidungen, aber auch in wissenschaftlichen Studien, um Zukunftsbetrachtungen vornehmen und aus heutiger Sicht bewerten zu können.

Bei rein monetären Effekten ist ein solches Verfahren eher unkritisch, da zur Begleichung in 50 Jahren anfallender Kosten heute ein wesentlich geringerer Geldbetrag verzinslich angelegt werden müsste, um später über die benötigten Mittel verfügen zu können. Kritisch gesehen wird die Abzinsung u.a. innerhalb der Wirtschaftswissenschaften von Vertretern der Ökologischen Ökonomie, wenn Kosten und Nutzen von Entscheidungen zu unterschiedlichen Zeitpunkten anfallen. Beispiele hierfür sind etwa Investitionen in Klimaschutz oder Bildung, wo Kosten in der Regel deutlich früher anfallen als deren Nutzen. Investitionen bzw. Vorsorgeaufwendungen dieses Typs werden tendenziell umso eher unterbleiben, je höher die verwendete Diskontierungsrate ist bzw. je weiter der Nutzen der zu bewertenden Investition in der Zukunft liegt, weil dieser dann, ebenso wie künftige Schäden, umso stärker »heruntergerechnet« und die Investition als weniger »lohnend« angesehen wird. Mit der auch hier einhergehenden ungleichen Bewertung zukünftiger und gegenwärtiger Größen, und damit auch der Verhinderung einer Internalisierung zukünftig entstehender externer Effekte, kommt der Diskontierung generell erhebliche Relevanz für die Realisierung von Gerechtigkeit zwischen Generationen zu.

Angesichts der verschiedenen Pro- und Contra-Argumente ist die Diskontierungspraxis nicht grundsätzlich in Frage zu stellen, nicht zuletzt, weil keine angemessene Alternative für die erforderliche Bewertung in der Zukunft liegender Größen existiert. Vielmehr kommt der Frage nach dem angemessenen Zinssatz sowie der konkreten Anwendung entscheidende Bedeutung zu, weil damit die Gewichtung der Bedürfnisse und Interessen gegenwärtiger und künftiger Generationen festgelegt wird. In der kontroversen Debatte hierzu reichen die Vorschläge von einem Zinssatz von 0 % (dies würde intergenerative Gleichbewertung und faktisch das Unterlassen von Diskontierung bedeuten) bis zur Verwendung von Marktzinsraten und darüber hinaus. Dies führt zu großen Unterschieden in den Ergebnissen – und damit auch darauf basierenden Politikempfehlungen. Besonders markant sind diese in Studien zu den Folgen des Klimawandels und seiner Bewältigung – bspw. zwischen dem amerikanischen Nordhaus-Modell, in dem Diskontraten zwischen 5 % und 10 % für Zeiträume bis zu 100 Jahren verwendet wurden und werden, und dem Modell des britischen Stern Review, das mit deutlich geringeren Raten arbeitet (vgl. Birnbacher 2024).

Ein möglicher Ansatz könnte darin bestehen, den Zinssatz zu differenzieren, z.B. nach dem zu betrachtenden Zeithorizont (je länger, umso geringer der Zinssatz), oder den Zinssatz über die Zeit zwischen 0 und x % zu variieren, je nach Themenfeld in degressiver Weise, also mit über die Zeit abnehmendem Zins, oder progressiv mit steigendem Zins (vgl. Jarisch/Knoke 2022, Kopfmüller et al. 2001). Mindestens ist zu fordern, dass die Diskontierungspraxis künftig transparenter gemacht und kontextbezogen besser in ihren Konsequenzen reflektiert, begründet und ggf. überdacht wird.

Die Rolle von Wirtschaftswachstum

Im Zuge der Nachhaltigkeitsdebatte kam und kommt der erstmals in den 1970er Jahren aufgeworfenen Frage, welche Rolle wirtschaftliches Wachstum für gesellschaftliche Entwicklung, Wohlfahrt und Lebensqualität spielt bzw. spielen soll, eine ebenso zentrale wie kontrovers diskutierte Bedeutung zu. Die Gründe, warum Wachstum seit der Entstehung industrialisierter Ökonomien vor rund 200 Jahren als wirtschaftliches wie auch gesellschaftliches Leitbild und als zentrales Maß für Wohlstand angesehen und politisch angestrebt wird, sind vielfältig (vgl. Borowy/Schmelzer 2017, Beckerman 1974). Während das Ziel permanenten Wachstums im chinesischen Kaiserreich, in der griechisch-römischen Antike, im arabischen Kulturraum und im Mittelalter praktisch keine Rolle spielte, reichen die Ursprünge dieses Denkens in die europäische Aufklärung des 17. und 18. Jahrhunderts zurück. Ihre Grundgedanken – Emanzipation, Befreiung von Bevormundung, Wohlstand – waren mit der Vorstellung von Grenzenlosigkeit verbunden. Auf der Grundlage dieses modernen Fortschrittsverständnisses konnte die bis heute dominierende neoklassische wirtschaftswissenschaftliche Schule ein Menschen-, Gesellschafts- und Wirtschaftsbild prägen, das von unbegrenzten Bedürfnissen und unbegrenztem Wissensdrang der Menschen, von nach Gewinnmaximierung strebenden Produzenten und nach Nutzenmaximierung strebenden Konsumenten sowie von den Prinzipien wirtschaftlicher und vertraglicher Freiheitsrechte ausgeht (vgl. Schmelzer 2015).

In Politik und Wissenschaft werden bis heute unterschiedliche Argumente für die Notwendigkeit wirtschaftlichen Wachstums angeführt. Neben der Erhaltung bzw. Schaffung von Wohlstand, Arbeitsplätzen und sozialer Sicherung bei wachsender Bevölkerung wird die Finanzierbarkeit notwendiger Investitionen in Umweltschutz, Bildung oder Entwicklungszusammenarbeit sowie die Entschärfung von Verteilungskonflikten betont – d.h. die Aussicht auf Mehr für alle und Opfer für niemanden. Kritik an der Wachstumsfixierung macht sich vor allem fest an der resultierenden Überlastung von Ökosystemen, der Übernutzung von Ressourcen sowie der Annäherung an bzw. Überschreitung von planetaren Grenzen. Dies geht einher mit dem Argument einer nur begrenzt gelingenden Einlösung der o.g. Versprechen bzgl. Arbeitsplätzen, Abbau von Ungleichheiten, Staatsverschuldung, Lebensqualität wie auch Umweltentlastung (vgl. Seidl/Zahrnt 2010), verbunden mit den Begriffen »soziale Grenzen des Wachstums« und »unwirtschaftliches Wachstum« (vgl. Daly 2005). Die langjährige Kritik an der Nutzung des BIP(-Wachstums) als Indikator für Entwicklung und Wohlstand einer Gesellschaft wird begründet etwa mit der Blindheit der BIP-Messung gegenüber destruktiven Komponenten wie Unfall- oder Umweltfolgekosten, der Nicht-Berücksichtigung unbezahlter Tätigkeiten wie häusliche Pflege oder Kinderbetreuung sowie dem Fehlen von Gerechtigkeitsaspekten. Schließlich werden auch die unser Wirtschaftssystem prägenden Mechanismen des Geld-, Zins- und Kreditsystems als systemimmanente Gründe für Wachstum und dessen problematische Auswirkungen angeführt (vgl. Binswanger 2013).

Zwei grundlegende Positionen stehen sich in dieser Kontroverse gegenüber (vgl. Grunwald/Kopfmüller 2022, Petschow et al. 2020): auf der einen Seite wird mit Begriffen wie grünes, nachhaltiges oder intelligentes Wachstum die Annahme prinzipieller Vereinbarkeit von Wachstum, Umweltschutz und Nachhaltigkeit konstatiert. Gelingen soll dies im Kern durch die Entkopplung zwischen Wirtschaftsleistung und Ressourcen- und Umweltverbrauch, durch eine primär auf technischen Innovationen und Strukturwandel basierende »Effizienzrevolution«, in der vor allem das Nachhaltige wächst. Auf der anderen Seite stehen Post-Wachstums- oder Degrowth-Ansätze, die davon ausgehen, dass dauerhaftes Wachstum in einer endlichen Welt mit begrenzten Ressourcenvorräten thermodynamisch, also prinzipiell, unmöglich ist. Die Entkopplungseuphorie wird als Schimäre kritisiert, weil dauerhaftes Wachstum Effizienzsteigerungen in einem Ausmaß notwendig mache, die auf Dauer weder technisch noch ökonomisch realisierbar wären und weil Effizienzsteigerungen häufig durch »Rebound-Effekte« kompensiert werden (vgl. Paech 2012).

Gefordert wird stattdessen ein kultureller Wandel, um die erforderlichen Transformationen realisieren zu können. Beinhalten soll dieser zum einen an Suffizienz- und Gerechtigkeitsprinzipien orientierte Konsum- und Produktionsstile sowie den Abbau von systembedingten Ungerechtigkeiten, die ein menschenwürdiges Leben für erhebliche Teile der Welt verhindern. Zum anderen soll sich die Definition und Messung von Wohlstand neben materiellen Werten auch an der Vermeidung ökologischer und sozialer Grenzüberschreitungen orientieren. Dabei wurde die Postwachstumsidee von einigen Anhängern von Anfang an auch als Gegenentwurf zum »etablierten« Nachhaltigkeits-Konzept verstanden, kritisiert als ökonomistisches Modernisierungs- und Kolonialisierungs-Vehikel und verkapptes Wachstumsparadigma, das faktisch kaum zu Verbesserungen der o.g. globalen Probleme beigetragen habe.

Im Zuge dieser recht polarisierten Kontroverse zwischen Green Growth und Degrowth sind auch »mittlere« Positionen entstanden. Zwei seien hier besonders erwähnt. Petschow et al. (2020) argumentieren, dass beide Positionen auf unzureichend belegbaren Annahmen beruhen und daher keine der beiden als alleinige Strategie dienen kann. Sie schlagen quasi als Kompromiss eine »vorsorgeorientierte Postwachstumsposition« vor, die weniger auf starken Prämissen zu Wachstumsbewertung und Entkopplungsmöglichkeiten beruht, sondern darauf abzielt, gesellschaftliche Leistungssysteme wie Bildung, soziale Sicherung oder Arbeit »vorsorglich« so zu transformieren, dass sie ihre Funktionen unabhängig(er) von (wachsender) Wirtschaftsleistung erbringen können. In öffentlichen Diskursen soll geklärt werden, welches Leistungsniveau der Systeme angestrebt wird und welche Transformationspfade dorthin akzeptabel sind. Unter dem Begriff »Green New Deal« argumentieren Mastini et al. (2021), dass ein zumindest beim Thema Klimaschutz erkennbar gestiegenes Ambitionsniveau von Green Growth- bzw. Green Deal 2.0-Vorschlägen, z.B. auf Basis industriepolitischer Dekarbonisierungsstrategien, relativ kohärent zu vielen Degrowth-Narrativen sei. Dieser Umstand sowie die Vermeidung von Problemverlagerungen in den globalen Süden erfordere jedoch eine deutliche Reduktion des Stoffdurchsatzes im Globalen Norden, was letztlich auf einen Pfad mit gegen 0 gehenden Wachstumsraten hinauslaufen müsse.

Festzustellen ist, dass die jüngste Corona-Pandemie im Zusammenspiel mit der Herausforderung des 1,5 Grad Klimaziels zwar zunächst zu mehr Resonanz gegenüber Postwachstums-Ideen geführt hat, dass jedoch mittlerweile an vielen Stellen der Ruf nach Wachstum wieder die Tagesordnungen bestimmt. Motive hierfür sind die Kompensation vorheriger wirtschaftlicher Einbrüche, aber auch Konsum-Nachholverhalten. Auch vor diesem Hintergrund stellen sich hier Aufgaben bzw. Herausforderungen vor allem in zwei Hinsichten: zum einen muss es besser als bislang gelingen, den wissenschaftlichen wie gesellschaftlichen Diskurs über die Gründe für und mögliche Wege in Richtung Post-Wachstum zu führen. Dazu gehört zunächst, die gesellschaftliche Sensibilität für natürliche und ethische Grenzen menschlicher Aktivitäten zu erhöhen. Die Suche nach dem »rechten Maß« ist hier ebenso relevant wie Schrumpfung als teils natürlichen, teils erzwungenen Prozess zu akzeptieren und möglichst nachhaltig zu gestalten. Gleiches gilt für Untersuchungen zu Realisierungsbedingungen und -hemmnissen von am Suffizienzgedanken orientierten Politikansätzen wie auch Geschäftsmodellen. Wichtig ist es dabei, systematischer zu untersuchen, welche nachhaltigkeits-relevanten nichtintendierten Nebenwirkungen mit Postwachstums- oder »mittleren« Strategien verbunden sein könnten und wie angemessen mit ihnen umzugehen wäre.

Zum anderen muss es gelingen, die Messung von Fortschritt und Wohlstand jenseits des BIP zu etablieren. International existieren hierzu bereits verschiedene Ansätze wie der Index of Sustainable Economic Welfare (ISEW), der Genuine Savings Index (GSI), der Human Development Index (HDI) der Vereinten Nationen oder der Gross National Happiness Index (GNHI), in Deutschland der Nationale Wohlfahrtsindex (vgl. Grunwald/Kopfmüller). Ziel ist es hier, den BIP-Indikator zu ergänzen oder zu korrigieren, insbesondere um die Kosten für Umwelt- und Gesundheitsschäden, die Einbeziehung auch von im häuslichen Bereich geleisteter Arbeit oder um das Maß der sozialen Ungleichverteilung. Auch die Enquête-Kommission des Deutschen Bundestags »Wachstum, Wohlstand, Lebensqualität« hatte das Ziel, den Stand der Debatte zum Stellenwert von Wachstum in Wirtschaft und Gesellschaft aufzuarbeiten, Potenziale und Grenzen einer Entkopplung zwischen Wachstum und Umweltbelastung sowie Möglichkeiten der Entwicklung eines ganzheitlichen Wohlstands- und Fortschrittsindikators aufzuzeigen (Deutscher Bundestag 2013). Da ihr insbesondere Letzteres nicht gelungen ist, sollte die seither faktisch leider versiegte Diskussion hierzu wieder aufgenommen werden. Dies sollte einhergehen mit einer stärkeren Verknüpfung dieser Debatte mit der (Weiter)Entwicklung und Anwendung existierender »offizieller« Nachhaltigkeits-Indikatoren.

3 Die Rolle und Praxis von Wissenschaft für Nachhaltigkeit

Wissenschaft agiert heute in einer Welt, die geprägt ist durch eine Gemengelage aus komplexen Nachhaltigkeitsherausforderungen, der Dynamik gesellschaftlicher Entwicklungen, der Vielzahl teils zeitgleich stattfindender Krisen, der damit einhergehenden Wissens- und Entscheidungsunsicherheiten und der zugleich wachsenden Dringlichkeit von Problemlösungen. Im Zuge dessen verändern sich Anforderungen und Erwartungen von Politik und Gesellschaft an die Wissenschaft. Sie soll einerseits gesellschaftliche Transformationen unterstützen. Andererseits mehren sich die Fälle, in denen ihre Relevanz bzw. »Nützlichkeit« hinterfragt wird, teils verbunden mit der Kritik, praxisferne und »ideologische« Ergebnisse statt »objektiver« Wissenschaft zu liefern, was letztlich die Vertrauenswürdigkeit von Forschung(-sergebnissen) in Frage stellt. Vor diesem Hintergrund finden zunehmend innerhalb des Wissenschaftssystems wie auch mit der Gesellschaft Diskussionen darüber statt, was Qualität von Forschung ausmacht und was dies für das Selbstverständnis der Wissenschaft und ihr Verhältnis zur Gesellschaft bedeutet, insbesondere dann, wenn sie Entscheidungsträger berät (vgl. Kopfmüller/Walz et al. 2024, Pearson 2024).

Dabei wird vermehrt auf die Bedeutung hingewiesen, gesellschaftliche Verantwortung der Wissenschaft zu definieren und wahrzunehmen. Was gesellschaftlich verantwortliches Forschen heißt, wurde anhand von acht Kriterien konkretisiert (vgl. Helming et al. 2016): angewandte Ethik, integrative Herangehensweise, Interdisziplinarität, Transdisziplinarität, Nutzerorientierung, Reflexion von Wirkungen, Transparenz sowie Umgang mit Komplexität und Unsicherheit. Sie beschreiben nicht worüber, sondern wie Forschungsprozesse ablaufen sollten, um dem Postulat der Verantwortung gerecht zu werden und bilden den Kern eines Reflexionsrahmens für Forschen in gesellschaftlicher Verantwortung (vgl. Ferretti et al. 2016). Darin werden diese

Kriterien beschrieben, in ihrer Relevanz begründet und Methoden ihrer Umsetzung skizziert. Damit wird Forschenden wie auch im Forschungsmanagement Tätigen eine Orientierung für Reflexion über die Rolle und Umsetzung von Verantwortung im gesamten Forschungsprozess zur Verfügung gestellt, die a priori in allen Forschungs-Typen (von der Grundlagenforschung bis zur angewandten Forschung), -Themen und -Disziplinen durchgeführt werden sollte. Die einzelnen Kriterien sind nicht neu, sie werden jedoch bislang nicht systematisch in ihrer Gesamtheit reflektiert und angewendet.

Mit einer systematischen Anwendung des Reflexionsrahmens werden die Bedingungen der Möglichkeit geschaffen, dass kontext-angepasst der erforderliche Austausch mit gesellschaftlichen Akteuren stattfindet und neues relevantes Wissen in den Forschungsprozess integriert wird. Damit kann die Glaubwürdigkeit und auch Legitimität von Forschung gesteigert werden und folglich die Akzeptanz bzw. zumindest die Akzeptabilität von Forschung(sergebnissen). Letztlich wird dadurch das Potenzial für transformative Wirkung und somit die Qualität (und damit Exzellenz als höchste Qualitätsstufe) von Forschung gesteigert.

Zur Beantwortung der Frage, wie genau diese Bedingungen geschaffen werden können und welche Konsequenzen dies für die Beurteilung der Qualität von Forschung hat bzw. haben sollte, wurden 6 zentrale Elemente beschrieben. Sie adressieren einzelne Forschende, Forschungsorganisationen sowie Forschungsinstitutionen wie Fördermittelgeber oder Forschungspolitik und beschreiben Gelingensbedingungen für »Exzellentes Forschen in gesellschaftlicher Verantwortung« (Kopfmüller/Walz et al. 2024):

- Freiheit und Verantwortung von Forschung dürfen nicht als Gegensätze, sondern müssen als sich gegenseitig bedingende Seiten einer Medaille verstanden werden. Diesbezügliche ethische Reflexionen müssen als wichtiges Kriterium für Qualität bzw. Exzellenz von Forschung gefördert und anerkannt werden.
- Die gegenwärtig angewendeten Exzellenz-Kriterien sind weitgehend wissenschaftsintern, akademisch, disziplinär, quantitativ und auf den Output von Forschung bezogen. Sie sind daher um den Grad einer systematischen Betrachtung von Verantwortung als Qualitätskriterium zu ergänzen, mit der neben dem Output auch der Prozess der Forschung in den Blick genommen würde.
- Eine systematische Reflexion und Anwendung der LeNa-Kriterien im gesamten Forschungsprozess.

- Eine Erweiterung der bisherigen ex-post Identifikation und Bewertung der Wirkung von Forschung um eine ex-ante Wirkungsabschätzung anhand von so genannten Impact-Pathway Narrativen, in denen Art und Umfang der Anwendung der LeNa-Kriterien als zusätzliche Bedingung der Möglichkeit für Wirkung anhand quantitativer wie auch qualitativer Informationen verstanden wird.
- Veränderungen in den Rahmenbedingungen des Wissenschaftssystems. Dies betrifft in Forschungsorganisationen etwa die Durchführung von Leitbild-Prozessen oder die Orientierung von Rekrutierungs- und Vergütungsmechanismen an den »LeNa-Kompetenzen«, Entwicklung und Angebote geeigneter Hochschul-Curricula, die diese Kompetenzen bzw. Voraussetzungen dafür vermitteln sowie die Integration der Anwendung der LeNa-Kriterien als Anforderung in Förderprogrammen und -ausschreibungen wie auch in Evaluierungsprozessen.
- Die Nutzung sowie Weiterentwicklung im Kontext des LeNa-Projekts entstandener Hilfsmittel und Werkzeuge zur Stärkung von Motivation und Kompetenzen der Forschenden bzgl. der LeNa-Kompetenzen. Sie umfassen Individuelle Angebote wie etwa Erklärvideos oder einen interaktiven Web-Begleiter sowie Gruppenangebote wie Mikro-Lerneinheiten und Train-the-Trainer- oder Workshop-Konzepte für den Umgang mit den LeNa-Kriterien. Näheres dazu findet sich unter https://www.nachhaltig-forschen.de/tools/.

Solche Neujustierungen in Forschung und Wissenschaftssystem durch eine Verknüpfung des Exzellenz- und des Verantwortungsbegriffs ermöglichen auch eine angemessenere Behandlung von Themen und Fragen wie den oben skizzierten. Sie sind jedoch nicht unumstritten, stoßen auch auf Vorbehalte, weil damit auch Spannungsfelder erzeugt, aufgedeckt oder zumindest assoziiert werden. Argumentiert wird hier etwa, dass die Anforderungen nicht an alle Forschungs-Typen bzw. -Kontexte gestellt werden könnten und sollten, dass Exzellenz und Verantwortung unabhängig voneinander betrachtet werden sollten und nicht zuletzt, dass eine den LeNa-Kriterien folgende Forschung zu Ressourcenmehraufwand führe und somit in Konflikt zum Ziel effizienter Ressourcennutzung stehe (Kopfmüller/Walz et al. 2024).

Entscheidend ist zunächst, die verschiedenen Spannungen offenzulegen, in ihren Relevanzen und Konsequenzen zu reflektieren und entsprechende Diskurse engagiert und konsequent zu führen. So kann etwa dem Effizienzargument entgegnet werden, dass eine angemessene Ermittlung der Effizienzgröße, die neben der Erhöhung des Zählerwerts (Ressourcenaufwand) auch den erzielten bzw. erzielbaren steigenden Wert des Nenners (höherer Nutzen durch gesteigerte Qualität) berücksichtigt. Unvermeidlich wird sein, im Umgang mit diesen Spannungen Abwägungen, Prioritätensetzungen und auch themenbezogene wie zeitliche Umverteilungen von Ressourcen und Fördermitteln zu diskutieren, vorzunehmen und zu begründen. Die notwendige Reflexion der daraus resultierenden Anforderungen an Forschungs-Praxis und Forschungs-Politik erfordert zunächst die Etablierung von Austausch- und Verständigungsprozessen zwischen den Akteuren innerhalb des Wissenschaftssystems und mit der Wissenschaftspolitik.

Literatur

Bach, Stefan/Kemfert, Claudia/Praetorius, Barbara (2024): 30 Jahre DIW-Vorschlag zur ökologischen Steuerreform: Verpasste Chance für den Klimaschutz, in: DIW aktuell, Nr. 96, 13.8. 2024, Berlin.

Beckerman, Wilfried (1974): In Defence of Economic Growth, London.

Biesecker, Adelheid/v. Winterfeld, Uta (2018): Externalisierung 4.0? Von der wirkmächtigen Erzählung Industrie 4.0 und ihren Schattenseiten, in: PROKLA, 48(4), S. 569–586. https://DOI: 10.32387/prokla.48.193.730 ; letzter Abruf 09.07.2025

Binswanger, Hans Christoph (2013): Die Wachstumsspirale. Geld, Energie und Imagination in der Dynamik des Marktprozesses. 4., durchgesehene Auflage, Marburg.

Birnbacher, Dieter (2024): Generationenverantwortung und Energie, in: Michael Quante; Anna Kahmen; Christian Loos; Barbara von Groote-Götzes (Hg.), Energieverantwortung. Beiträge zu ethischen Grundlagen und Zuständigkeiten in inter- und transdisziplinärer Perspektive, Berlin, S. 77–92.

Borowy, Iris/Schmelzer, Matthias (2017): History of the Future of Economic Growth. Historical Roots of Current Debates on Sustainable Degrowth, London/New York.

Breuer, Anita/Janetschek, Hannah/Malerba, Daniele (2019): Translating Sustainable Development Goal (SDG) Interdependencies into Policy Advice, in: Sustainability, 11, (7), Art. Nr. 2092.

Bundesregierung (2002): Perspektiven für Deutschland. Unsere Strategie für eine nachhaltige Entwicklung, Berlin.

Cohen, Guillaume/Shinwell, Michal (2020): How to Measure Distance to SDG Targets Anywhere: Adapting the Methodology of the Measuring Distance to the SDG Targets Study to go Beyond OECD Countries, with an Application to Selected Latin American Countries. OECD Statistics Working Papers, No. 2020/03. Paris. https://doi.org/10.1787/a0ac1413-en ; letzter Abruf 09.07.2025

Daly, Herman (2005): Economics in a Full World. Scientific American, September, S. 100–107.

Deutscher Bundestag (2013): Schlussbericht der Enquete-Kommission des Deutschen Bundestags »Wachstum, Wohlstand, Lebensqualität – Wege zu nachhaltigem Wirtschaften und gesellschaftlichem Fortschritt in der Sozialen Marktwirtschaft«. Bundestags-Drucksache 17/13300, Berlin.

Dusseldorp, Marc (2017): Zielkonflikte der Nachhaltigkeit: zur Methodologie wissenschaftlicher Nachhaltigkeitsbewertungen, Wiesbaden.

Elkington, John (1997): Cannibals with Forks. The Triple Bottom Line of 21st Century Business, Oxford.

EU-Kommission (2019): Sustainable Transport Infrastructure Charging and Internalisation of Transport Externalities: Main Findings. Directorate-General for Mobility and Transport, Brussels.

Ferretti, Johanna et al. (2016): Reflexionsrahmen für Forschen in gesellschaftlicher Verantwortung. BMBF-Projekt »LeNa – Nachhaltigkeitsmanagement in außeruniversitären Forschungsorganisationen«, Berlin. https://www.nachhaltig-forschen.de/assets/lena_nachhaltig-forschen/Dokumente/Reflexionsrahmen_FINAL.pdf ; letzter Abruf 10.03.2025

Grober, Ulrich (2013): Die Entdeckung der Nachhaltigkeit. Kulturgeschichte eines Begriffs, München.

Gronemann, Silke/Döring, Ralf (2001): Nachhaltigkeit und Diskontierung, in: Zeitschrift für Wirtschafts- und Unternehmensethik, 2(3), S. 233–256.

Grunwald, Armin/Kopfmüller, Jürgen (2022): Nachhaltigkeit. 3. aktualisierte und erweiterte Auflage. Frankfurt a.M./New York.

Hansjürgens, Bernd/Lienhoop, Nele (2015): Was uns die Natur wert ist: Potenziale ökonomischer Bewertung, Marburg.

Hauff, Volker (Hg.) (1987): Unsere gemeinsame Zukunft. Der Brundtland-Bericht der Weltkommission für Umwelt und Entwicklung, Greven.

Hausman, Jerry (2012): Contingent Valuation: From Dubious to Hopeless, in: Journal of Economic Perspectives, 26(4), S. 43–56.

Helming, Katharina et al. (2016): Forschen für nachhaltige Entwicklung: Kriterien für gesellschaftlich verantwortliche Forschungsprozesse, in: Gaia, 25(3), S. 161–165.

Holden, Erling et al. (2020): Grand Narratives for Sustainable Mobility: A Conceptual Review, in: Energy Research & Social Science, 65, Art. Nr. 101454.

International Council for Science (2017): A Guide to SDG Interactions: from Science to Implementation. Paris. http://pure.iiasa.ac.at/id/eprint/14591/1/SDGs-Guide-to-Interactions.pdf

Jarisch, Isabelle/Knoke, Thomas (2022): Diskontierung von Ökosystemleistungen: Pflicht oder Kür? in: AFZ-DerWald, 14, S. 24–27.

Jonas, Hans (1979): Das Prinzip Verantwortung, Frankfurt a.M.

Kapp, Karl William (1979): Soziale Kosten der Marktwirtschaft: Das klassische Werk der Umwelt-Ökonomie, Frankfurt a.M.

Kopfmüller, Jürgen et al. (2001): Nachhaltige Entwicklung integrativ betrachtet. Konstitutive Elemente, Regeln, Indikatoren, Berlin.

Kopfmüller, Jürgen et al. (2024): Exzellent forschen in gesellschaftlicher Verantwortung. Positionspapier des Projektkonsortiums LeNa Shape. Karlsruher Institut für Technologie (KIT), Karlsruhe. https://doi.org/10.5445/IR/1000170107 ; letzter Abruf 09.07.2025

Kohlstruck, Tobias (2024): Steuerfinanzierung der Sozialversicherungen? Stiftung Marktwirtschaft, Positionspapier Nr. 14, Berlin.

Krohn, Ruth (2023): Sozial-ökologische Steuerpolitik, Leipzig.

Leipert, Christian (1989): Die heimlichen Kosten des Fortschritts. Wie Umweltzerstörung das Wirtschaftswachstum fördert, Frankfurt a.M.

Mastini, Riccardo/Kallis, Giorgos/Hickel, Jason (2021): A Green New Deal without Growth? in: Ecological Economics, Vol. 179. https://doi.org/10.1016/j.ecolecon.2020.106832 ; letzter Abruf 11.05.2025

McCauley, Douglas (2006): Selling out on nature, in: Nature, Band 443, Nr. 7107, S. 27–28. https://doi.org/10.1038/443027a ; letzter Abruf 09.07.2025

Meadows, Dennis et al. (1973): Die Grenzen des Wachstums. Bericht des Club of Rome zur Lage der Menschheit, Reinbek.

Michelsen, Gerd (2016): Grundlagen einer nachhaltigen Entwicklung. Studienbrief (unter Mitarbeit von Adomßent, Maik et al.), Lüneburg.

Möller, Martin (2024): Umgang mit Zielkonflikten bei der Nachhaltigkeitsbewertung. White Paper. Öko-Institut, Freiburg.

Muhl, Marco et al. (2023): Comparison of science-based and policy-based distance-to-target weighting in life cycle assessment – Using the example of Europe, in: Journal of Cleaner Production, Vol. 383, Art. Nr. 135239.

Nussbaum, Martha (2011): Creating Capabilities: The Human Development Approach, Cambridge/Mass.
Paech, Nico (2012): Befreiung vom Überfluss: Auf dem Weg in die Postwachstumsökonomie, München.
Pearson, Helen (2024): The Future of Science Advice, in: Nature, Vol. 636, 5 December 2024, S. 26–30.
Petschow, Ulrich et al. (2020): Ansätze zur Ressourcenschonung im Kontext von Postwachstumskonzepten. Umweltbundesamt. UBA-Texte 98/2020, Dessau-Roßlau.
Pradhan, Prajal et al. (2017): A Systematic Study of Sustainable Development Goal (SDG) Interactions, in: Earth's Future, 5(11), S. 1169–1179.
Rawls, John (1979): Eine Theorie der Gerechtigkeit, Frankfurt a.M.
Raworth, Kate (2018): Die Donut-Ökonomie, München.
Rockström, Johan/Steffen, Will/Noone, Kevin et al. (2009): Planetary Boundaries: Exploring the Safe Operating Space for Humanity, in: Ecology and Society, 14(2), Art. Nr. 32.
Rürup, Bert (2005) Das Verhältnis von Beitragsfinanzierung und Steuerfinanzierung in der sozialen Sicherung. Hans-Böckler-Stiftung, Darmstadt.
Schmelzer, Matthias (2015): The Growth Paradigm: History, Hegemony, and the Contested Making of Economic Growthmanship, in: Ecological Economics, Vol. 118, S. 262–271.
Seidl, Irmi/Zahrnt, Angelika (Hg.) (2010): Postwachstumsgesellschaft. Konzepte für die Zukunft, München.
Sen, Amartya (1985): Commodities and Capabilities, Amsterdam.
SRU – Sachverständigenrat für Umweltfragen (2002): Umweltgutachten 2002. Für eine neue Vorreiterrolle, Stuttgart.
UN (2015): Transforming Our World: The 2030 Agenda for Sustainable Development. A/RES/70/1, New York.
Walendzik, Anke (2009): Steuerfinanzierung in der Gesetzlichen Krankenversicherung. Kurzgutachten der Abteilung Wirtschafts- und Sozialpolitik der Friedrich-Ebert-Stiftung, Bonn.
WD – Wissenschaftliche Dienste des Deutschen Bundestags (2024): CO2-Emissionen: Preise und Kosten. Sachstand. WD 5 – 3000 – 104/24, Berlin.
Weimer-Jehle, Wolfgang (2023): Einführung in die Cross-Impact-Bilanzanalyse (CIB): Wege zur qualitativen System- und Szenarioanalyse, Wiesbaden.

Wachstum als Normalfall der wirtschaftlichen Entwicklung?

Michael Mangold

Das Narrativ vom wirtschaftlichen Wachstum

Die Vorstellung wirtschaftlichen Wachstums als ein im Normalfall expansiver Prozess ist kaum zu trennen vom gemeinsam geteilten Bild des »Wirtschaftswunders« als dominierende Erfolgsgeschichte der Nachkriegszeit. Daher scheint zumindest für einen vorläufigen Zugang der Begriff des Narrativs geeignet, um die Verankerung des Wachstumsverständnisses im kulturellen Grundverständnis darzulegen. Da jedoch der Begriff ähnlich wie andere Schlüsselworte der politischen Öffentlichkeit der letzten Jahrzehnte – von der Dialektik über den Diskurs zur Nachhaltigkeit bis hin zur (sozial-ökologischen) Transformation – durch den gleichermaßen häufigen wie unbestimmten Gebrauch an analytischem Gehalt einbüßte, sind eine Abgrenzung und eine Begriffsschärfung erforderlich.

Es bietet sich die von Aleida Assmann (2023) vorgenommene Bestimmung an, nach der sich ein Narrativ durch die sinnstiftende Interpretation von Vergangenheit und die daraus abgeleitete Orientierung für zukünftiges Handeln einer Gruppe oder Institution kennzeichnet.[1] Ein Narrativ etabliert inmitten von vieldeutigen Ereignissen durch die Reduktion auf eine Lesart einen »Richtungssinn in der Zeit« (ebd. 94). Es geht daher nicht um die individuellen Erfahrungen der Vergangenheit, auch nicht um die empirisch gestützte und kritisch reflektierte Sicht auf die soziale Wirklichkeit, sondern um ein gemeinsam geteiltes Bild der Vergangenheit. Für Assmann liegen »Ziel und Zweck« eines Narrativs in dieser Verknüpfung aus der Interpretation von Vergangenheit mit der Zukunft, das Narrativ »bietet Orientierung in ungewissen Zeiten

1 Neben den Kultur- und Literaturwissenschaften beschäftigen sich u.a. auch die Wirtschaftswissenschaften mit dem Narrativ; vgl. McCloskey (1990), Shiller (2019).

und eine Zukunftsvision in einer Krise« (94f.). Aus der Vielzahl möglicher Interpretationen wird auf ein gemeinsam geteiltes Bild reduziert, aus welchem Ansprüche und Erwartungen für die Zukunft abgeleitet werden.

Ausgehend von diesem Grundverständnis untersucht der vorliegende Beitrag in verschiedenen voneinander abgrenzbaren Diskussionsfeldern – der historischen Genese der Ereignisse, der jeweiligen parteipolitischen Programmatik und der wissenssoziologischen Analyse – die Entstehung und Etablierung des Narrativs von Wachstum als Normalfall der wirtschaftlichen Entwicklung.[2]

Ausgangspunkt des Narrativs

Für Deutschland kann die Entstehung des Wachstumsnarrativs für die Phase während der unmittelbaren Nachkriegszeit bestimmt werden, in der sich das kollektive Handeln vorrangig auf die Bekämpfung von Hunger und Not richtete. Der Begriff des wirtschaftlichen Wachstums war in der breiteren Öffentlichkeit zwar bereits in der Zwischenkriegszeit eingeführt, jedoch dominierte er noch nicht die allgemeine Wahrnehmung des Verständnisses wirtschaftlicher Entwicklung.[3] Diese Geltung erlangte das wirtschaftliche Wachstum erst durch die Antwort der westlichen Siegermächte auf die spezifische Situation der Nachkriegszeit.[4] Im Zentrum des politischen Handelns in Westdeutschland standen Bemühungen zur Wiederherstellung der Grundlagen wirtschaftlicher Aktivität durch die staatliche Garantie von Wettbewerb und Geldwertstabilität und die Sicherung der Wohnraum-, Nahrungs- und Heizmittelversorgung für die Bevölkerung. Die ersten Gutachten des Wissenschaftlichen Beirats beim Bundesministerium für Wirtschaft zeigen dies eindrucksvoll in gleichermaßen kurzen wie pragmatischen Empfehlungen (Bundesministerium für Wirtschaft 1973).

Das Jahr 1947 kann als Entscheidungsjahr für die wirtschaftliche Entwicklung Westdeutschlands – und damit auch für die tiefe Verankerung des Narra-

2 Es handelt sich bei dem Text um einen »Werkstattbericht« aus der Workshopreihe »Wachstum. Wohlstand. Demokratie«, der – das sei hier betont – eine erste Annäherung an die noch unabgeschlossene Untersuchung des Themenkomplexes darstellt.

3 Knauss belegt dies durch die empirische Auswertung der Politik- und Wirtschaftsberichterstattung (2015: 5).

4 Daher beziehen sich die nachfolgenden Ausführungen auf Westdeutschland.

tivs – hervorgehoben werden. Nach einer Phase fundamentaler Unsicherheit, die bedingt war durch die Änderung der Deutschlandpolitik der Amerikaner, durch schwerwiegende Versorgungsprobleme, die zu Streiks und Hungermärschen an Rhein und Ruhr führten, und durch die Unzufriedenheit im Zuge der Währungsreform in den Westzonen, konnten in den darauffolgenden Jahren hohe Zuwachsraten der Produktion verzeichnet werden (Abelshauser 2011: 113ff.). Die Unsicherheit in der täglichen Lebenspraxis wurde allmählich verdrängt von der Wahrnehmung eines offenkundig verlässlichen Wachstums, das sukzessive auch zur materiellen Wohlstandsmehrung der breiten Bevölkerung führte (vgl. Spoerer 2007: 32; Abelshauser 2011: 126ff.). Nach den Krisenjahren der Weimarer Zeit, der Weltwirtschaftskrise und der Staats- bzw. Kriegswirtschaft des Nationalsozialismus keimten – zunächst noch zaghaft – Hoffnungen auf eine dauerhafte wirtschaftliche Stabilität und soziale Sicherheit auf. Die dadurch erwartete Verbesserung der sozialen Sicherheit stellte sich tatsächlich ein und stärkte so zunehmend das Vertrauen in die zugrunde liegende Wirtschaftspolitik. In Summe gibt es gute Gründe zur Annahme, dass gerade die allgemeine Lebensunsicherheit, die mitunter dramatischen Lebensverhältnisse der Nachkriegszeit und deren anschließende erfolgreiche Überwindung sich tief in das kollektive Gedächtnis der deutschen Bevölkerung eingegraben hatten. All diese Faktoren bereiteten den Boden für eine gemeinsame (westdeutsche) Erfolgsgeschichte mit einer hohen Identifikationskraft, in deren Zentrum bis heute das vermeintlich kontinuierliche und zugleich unerschöpfliche Wachstum steht.

Ab 1950 bis 1973 wurde trotz einer ersten Wachstumskrise in der Nachkriegsära das BIP knapp vervierfacht, mit durchschnittlich 5,9 % p.a. (vgl. Metz 2001: 75; Feldenkirchen 1998: 30; Abelshauser 2011: 152ff.). Dieser stetige Aufwuchs half, die relativ kurzen Schwächephasen als Übergang zu weiterem Wachstum zu interpretieren. Dadurch entstand bereits früh das Bild einer trotz kurzfristiger Einbrüche scheinbar naturwüchsigen Kontinuität von wirtschaftlichen Erfolgen. Der in der Lebenspraxis der breiten Bevölkerung wahrnehmbare Zuwachs an Wohlstand fand zu dieser Zeit eine Entsprechung in der faktischen Entwicklung der Wirtschaft sowie in deren öffentlicher Kommunikation. Das entstehende Narrativ hatte daher in dieser Phase den Charakter einer zwar vereinfachten, aber sachlich begründeten Interpretation der sozialen und wirtschaftlichen Situation.

Die öffentliche Wahrnehmung von Wachstum und deren subjektive Erfahrung als Mehrung des Konsums führten nicht nur zu einer bloßen Aufhellung einer eingetrübten Stimmung, sondern schufen eine prägende Orientierung für ein auf die Zukunft gerichtetes individuelles Handeln. Eine Aufeinanderfolge von Verstärkungs- und Rückkoppelungsprozessen, wie sie für soziale Lernprozesse typisch sind, wurde in Gang gesetzt: Die unter den neuen Lebens- und Arbeitsbedingungen der Nachkriegszeit unmittelbar erfolgreichen Verhaltensmuster fanden eine Bestätigung und wurden folglich wiederholt, intensiviert und schließlich als generalisierte Muster »richtigen« Verhaltens auf andere Lebensbereiche übertragen. Die Einübung der typischerweise als Fleiß, Arbeitssinn, Ausdauer, Sparsamkeit, Disziplin und individuelle Leistung bezeichneten Haltungen fand dabei stets in enger Verknüpfung mit der Wahrnehmung wirtschaftlicher Prosperität, Stabilität und Sicherheit statt, sodass diese Faktoren kognitiv als natürliche Einheit in Erscheinung traten.

Einen nicht zu unterschätzenden Einfluss auf die tiefe Einschreibung dieser Interpretation in die kollektive Wahrnehmung übte ihre mediale Vermittlung aus. »Wachstum« – ein bis dato nur vage definierter Begriff – wurde durch die in den 1950er-Jahren stattfindende Einführung der statistischen Maßzahl des Bruttoinlandsprodukts zu einer leicht zu kommunizierenden und eingängigen Chiffre.[5] Das BIP wurde von der Presse in der Nachkriegszeit umstandslos aufgegriffen und etablierte sich als Synonym für »Zuwachs an Wohlstand«.[6] Insgesamt formierten sich durch erfolgreiches individuelles Handeln und kollektiv erzielte Resultate eine gemeinsam geteilte Sichtweise und eine Zurechnung dieser Resultate auf spezifische Normen. Es bildete sich daher um das Narrativ des wirtschaftlichen Wachstums im Sinne einer als naturgegeben expansiven Entwicklung eine stützende normative Ordnung.

»Soziale Marktwirtschaft« und der »Wille zum Verbrauch«

Während der Begriff »Kapitalismus« zunächst von Karl Marx, dann in den 1920er- und 1930er-Jahren von Max Weber, Werner Sombart und Joseph Schumpeter im wissenschaftlichen Diskurs und auch im politischen Positionsstreit verwendet wurde, war in der Nachkriegszeit unmittelbar klar, dass mit diesem aufgeladenen Begriff in der neu geschaffenen demokratischen Gesellschaft keine populäre Politik zu machen war. Der Begriff »Marktwirtschaft« dagegen war zwar seit den 1930er-Jahren unter Nationalökonomen

5 Grundlegend hierzu die politisch-ökonomische Analyse von Lepenies 2013.

6 Vgl. zur Bedeutung des Wirtschaftsjournalismus bei der Durchsetzung des Wachstumsbegriffs sowie des BIP: Knauß 2015.

gebräuchlich, aber noch nicht etabliert, sodass sich Alfred Müller-Armack und Ludwig Erhard dessen bedienen konnten.[7] »Marktwirtschaft« wurde von Müller-Armack zur »Sozialen Marktwirtschaft« erweitert und im Nachgang von Erhard übernommen. Dabei war von Beginn an eine Unschärfe mit dem Verständnis der Sozialen Marktwirtschaft verknüpft, was jedoch entscheidende gesellschaftspolitische Integrationskräfte freisetzte und die Anerkennung und Entfaltung von Wachstumsvorstellungen direkt – oder zumindest mittelbar – erheblich begünstigte.

Das von Müller-Armack vertretene Konzept »Wirtschaftslenkung und Marktwirtschaft« (1947) richtete sich auf eine Verknüpfung staatlicher Lenkung mit marktwirtschaftlicher Ordnung, die auch ethische Ansprüche einbeziehen sollte und Anschluss an eine aktive Sozialpolitik bot.[8] Die Gefahren einer Markt- und Machtkonzentration galt es danach abzuwehren, und die als sozial ungerecht empfundenen Effekte sollten gemildert werden. Das sozialpolitische Handeln, beispielsweise in Gestalt von progressiver Besteuerung oder der Sicherung von Untergrenzen durch Mindestlöhne, wurde normativ begründet durch eine christlich-humanistische Orientierung und durch den Anspruch einer breiten Verankerung der neuen Ordnung, die nicht lediglich eine Wirtschafts-, sondern auch eine Sozialordnung zu sein hatte, zusätzlich bekräftigt. Die Ordnung sollte dabei nicht instrumentell zugunsten einer bloßen Steigerung der Effizienz wirtschaftlicher Prozesse dienlich sein, auch sollte keine Dominanz in ihr entstehen, weder der Wirtschaft noch der Technik, der politischen Macht und gleichfalls nicht des materiellen Wohlstands (Müller-Armack 1949: 164ff.). Vielmehr wurde den Bereichen Bildung, Religion, Kunst und Kultur eine zentrale Stellung im gesellschaftlichen Gesamtbild eingeräumt, in dem eine marktwirtschaftliche Ordnung »ein sehr nützliches Werkzeug ist, um dem richtig verstandenen Gesamtinteresse zu dienen und unseren Wunsch nach sozialer Gerechtigkeit und freier Entfaltung der Persönlichkeit zu erfüllen« (Müller-Armack 1947/1967: 62). Dies bedeutete für Müller-Armack eine Abgrenzung von einer liberalen Marktwirtschaft des 19. Jahrhunderts, die »als ein geschichtlich abgeschlossenes System angesehen werden muß (…) diese heutige Marktwirtschaft (muß sich) durch ihr

7 Zur Begriffsgeschichte: Spoerer 2007: 29–33. Exemplarisch: Bergler/Erhard (Hg.) 1939.

8 Zum theoriegeschichtlichen Hintergrund: Abelshauser 2011: 92ff. Zur Verknüpfung der Wirtschaftsordnung mit Ethik bei Müller-Armack, vgl. ebd. 91. Zum Bezug zur katholischen Soziallehre, vgl. Stegmann/Langhorst 2000: 785ff.

soziales Ziel unterscheiden. Wir müssen zu einer ›Sozialen Marktwirtschaft‹ kommen« (ebd. 67).

Für Ludwig Erhard erschloss sich dieser Zusatz offenkundig weniger durch eine innere Einsicht in ein um sozialen Ausgleich erweitertes wirtschaftspolitisches Konzept, dessen es seiner Vorstellung nach weniger bedurfte, als vielmehr durch die Erkenntnis der Eignung für die politische Kommunikation. Ein wirtschaftspolitisches Verständnis, das durch das Fahnenwort »sozial« und die Verheißung eines dauerhaften und kontinuierlichen Verlaufs gekennzeichnet war, sollte die Erwartungen in der bundesdeutschen Nachkriegszeit besonders wirkungsvoll ansprechen. Für diese öffentliche Kommunikation steht das von Ludwig Erhard zuerst 1957, dann in zahlreichen Auflagen[9] bis in die Phase der deutschen Wiedervereinigung hinein publizierte Werk *Wohlstand für Alle*.[10] Darin wird jedoch nicht lediglich eine wirtschaftspolitische Vorstellung von Wachstum beworben, sondern auch eine dafür erforderliche Ethik der Arbeit, einschließlich eines kompatiblen Menschenbilds. Im Zentrum des dynamischen Wachstums steht demnach der Unternehmer, der durch seine Risikobereitschaft, Schaffenskraft und Bereitschaft zur Übernahme von Verantwortung den Idealtypus der Nachkriegsgesellschaft verkörpert und dessen Handlungsbedingungen durch die Schaffung ordnungspolitischer Rahmenbedingungen möglichst günstig zu gestalten sind. Stand ursprünglich die Intention der Bekämpfung von Not und Elend im Zentrum des wirtschaftspolitischen Handelns, so richtete sich nun die Aufmerksamkeit auf eine störungsfreie und möglichst permanente Produktion. Wenige Jahre zuvor hatte es noch in den »Düsseldorfer Leitsätzen« geheißen, dass die »Wirtschaft in Erfüllung ihrer letzten Zielsetzung der Wohlfahrt und der Bedarfsdeckung des ganzen Volkes dient« und »diese Bedarfsdeckung (...) selbstverständlich auch eine angemessene Versorgung des notleidenden Teils der Bevölkerung zu umfassen (hat).« (CDU 1949: 2)[11] Nun ging es um die wirtschaftliche Leistung und die Bereitschaft bzw. den »Mut zum Wagnis«, damit die »seelenlose Herrschaft eines staatlichen Wirtschaftsdirigismus« (Erhard 1964/2020: 256 u. 226) überwunden werde.

9 Nachfolgend wird die Textgrundlage der letzten von Ludwig Erhard autorisierten Fassung von 1964 verwendet, Neuausgabe 2020.

10 Es deckt sich in seinen zentralen, auch über die Wirtschaftspolitik hinausgehenden Aussagen mit dem Hamburger Programm der CDU von 1953.

11 Die Düsseldorfer Leitsätze der CDU vom 15. Juli 1949 sind das wirtschafts- und sozialpolitische Programm der CDU für die erste Bundestagswahl.

Dieses Verständnis von Ziel und Zweck der Erwerbstätigkeit war zumindest für den größeren Teil der bundesdeutschen Bevölkerung insofern neu, als es nicht nur eine bestimmte Arbeitsethik einforderte, sondern auch eine nachdrückliche Aufforderung zum Konsumieren. Nicht nur die Produktion sollte danach permanent sein, sondern auch der Verbrauch der produzierten Güter. Bei Erhard wird in diesem Sinn ein »Wille zum Verbrauch« eingefordert, der einen für die Dynamik der Wirtschaft erforderlichen Druck ausübt (ebd. 222). Durch diese »neuen Erkenntnisse« sollten die seither geltenden Probleme des konjunkturellen Verlaufs überwunden werden. Damit dies jedoch zum Tragen kommen könne, sei auch eine Verhaltensänderung erforderlich. Aus der Beschreibung einer vermeintlich natürlichen wirtschaftlichen Entwicklung ergeben sich daher Empfehlungen für »richtiges« Verhalten, um eine derartige Normalität erst zu erzeugen. Dem haben sich letztlich auch Unternehmen zu beugen, wenn es im nahezu zeitgleich verfassten CDU-Programm heißt, »den Gütern eines gehobenen Verbrauches müssen neue Käuferschichten erschlossen werden«, oder wenn »echte Mengenkonjunktur« als »Ziel der nächsten Phase der Sozialen Marktwirtschaft« verkündet wird (CDU 1953: 34f.).

Die Zielsetzung wirtschaftlichen Handelns wandelte sich in Erhards programmatischer Schrift von der Bedarfsdeckung, wie sie noch 1949 eingefordert wurde, zur Bedürfnisproduktion, deren Einlösung durch eine Verhaltensänderung erfolgen sollte. Durch diese Wandlung schuf sich die Interpretation von Gegenwart und Vergangenheit eine dazu passende Wirklichkeit. Befeuert vom eintretenden Erfolg begann das Narrativ, sich sukzessive zu verselbstständigen und eine eigene normative Gestaltungskraft auszuüben, die das Selbstverständnis der Bürger und deren Lebenspraxis veränderte, ohne dass dies in relevanter Art und Weise zum Gegenstand ihrer Wahrnehmung und Kritik wurde. Dabei sollte zum dauerhaften Konsum, der Aufforderung zum stetigen Verbrauch und dem dadurch am Laufen gehaltenen wirtschaftlichen Wachstum auch die individuelle Verantwortung zur Einlösung dieses Versprechens der Prosperität kommen. Der Staatsbürger, der nun primär als Konsument das Feld betritt, ist aufgerufen, durch sein Verhalten zur Kontinuität der wirtschaftlichen Entwicklung beizutragen. Folgt er diesem Ruf, so hebt sich sein materielles Wohlstandsniveau weiter an. Trägt der Unternehmer die Verantwortung für die Dauerhaftigkeit und Ausweitung der Warenproduktion, so ist der Konsument verantwortlich für den steten Verbrauch und die fortwährende Mehrung seiner Wünsche. Entstehende Unwägbarkeiten oder Risiken des Lebens sind dabei jeweils individuell, als Ausdruck der Freiheit, zu bewältigen, damit die Dynamik der wirtschaftlichen Entwicklung als Wachstum nicht nachlässt.

> »Die Wahrscheinlichkeit, ja fast die Sicherheit spricht dafür, daß sich die Lebensbedingungen der Völker, die die soziale Marktwirtschaft verwirklichen, fortdauernd erweitern und verbessern. Da also mit einem tendenziell steigenden Einkommen und einem immer höheren Lebensstandard zu rechnen ist, erscheint es gerade auch nach sozialen Gesichtspunkten zumutbar zu sein, das Individuum in menschlicher Verantwortung zu halten, ja, es sogar stärker als bisher in diese Verantwortung zu stellen.« (Erhard 1964/2020: 252f.)[12]

Erhard kontrastiert mit dieser Vorstellung ein individualistisches und auf materiellen Wohlstand gerichtetes Freiheitsverständnis mit dem Bild eines »sozialen Untertans«, der die Folge eines »gefährlichen Weges hin zum Versorgerstaat« wäre (ebd. 252). Gemeinschaftlich organisierte und gemeinwohlorientierte Formen des wirtschaftlichen Handelns und der Vermittlung von sozialer Sicherheit sind folglich aus dem Repertoire der Wirtschafts- und Sozialpolitik auszusondern oder allenfalls als Notfalloption zu bewerten. Diese Fokussierung betreibt Erhard rund 10 Jahre nach dem Ahlener Programm, das die Überwindung der Versorgungsnot mit einer Neuordnung der Wirtschaft auf der Grundlage gemeinwohlorientierter Unternehmen ankündigt (CDU 1947).

In dem von Erhard beschriebenen Verständnis der Gesellschaft, in deren Zentrum die Wirtschaft und als deren dynamischer Motor die Entfesselung von Produktion und Konsum stehen, büßt Freiheit nicht nur ihren eigenen Wert ein und wird zur Konsumfreiheit stilisiert. Auch die gesellschaftliche Praxis in einer demokratischen Ordnung wird in diesem Modell zum schlichten Pendant der Marktwirtschaft: »Demokratie und freie Wirtschaft gehören logisch ebenso zusammen wie Diktatur und Staatswirtschaft.« (Erhard 1964/2020: 14) Folglich erscheint die Demokratie gleichermaßen als eine Rahmenbedingung für und als ein Resultat aus funktionierenden marktwirtschaftlichen Prozessen, die über die Sicherstellung ihrer formalen Bedingungen hinaus nicht gesondert zu fördern ist. Die gewünschte gesellschaftliche Stabilität stelle sich bei wirtschaftlicher Prosperität quasi von selbst ein, sie sei ihrerseits durch einen »Willen zum Verbrauch« zu sichern.

---

12 Der konkrete Anlass zur gleichermaßen ausführlichen wie scharfen Kritik einer »befohlenen Zwangsversicherung« (ebd. 254) war die Diskussion um die Einführung der »dynamischen Rente«. Vgl. Schmähl 2007; Hockerts 1977.

Das von Erhard vertretene Verständnis von Demokratie entfaltete sich dabei weniger argumentativ, als dass es sich residual ergab aus der dominanten Position des Wirtschaftswachstums im Gesamtbild politischen Handelns. An ihm wurde auch dann festgehalten, als in der Folgezeit erste Unterbrechungen der Prosperitätsphase eintraten.

Verschiebungen – vom Ideenüberschuss zur Konsumgesellschaft

Die Entfaltung des Narrativs und die damit einhergehende Ausrichtung einer normativen Ordnung war gleichwohl kein sich automatisch vollziehender Prozess. Vielmehr rangen in der Nachkriegszeit zahlreiche Kräfte um die Deutungshoheit der wirtschaftlichen und politischen Ordnung sowie schließlich um die politische Vorherrschaft. Im Gegensatz zur kollektiven Erinnerung – zu der die Parteien wesentlich beitrugen – waren jedoch die Experten und die politischen Repräsentanten sich durchaus einig in der Zielsetzung, nämlich der Ablehnung des Wirtschaftsliberalismus der 1920er-Jahre und der NS-Befehlswirtschaft. Diese kritische Haltung reichte noch weiter, denn auch an die sozialen und kulturellen Verhältnisse der Vorkriegszeit wollte man nicht mehr anknüpfen. Dies schließt auch die beiden christlichen Gruppierungen ein; so wurde beispielsweise vonseiten der Katholiken die Bildung einer gemeinsamen sozialistischen Partei diskutiert, die den christlichen Religionen offenstehen solle (Stegmann/Langhorst 2000: 775f.).

Die Aufmerksamkeit richtete sich daher auf einen »dritten Weg« zwischen freier Marktwirtschaft und Planwirtschaft (Abelshauser 2011: 87f.). Neben grundsätzlicher Kapitalismuskritik gründeten die Ressentiments gegenüber einem privatwirtschaftlich dominierten Marktsystem auf den noch sehr präsenten Erinnerungen an die Folgen der ökonomischen Machtkonzentration in der Weimarer Republik, die in Koalitionen von Großunternehmen mit demokratiefeindlichen Kräften und einer daraus resultierenden Zerstörung der demokratischen Freiheiten mündete. Ein nennenswerter Teil der Ideen und konkreten Vorstellungen konzentrierte sich auf die Neuausrichtung der Wirtschaft, die sowohl dem übergeordneten Ziel der Selbstbestimmung des Individuums zu dienen als auch eine zuverlässige Güterversorgung bereitzustellen habe. Die grundlegenden Veränderungen sollten dabei auch weit über lediglich wirtschaftliche Neuordnungen hinausreichen, so wurden beispielsweise vor der Dominanz der Wachstums- und Konsumvorstellungen auch eine »Mobilisierung des Geistes« und eine »Kulturpolitik als Staatspolitik« als zentrale Bestandteile der neuen Ordnung propagiert (Grebing 2000: 435f.). Das Spektrum jenseits rein marktwirtschaftlicher Ideen war daher noch in den 1950er-Jahren breit und die Vielfalt an Ideen und konkreten Vorstellungen zu einer zukünftigen Gestaltung steht erheblich in Kontrast zur späteren Verengung auf stetiges Wachstum und Konsumfreiheit.

So überschießend die Ideen und so heterogen die konkreten Konzepte zur Neuordnung waren, ihre Protagonisten wurden in wenigen Jahren konfrontiert mit dem praktischen Erfolg einer Politik, die sich bewährte bei der Bekämpfung von Hunger und Not und nun überging in eine vermeintlich grenzenlose Wohlstandsmehrung. Dabei erfolgte jener Übergang nicht als Resultat eines öffentlichen Diskurses, auch nicht im Sinne einer politischen Entscheidung, sondern vielmehr als sich subkutan einstellende Verschiebung mit zahlreichen praktischen Auswirkungen im Alltagsleben der breiten Bevölkerung – vom Einzug moderner Haushaltsgeräte, die die Hausarbeit erleichterten, über den Siegeszug des Automobils und die dadurch möglich gewordenen Urlaubsreisen in das Land, »wo die Zitronen blühen«, bis zum Aufstieg der Populärkultur und zur Durchsetzung der Massenmedien (vgl. Maase 1997: 239ff.; Abelshauser 2011: 337ff.). Kurzum, der Konsum wurde »demokratisiert«: Seit den 1950er-Jahren waren langlebige Gebrauchsgüter für mehr oder weniger alle Bevölkerungsgruppen verfügbar, nachdem sie zuvor vorrangig mittleren und höheren Einkommensklassen zugänglich waren. Als ein Indikator für den grundlegenden Übergang von der Entbehrungsphase nach dem Weltkrieg in die durch freie Konsumwahl geprägte Wohlstandsphase des »Wirtschaftswunders« kann die Zusammensetzung der Ausgaben privater Haushalte gewertet werden: Während 1950 noch mindestens 65 % des monatlichen Budgets für einen festen Bedarf ausgegeben worden waren, waren Ende der 1950er-Jahre bereits ca. 50 % des Einkommens für mehr oder weniger freie Konsumentscheidungen verfügbar (Wehler Bd. 5, 2008: 78). Die vielfach beschriebene und auch kritisierte Konsumgesellschaft[13] formierte sich und trug erheblich zur Integration der unterschiedlichen Bevölkerungsgruppen bei, deren Spektrum von kapitalismuskritisch und einem sozialistischen Freiheitsverständnis verpflichtet bis hin zu antidemokratisch – einschließlich noch immer im Nationalsozialismus verhaftet – reichte. Es ließe sich auch auf die plakative Formel bringen: Pazifizierung und Integration durch Massenkonsum. Entscheidend für die unterschwellig stattfindende Verschiebung vom Ideenüberschuss

13 Die Kritik reichte von der katholischen Kirche, die den moralischen Verfall beklagte, bis zur »Kulturindustrie« bei Adorno und Horkheimer.

zur Konsumgesellschaft war offenkundig einerseits die enorme Dynamik der Ausweitung des Konsums und andererseits der Mangel an zu politischen Entscheidungen führender öffentlicher Meinungs- und Willensbildung zum Umgang mit der materiellen Wohlstandsmehrung.

Godesberger Programm - Wachstumsbekenntnis der SPD

Nach dem Verbot der KPD[14] und der Revision des Ahlener Programms der CDU, bei der sich die Partei noch aufgeschlossen gegenüber einer grundsätzlichen Neuordnung der wirtschaftlichen Strukturen zeigte, fanden politisch-emanzipatorische Ideen jenseits einer Fokussierung auf Wachstum, Wohlstand und Konsum lediglich noch in der SPD eine parteipolitische Heimat. Der Umstand, dass die SPD nach der ersten Bundestagswahl nur knapp die Macht verfehlte, verweist dabei auf den offensichtlich noch stark ausgeprägten, kapitalismuskritischen Veränderungswillen in der Bevölkerung.[15] Die Weichen für die Konsumgesellschaft waren zwar gestellt, die Hoffnung auf eine Übernahme emanzipatorischer Vorstellungen im Wirtschaftswunder- und Wohlstandsland blieben dennoch bestehen. In seiner Bedeutung für das Wachstumsnarrativ mit der programmatischen Schrift Ludwig Erhards vergleichbar, kann für die politische Ebene das Godesberger Programm der SPD von 1959 herangezogen werden.[16] Es gilt als Abschluss einer längeren inhaltlichen Auseinandersetzung in Richtung einer Volkspartei, eng verknüpft mit der breiten Übernahme einer Wohlstands- und Konsumorientierung sowie der Wachstumsvorstellungen (Grebing 2000: 437).

Mit dem Godesberger Programm verabschiedete sich die SPD zwar vom Selbstverständnis einer sozialistischen Arbeiterpartei, erhob dabei aber gleichwohl – zumindest deklaratorisch – noch den Anspruch auf die Einlösung sozialistischer Grundwerte und eine »neue Wirtschafts- und Sozialordnung« (SPD 1959: 8). Faktisch jedoch wurde mit dem Programm vollends die Anerkennung der Fundamente einer privatwirtschaftlich dominierten

14 Verbot der KPD 1956 vor der 3. Bundestagswahl 1957.

15 Bei der ersten Bundestagswahl 1949 mit 29,2 % hinter der CDU/CSU mit 31 %; 1953: 28,8 % SPD und 45,2 % CDU/CSU. Vgl. Deutscher Bundestag o.J.

16 Das Godesberger Programm war bis 1989 gültig, bis in jene Zeit wurde auch *Wohlstand für Alle* vielfach aufgelegt und noch bei der Wiedervereinigung als wirtschaftspolitische Empfehlung ausgegeben.

Marktwirtschaft vollzogen.[17] Dies musste allerdings nicht zwangsläufig in eine Wohlstands- und Konsumorientierung münden, doch den offenkundig bereits in der Öffentlichkeit etablierten Vorstellungen der Verknüpfung von marktwirtschaftlichem Wettbewerb und fortwährendem materiellem Wohlstandszuwachs wurde unmittelbar Rechnung getragen. Erkennbares Ziel der Parteiführung war folglich, der Öffentlichkeit und dem politischen Konkurrenten Systemtreue und Pragmatismus zu vermitteln, da sonst eine zukünftige Beteiligung an der Regierungsmacht unmöglich schien.

Die Wohlstandszuwächse der Bevölkerung schlugen sich in einer historisch hohen Zustimmung für die CDU-geführte Regierungspolitik im Jahr 1957 mit knapp über 50 % nieder. Vor diesem Hintergrund wurde die Programmarbeit der SPD nicht nur erheblich zeitlich forciert, sondern auch pragmatisch und unter Anschluss an bereits etablierte Sprachformeln des Wohlstands ausgerichtet. So wurde im Godesberger Programm zwar unter der Rubrik »Stetiger Wirtschaftsaufschwung« noch explizit Bezug genommen auf Not und Elend, die es zu beseitigen gelte, jedoch wurde bereits mit einem »stetig wachsenden Wohlstand« das Ziel sozialdemokratischer Wirtschaftspolitik als durchgehender Faden eingewebt (SPD 1959: 13).[18] Entsprechend der Vorstellung Ludwig Erhards ging man von einer Überwindung konjunktureller wirtschaftlicher Krisen aus und betrachtete die Kontinuität des Wachstums als Normalfall seiner Entwicklung; Kritiker dieses Wirtschaftsoptimismus bildeten deutlich die Ausnahme.[19] Dabei galt wirtschaftliches Wachstum zugleich als unabdingbare Voraussetzung für »ein Leben in Freiheit ohne unwürdige Abhängigkeit und ohne Ausbeutung« (ebd.). Während »freie Konsumwahl und freie Arbeitsplatzwahl« der weiteren Illustration des Freiheitsverständnisses dienten, traten die Entfaltung des Individuums und die dafür notwendigen

---

17 Das Godesberger Programm weist zahlreiche Besonderheiten gegenüber früheren Programmen auf. Für die hier anstehende Thematik wesentlich ist der Umstand, dass den Schlussfolgerungen und Forderungen erstmals keine kritisch-analytische Bestimmung der gesellschaftlichen Ausgangssituation vorangestellt werden. Vgl. Pirker 1965: 277; Klotzbach 1996: 443; Grebing 2000: 444.

18 Ein vergleichbares Bekenntnis findet sich auch in den Prinzipien der Sozialistischen Internationale von 1951, die seinerzeit insbesondere über Willi Eichler Eingang in das Godesberger Programm fanden. »Die unmittelbaren Ziele sozialistischer Politik sind Vollbeschäftigung, Produktionssteigerung, stetige Vergrößerung des Wohlstandes …« (FES 2001). Vgl. Grebing 2000: 438.

19 Insbesondere durch Peter von Oertzen, Vertreter des demokratischen Sozialismus, Programm-Vordenker und Politikwissenschaftler. Vgl. Grebing 2000: 450.

Rahmenbedingungen dahinter zurück.[20] Die Bemühungen um eine Umwandlung der Wachstums- und Wohlstandsvorstellungen zugunsten einer emanzipatorischen Ausrichtung gerieten im Zuge der Programmarbeit insgesamt in den Hintergrund, ebenso wie wichtige Weichenstellungen hierfür, beispielsweise eine Konzeptualisierung der Verteilungspolitik.[21]

Schließlich mündeten die konkreten Wohlstandserwartungen der SPD-Klientel in die Forderung einer »stetige(n) Erhöhung des Sozialprodukts« (SPD 1959: 16). Damit wurde ein direkter Anschluss an Erhards plakative Formel »Der Kuchen muss größer werden!« (Erhard 1964/2020: 216) geschaffen sowie eine Generalabsolution für quantitatives Wirtschaftswachstum und die Soziale Marktwirtschaft erteilt. Wurde der Kuchen größer, so ermöglichte dies der wirtschaftlichen Interessenvertretung seitens der SPD, einen entsprechend höheren Anteil für die abhängig Beschäftigten in Form von Lohn- und Gehaltszuwächsen sowie an staatlichen Transferzahlungen einzufordern. Dabei war die Abhängigkeit der vertretenen Klientel von regelmäßigem Einkommen besonders hoch, da sie nur in geringem Maße auf eigene Vermögen oder sonstige Sicherheiten im Falle von kurzfristig ausfallendem Einkommen zurückgreifen konnte. Vor diesem Hintergrund bestand ein ausgeprägtes Interesse an möglichst gleichmäßigen Wachstumseffekten. Diese Überlegungen standen im Zentrum des Interesses von Karl Schiller, der maßgeblich den wirtschaftspolitischen Teil des Godesberger Programms verantwortete und dessen einschlägige Vorarbeiten weit in die 1930er-Jahren zurückreichten. Es ging im Kern um die Vorstellung der »mittelbaren Beeinflussung« der Wirtschaft und der »vorausschauenden Konjunkturpolitik« (SPD 1959: 13). Sie schien erforderlich, da das Wachstum in den Jahren zwischen 1950 und 1960 teilweise drastisch schwankte – von 1951: 9,7 % zu 1955: 12,1 % und 1958: 4,5 % –, um anschließend wieder zu steigen (Destatis 2024).[22] Die Glättung jener Schwankungen wurde von Schiller in seiner Rolle als Wissenschaftler lediglich als eine Aufgabe des Einsatzes moderner Instrumente der Steuerung bewertet, die er dann als Wirtschaftspolitiker in das spätere »Stabilitäts- und

20 Theo Pirker zur Wahlbeteiligung bei der Bundestagswahl von 1957: »Während des Wahlkampfes genossen Millionen die Früchte des deutschen Wirtschaftswunders an der sonnigen Küste des Mittelmeeres und der Nordsee« (1965: 243).

21 Klotzbach weist darauf hin, dass »die innerparteiliche Meinungsbildung zu diesem Punkt erst am Anfang stand« (1996: 439).

22 Die Angaben beziehen sich auf das Bruttoinlandsprodukt, preisbereinigt, die Steigerungen beziehen sich auf das Vorjahr.

Wachstumsgesetz« in rechtlicher Form überführte.[23] Der Wirtschaftshistoriker Knut Borchardt bewertete diesen Anspruch folgendermaßen: »Zur Zeit sind wir Zeugen des systematischen expliziten Einbruchs der Staatsaktivität in die Domäne kapitalistischen Selbstverständnisses, in das Wachstum.« (1969: 37)

Das Grundverständnis der Wirtschaft als stetig wachsende Sphäre hatte sich überparteilich etabliert und die »Sicherstellung des optimalen Funktionierens des Wirtschaftssystems« nach der Vorstellung von Schiller »war (…) kompatibel mit dem *Erhards*, allerdings moderner und pragmatischer.« (Grebing 2000: 421; kursiv i. Original) Es war zudem komplexer, da Schiller die bei der Verfolgung der wirtschaftspolitischen Ziele zwangsläufig auftretenden Konflikte – »magisches Dreieck«, später »magisches Viereck« – als nicht einseitig auflösbar erkannte. In Kongruenz mit Ludwig Erhard galt es, den geschaffenen Wettbewerb vor der Übermacht von Großunternehmen zu schützen. Deren Macht zu bändigen wurde als »zentrale Aufgabe einer freiheitlichen Wirtschaftspolitik« benannt (SPD 1959: 14). In Summe bildete sich damit – bis auf Residuen der Mitbestimmung und Gemeinwohlorientierung – eine direkte Anknüpfung an das Modell der »Sozialen Marktwirtschaft«. Eine in den 1960er-Jahren anklingende Kritik hingegen sollte sich nicht durchsetzen: »Wir wissen die Werte und auch die materiellen Güter einer Zivilisation zu schätzen, die das Leben erleichtern und angenehm machen. Aber wir sind keine Wohlstandssklaven.« (Brandt 1969: 4)[24]

Das Godesberger Programm verweist, wie zahlreiche andere Dokumente, auf ein Verständnis von wirtschaftlicher Entwicklung als vermeintlich grenzenlosem Expansionsprozess, an welchem die Bevölkerung in Gestalt individueller Wohlstandsmehrung partizipieren könne und der daher zu begrüßen sei. Diese Übernahme trug zur politischen Integration und zur Stabilisierung der Gesellschaft erheblich bei. Verzichtet wurde im Gegenzug auf das Freiheitsverständnis im Sinne der Schaffung von Entfaltungschancen, damit aus formalen Freiheitsrechten faktische Entscheidungsmöglichkeiten entstehen. Fragen der Weiterentwicklung der demokratischen Ordnung und der damit verknüpften sozialen Lernprozesse wurden zwar immer wieder debattiert, er-

23 Der vollständige Name des Gesetzes von 1967: Gesetz zur Förderung der Stabilität und des Wachstums der Wirtschaft.

24 Willy Brandt im Vorwort des Sonderhefts »Zwanzig Jahre Bundesrepublik. Zehn Jahre Godesberger Programm« der Zeitschrift *Die Neue Gesellschaft*.

langten aber keine Dominanz.[25] In welchem Maß die im betrieblichen Bereich erstrittenen Erweiterungen der Beteiligung der Beschäftigten zur inneren Anerkennung demokratischer Grundwerte und Prozesse oder lediglich zur Verbesserung der ökonomischen Interessenvertretung und Wohlstandsteilhabe beitrugen bzw. noch immer beitragen, kann hier nicht abgeschätzt werden. Fraglos ist die Erwerbssphäre essenziell für die Einschreibung demokratischer Praktiken und Wertvorstellungen in die Kultur, sie kann jedoch auch die Mehrung des individuellen Nutzens als Verhaltensmaxime verankern.

Faktisch wurden wirtschafts- und gesellschaftspolitische Diskurse zugunsten pragmatischer Reformpolitik stark reduziert. Verschmelzungsprozesse von Partei und Fraktion setzten sukzessive ein, mit dem Resultat einer zunehmend an der Tagespolitik und an gesellschaftlichen Wünschen und Stimmungen orientierten Parteiarbeit unter Verzicht auf einen daher als unnötig erachteten Vorrat an Ideen und Konzepten. Mit Blick auf die gesellschaftliche Entwicklung intensivierte dies eine bereits entstandene Pfadabhängigkeit: Der aus der erfolgreichen Überwindung der Not in der Nachkriegszeit hervorgegangene Wachstumsglaube formierte das Basiskonzept eines wachstumsabhängigen Sozialstaats als Staat der Wohlstandsbeteiligung durch Transferzahlungen.

Das Narrativ als Trugbild

Das Modell der »Sozialen Marktwirtschaft« beansprucht nach Müller-Armack auch »gerechte« Verhältnisse herzustellen und dadurch zu einer Befriedung in der Bevölkerung beizutragen. Bereits zu einem frühen Zeitpunkt in der Nachkriegszeit entwickelte sich jedoch eine Vermögensverteilung, die ein anderes Bild vermittelte, wie exemplarisch ausgewählte Befunde aus in den 1960er-Jahren durchgeführten Untersuchungen dokumentieren.[26] In einem 1964 veröffentlichten Gutachten für das Bundeswirtschaftsministerium wurde eine problematische Auseinanderentwicklung der Vermögensbildung bei Selbstständigen gegenüber unselbstständig Beschäftigten konstatiert. Diese war bereits

25 Hervorzuheben ist hierbei u.a. *Mobilisierung der Demokratie. Ein Beitrag zur Demokratiereform* von 1966 von einer Herausgebergruppe um Waldemar von Knoeringen.

26 Die Lastenausgleichgesetze von 1949 und 1952 trugen ihren Teil dazu bei, dass die vorhandene Ungleichheit in Einkommen und Vermögen weiter verstärkt wurde. Vgl. Abelshauser 2011: 124.

so weit fortgeschritten, dass über die politischen Lager hinweg Kritik daran geübt wurde, da sie zu »sozialen Spannungen führen und möglicherweise sogar den Bestand der marktwirtschaftlichen Ordnung gefährden könne« (Föhl et al. 1964: 1), wie die Verfasser des Gutachtens einleitend die Situation beschrieben. »Da die kleinen Einkommen fast vollständig zu Verbrauchsausgaben verwendet werden, während ein sehr erheblicher Teil der großen Einkommen gespart wird, da andererseits die hohen Einkommen vorwiegend aus Gewinn und Zinseinkommen bestehen, also Besitzeinkommen sind, fällt zwangsläufig der weitaus größte Teil des jeweils neu geschaffenen Volksvermögens denjenigen zu, welche bereits besitzen. *Wer hat, dem wird gegeben!«* (ebd. 40; kursiv i. Original) Eine genauere Aufschlüsselung der Vermögensverteilung in einem einige Jahre später erstellten Gutachten des Arbeitsministeriums zeigte, dass sich seinerzeit 33 % des gewerblichen Kapitalvermögens (Betriebsvermögen und Kapitalanteile) auf 14.000 Haushalte konzentrierte (Krelle/Schunck/Siebke Bd. II, 1968: 490). Diese extreme Ungleichverteilung des Vermögens lag dabei längere Zeit außerhalb des öffentlichen Wahrnehmungsfeldes und wurde durch die erheblichen Einkommenssteigerungen während der Hochkonjunkturphase verdeckt. Allein zwischen 1950 und 1973 nahm das Nettoeinkommen der Arbeiter, Angestellten und Beamten um das Vier- bis Fünffache zu (Wehler Bd. 5, 2008: 122).

Sollten trotz günstiger Wachstumsbedingungen und einer dadurch möglichen Teilhabe der breiten Bevölkerung am erwirtschafteten Zuwachs Verteilungsprobleme auftreten, so konnte stets auf eine einfache Erklärung verwiesen werden, um weiter dem Wachstumspfad zu folgen: Auf längere Sicht bezogen würden auch ärmere Bevölkerungsgruppen profitieren, denn der Wohlstand sickere schließlich auch zu ihnen durch. Die vom Ökonomen Simon Kuznet formulierte Erklärung (»Trickle-Down«) verweist darauf, dass zunächst eine steigende Einkommensungleichheit aus dem Wachstum der Industrialisierung entstehe. Sie würde jedoch anschließend übergehen in ein zunehmendes Einkommen auch der ärmeren Bevölkerung, bei weiterhin positiven Wachstumsraten der Wirtschaft. Dieses Szenario fand als »Kuznet-Kurve« Eingang in die Literatur und wurde zu einer politisch über Jahrzehnte vielfach bemühten Begründung.[27] Eine kritische Auswertung der mittlerweile zahlreichen empirischen Studien kommt jedoch zu einem ernüchternden Resultat: »Ohne (...) Begleitmaßnahmen scheint es – wie viele empirische Untersuchungen zeigen – keine systematischen *Trickle Down*-Effekte von

27 Siehe hierzu den Beitrag von Klump/Wolf 2021.

Wirtschaftswachstum zu geben.« (Klump/Wolf 2021: 518; kursiv i. Original) Der Argumentation zugunsten einer Steuersenkung für hohe Einkommensbezieher schadete der ausbleibende Beleg jedoch ebenso wenig wie dem Narrativ eines notwendigerweise stetigen Wirtschaftswachstums.

Eng verknüpft mit der verheißungsvollen Formel »Wohlstand für Alle« durch Tüchtigkeit und Disziplin aller wurde ein daraus resultierender sozialer Aufstieg in Aussicht gestellt. Bei entsprechendem Fleiß und Begabung sei der Zugang zur Bildung gewährt und eine anschließende Umwandlung des kulturellen Kapitals in ökonomisches Kapital und damit in höheres Einkommen und Vermögen möglich. Dem wirkte jedoch eine während der Nachkriegszeit dominante ständische Sichtweise entgegen, die vehement verteidigt wurde, wiewohl das liberale Freiheitsversprechen weltanschaulicher Bestandteil der »Sozialen Marktwirtschaft« war. Erst durch die Debatte um bildungsorientierte Umverteilungsmaßnahmen – in einer grundsätzlichen Dimension angestoßen durch Jürgen Habermas (1959) und durch empirische Untersuchungen von Ralf Dahrendorf (1965) sowie durch Heinrich Popitz (1965) zur Bildungsungleichheit – wurden diese Risse in der Glaubwürdigkeit des »Wohlstands für Alle« offensichtlich. Vorübergehend wurde die Bildungs- bzw. Chancengleichheit als unerfülltes Versprechen wahrgenommen und öffentlich thematisiert (vgl. Geissler 2014: 348ff.; Mangold 2012).

Wie weit gemeinsam geteilte Vorstellungen die empirische Realität zu verdecken vermögen, ohne dass dies zu einer neuen und valide gestützten Sichtweise auf die gesamtgesellschaftliche Situation führt, wird bei der Überprüfung eines weiteren wichtigen Bestandteils des semantischen Komplexes um das Wachstum deutlich: das bis zur Wiedervereinigung beider deutscher Staaten und gar bis in politische Debatten des zweiten Jahrzehnts des 21. Jahrhunderts betonte »Wirtschaftswunder«. Dieses stelle, so heißt es bis heute, eine besondere deutsche Leistung dar, die der Arbeitsdisziplin geschuldet sowie dem Konzept der »Sozialen Marktwirtschaft« zuzurechnen sei. Entsprechend könne diese Leistung durch die Bereitstellung entsprechend günstiger Rahmenbedingungen für die Unternehmen wiederholt werden. Statistische Ländervergleiche zeigen indes deutlich, dass die hohen Wachstumszahlen in der unmittelbaren Nachkriegszeit im Wesentlichen einen Nachholeffekt ausdrücken, durch welchen Deutschland Anschluss an die allgemeine wirtschaftliche Expansion gewann. In der Mitte der 1970er-Jahre, nach Ende der Phase hohen Wachstums, lag das Wohlstandsniveau Deutschlands ungefähr auf dem Niveau der Nachbarstaaten Frankreich, Niederlande, Dänemark, Schweiz und Belgien, ebenfalls in den Jahren 1913, 1960 und 1985 (Spoerer 2007: 33ff.). Auch bei einer gewissen Relativierung dieser »Rekonstruktionsthese« durch die »Strukturbruchthese« ist die hochkonjunkturelle Phase zwischen 1950 und 1973 als »absoluter Sonderfall« zu bewerten.[28] Das »Wirtschaftswunder« war daher das Ergebnis einer historischen Ausnahmesituation, in welcher hohe Basiseffekte, nicht zuletzt aufgrund der gut ausgebildeten und in hohem Maße zugewanderten Arbeitskräfte, erzielt wurden.[29]

Zwei Stützen des Wachstumsverständnisses: Narrativ und Paradigma

Nach Aleida Assmann ist der Begriff des Narrativs gerade nicht durch kritische Selbstreflexion und durch eine Überprüfung der Richtigkeit von Fakten und Angemessenheit von Haltungen, Überzeugungen und dabei vertretenen Normen gekennzeichnet. Ein Narrativ gewährt keinen rationalen und analytischen Zugang zur Realität, vielmehr liegt seine gesellschaftliche Bedeutung in der Erzeugung und kulturellen Verankerung eines kollektiven Selbstbildes über Werte und Gefühle (Assmann 2023: 95f.).

Es gibt gute Gründe, diese wichtige gesellschaftliche Funktion der Sphäre der allgemeinen Öffentlichkeit zuzuordnen. In einer fachlichen Öffentlichkeit der Wissenschaft dagegen gilt es andere Funktionen zu erfüllen und Regeln zu befolgen. In dieser Sphäre ist ein gedankliches Konstrukt der rationalen Begründung verpflichtet und der Überprüfung ausgesetzt. Moderne und aufgeklärte Gesellschaften adaptieren typischerweise im wissenschaftlichen Diskurs erarbeitete Wissensbestände und daraus folgende Sichtweisen, wenn auch zeitverzögert, vereinfacht und vielfach auch nur bruchstückhaft oder verzerrt.[30] Die allgemeine Öffentlichkeit nähert sich dadurch der rationalen Begründung an bzw. adaptiert sie. Die Sphäre der Wissenschaft ist jedoch aus Sicht der Wissenssoziologie ebenfalls durch Festlegungen von Sichtweisen,

---

28 Die »Rekonstruktionsthese« argumentiert mit dem genannten Nachholeffekt, während die »Strukturbruchthese« sich auf den grundlegenden Wandel der internationalen Institutionen (Stichwörter hierzu: Bretton Woods, GATT, ERP, EWG, OECD) und auf die innerdeutsche Wirtschaftspolitik richtet. Vgl. Wehler Bd. 5, 2008: 48ff.

29 Siehe hierzu auch Abelshauser mit dem Hinweis auf die hohe Bedeutung von positiven Wanderungseffekten bzgl. Humankapital (2011: 294f.).

30 Dieses Modell der Modernisierung gerät jedoch gegenwärtig offenkundig in eine grundlegende Krise.

Auffassungen und Methoden gekennzeichnet, die in problematische Schließungs- und Verselbständigungsprozesse und schließlich in die Ablösung von der Realität münden können (Knoblauch 2005; Stehr/Meja 1981). Anstelle einer kontinuierlich zunehmenden Problemlösungskompetenz können Blockadeeffekte durch etablierte Erklärungs- und Lösungsmodelle im Sinne eines Paradigmas eintreten, mit dem neue Problemlagen nicht zu erfassen und folglich nicht zu bewältigen sind.[31] Das in der allgemeinen und politischen Öffentlichkeit verbreitete Narrativ des wirtschaftlichen Wachstums findet offenkundig eine Entsprechung in der Festlegung der Sichtweise der einschlägigen wissenschaftlichen Disziplinen. In dieser Konstellation bestärken sich Narrativ und Paradigma wechselseitig; eine kritische Sichtweise findet folglich schwerlich einen Anknüpfungspunkt für eine öffentliche Debatte.

Im vorhergehenden Abschnitt wurde mit dem »Sickereffekt« bereits auf eine Hilfskonstruktion zur Unterstützung bzw. Ergänzung des Narrativs vonseiten der Wissenschaft verwiesen. Öffnet man diese Perspektive weiter und bezieht die direkt oder indirekt zum Ausdruck kommende Sichtweise der Sozial- und Wirtschaftswissenschaften auf das Wachstum ein, so zeigen sich grundlegende Gemeinsamkeiten, die an dieser Stelle jedoch nur exemplarisch genannt werden können. Indirekt äußert sich diese Sichtweise in der immer aufwendiger werdenden Modellierung des Wachstums und im dadurch befeuerten innerwissenschaftlichen Fortschritt, der bereits mit den späten 1930er-Jahren (wieder) an Fahrt aufgenommen hatte.[32] So wurden zwischen 1939 und 1956 von Harrod, Domar, Solow, Swan und Kuznet grundlegende Beiträge zur modernen ökonomischen Wachstumstheorie publiziert. Die Konzentration des Forschungsinteresses auf die Aufschlüsselung der beim wirtschaftlichen Wachstum wirkenden Triebkräfte bedeutete einen stetigen Bezug auf das mitlaufende Grundverständnis des Wachstums, das sich dadurch immer weiter festigte. Der seit 1969 verliehene Nobelpreis für Wirtschaftswissenschaften prämierte dementsprechend auffällig häufig wachstumsbezogene Forschungen.[33]

31 Für das Phänomen derartiger Festlegungen von Fragestellungen, Sichtweisen, Auffassungen und Methoden kann auf ein allgemeines Verständnis des Paradigmas rekurriert werden, ohne zugleich seine wissenschaftstheoretischen Implikationen zu übernehmen. Vgl. Hoyningen-Huene 2010: 1897.

32 Vgl. Übersicht bei Maußner/Klump 1996: 13–23; Bender/Gabisch 2003: 406ff.

33 Bereits bei der ersten Verleihung des Nobelpreises für Wirtschaftswissenschaft 1969 an Ragnar Anton Kittil Frisch und Jan Tinbergen wurden ökonometrische Modelle zur Berechnung von Wachstum und Konjunktur gewürdigt. Die Reihe kann fortgesetzt

Globalerklärungen der wirtschaftlichen Entwicklung wie jene des US-amerikanischen Ökonomen Walt W. Rostow waren in der Politik der westlichen Länder ungeachtet ihrer propagandistischen Aufladung jahrzehntelang dominant. Das »Rostow-Modell« geht von einer systematischen Abfolge von fünf Stufen aus, die nach einer für alle Gesellschaften geltenden Entwicklungslogik verläuft: Im Anschluss an eine traditionelle Gesellschaft folgt zunächst eine Übergangsgesellschaft und dann eine Stufe des wirtschaftlichen Aufstiegs (»take-off«), die wiederum in ein Reifestadium übergeht, um schließlich in die moderne Industriegesellschaft westlich-kapitalistischen Typs zu münden: »the age of high mass-consumption« (Rostow 1960/1971: 73ff.). Als Indikatoren werden jeweils Investitionsraten und besondere Konsumansprüche herangezogen. Vorläufig gekrönt werde die Entwicklung durch den Massenabsatz von Automobilen. Trotz dieser durch den Kalten Krieg stark politisch-propagandistisch geprägten Schrift mit dem Untertitel »A Non-Communist Manifesto« konnte sich deren Leitidee einer teleologischen Steigerungsform im Kanon anerkannten Wissens verankern. Sie fand zudem eine Fortsetzung in der Vorstellung des »catching-up« als eines am internationalen Wachstumspotenzial orientierten Aufholprozesses.[34] Wirtschaftliches Wachstum wurde somit interpretiert als eine über immer höhere Stufen sich entfaltende Geschichte der westlichen Gesellschaften durch Modernisierung des Konsums, der »unterentwickelte« Länder folgen sollten, um an den Segnungen des Wohlstands teilzuhaben.[35]

Entsprechendes gilt für die »Drei-Sektoren-Hypothese«, die als Erklärungsansatz bis in die 1990er-Jahre im Zusammenhang mit einer gegenüber den Vereinigten Staaten als nachteilig wahrgenommenen deutschen Wirtschaftsstruktur (»Deindustrialisierungsthese«) herangezogen wurde. Um weiteres Wachstum zu entfalten, gelte es, seine innere Dynamik zu entschlüsseln und vermeintliche Bremsen zu lösen, die in der sektoralen Ordnung gesehen wurden. Ursprünglich als volkswirtschaftliches Erklärungsmodell

---

werden mit Simon Smith Kuznets (1971), John Richard Hicks und Kenneth Joseph Arrow (1972) oder Robert Merton Solow (1987), der (allerdings spät) für seine bereits 1956 publizierte Forschung zum Wirtschaftswachstum auf der Grundlage von technischem Fortschritt ausgezeichnet wurde.

34 Das Stufenmodell hatte erheblichen Einfluss auf die Ausgestaltung der Entwicklungspolitik. Der Soziologe Scheuch sprach ihm dabei eine »große praktische Bedeutung« zu (2003: Bd. 1: 289). Zur Kritik am Modell und entsprechenden Maßnahmen durch die Politikwissenschaft: Nohlen/Nuscheler (Hg.) 1982: 50 u. 299.

35 Vgl. einschlägige Lehrbücher u.a. Bender/Gabisch 2003: 442f.

des wirtschaftlichen Wandels in mehreren Stufen und Varianten zunächst von den US-amerikanischen Ökonomen Allan G.B. Fisher (1939) und Colin Clark (1940) auf der Basis von Zeitreihenanalysen entwickelt, wurde die »Drei-Sektoren-Hypothese« schließlich von Jean Fourastié (1949) modifiziert und erweitert. Die innere Dynamik des Wachstums sei im Wesentlichen dem technischen Fortschritt geschuldet, womit an Joseph Alois Schumpeter (1934) angeschlossen wurde.

Es galt also, das Innere der Wachstumsmaschine in berechenbare Größen zu zerlegen, um das Wachstum schließlich stärker zu entfesseln. Daher war bereits in den 1950er-Jahren die Zurechnung des technischen Fortschritts das Schlüsselthema, mit welchem Robert M. Solow (1956) die neoklassische Wachstumstheorie begründete. Der formale Aufwand der entwickelten Modelle nahm erheblich zu, kritische Bewertungen der damit verbundenen »Rechenkonventionen« und des Umgangs mit »Restgrößen« des Phänomens Wirtschaftswachstum (Borchardt 1969: 34) verhallten, während die Grundannahme immer mehr als sicheres Wissen unhinterfragt akzeptiert wurde.

Im Kontext des Wachstums-Paradigmas ließe sich die Reihe wirtschaftswissenschaftlicher Modelle fortsetzen und ergänzen durch sozialwissenschaftliche Theorien, die ihrerseits das Paradigma übernommen haben. Im abgesteckten Rahmen widmen sie sich dem Phänomen des sozialen Wandels vorwiegend als Anpassungsprozess und führen damit gesamtgesellschaftliche Veränderungen auf technologische und wirtschaftliche Prozesse zurück.[36] Der Siegeszug der Ökonomie und die damit verbundene Anerkennung der Methoden und formalen Modelle stärkten auch in der Soziologie die Vorstellung eines letztlich auf technologische Entwicklung zurückgehenden, dadurch wirtschaftliches Wachstum hervorbringenden und schließlich die Modernisierung der Gesellschaft weiter befördernden Verständnisses von Wandel. Die dominierenden wirtschafts- und sozialwissenschaftlichen Vorstellungen und Modelle gehen dabei jeweils von prinzipiell unbegrenzten menschlichen Bedürfnissen aus, denen eine ebenfalls unbegrenzte Kreativität gegenübersteht. Wirtschaftliche Krisen oder Stagnationen schienen stets durch die Weckung neuer Bedürfnisse sowie durch die Erschließung neuer

36 Beispielhaft ist die Reduktion der ursprünglich komplexen Sichtweise auf den sozialen Wandel bei William F. Ogburn (1922 und 1950) zu nennen. In deren Folge wurden kulturelle und soziale Anpassungs- und Nachholprozesse (»cultural lag«) gegenüber wirtschaftlich-technischen Veränderungen als Normalfall des sozialen Wandels interpretiert. Kritische Übersicht bei Mangold 2007: 86–111.

Absatzmärkte nur den Status von Übergangsphänomenen vor dem Eintritt in eine neue Ära des Wachstums zu haben.

Das Narrativ erlangte durch eine grundsätzliche Kongruenz mit dem Paradigma der Ökonomie eine gegen Kritik immunisierende Geltungskraft und eine über ihren ursprünglichen ökonomischen Bereich hinausreichende Geltungsweite. Wirtschaftliches Wachstum als ein ursprünglich aus rationalen Motiven zu stärkender Prozess zur Überwindung von Hunger und Not entfernte sich dabei zunehmend von diesem Ausgangspunkt und entwickelte eine eigenständige Dynamik. So wurde auch spätestens in den 1960er-Jahren in den Wirtschafts- und Sozialwissenschaften von einer Verselbstständigung des Wachstums ausgegangen, das als Kapitalakkumulation zwar der menschlichen Bedürfnisbefriedigung diene, sich dann jedoch weitgehend unabhängig davon entfalte, sich auf »institutionalisierte Konsumzwänge« stütze und daher eine »Bedürfnisproduktion« erfordere (Borchardt 1969: 33).

Sich selbst tragendes Wachstum – sich selbst tragende Demokratie

Die politische Aufmerksamkeit fokussierte sich offensichtlich sehr lange auf die Sphäre der Wirtschaft und beschäftigte sich mit deren Optimierungsproblemen. Die Komplexität des sozialen und kulturellen Wandels blieb dagegen weitgehend im Schatten der Wahrnehmung. Als hinlänglicher Beleg für die allgemeine Anerkennung demokratischer Grundsätze reichte während der langen Phase der Prosperität die Stabilität der Gesellschaft sowie die Einhaltung der formalen Regeln der Demokratie. Der Erfolg des Ordnungssystems wurde als messbar bewertet und als Ihr Gütekriterium galt eine hohe Wahlbeteiligung, so dass kein Anlass zur weiteren Reflektion über die Bedingungen und Voraussetzungen der Demokratie gesehen wurde, wiewohl immer wieder dieser Annahme widersprechende Wahlergebnisse erzielt wurden.[37] Bei einem Erlahmen der Wachstumskräfte und der damit verbundenen Minderung der sozial integrativen und pazifizierenden Wohlstandseffekte traten folglich ge-

37 Exemplarisch: Wahlergebnis des rechtsextremistischen Parteienbündnisses »Deutsche Gemeinschaft/Bund der Heimatvertriebenen und Entrechteten« bei der Landtagswahl Württemberg-Baden 1950 mit 14,7 % sowie der Nationaldemokratischen Partei Deutschlands (NPD) bei der Landtagswahl 1968 mit 9,8 % (Kailitz 2004: 33 u. 35). Vgl. Fischer 2024.

sellschaftspolitische Problemlagen und Spannungen hervor, deren Zuordnung im dominierenden Erklärungsmodell nicht erfolgen konnte.

Handelte Ludwig Erhard in *Wohlstand für Alle* die Demokratie beiläufig als Pendant zur Marktwirtschaft ab – wie bereits zitiert: »Demokratie und freie Wirtschaft gehören logisch ebenso zusammen wie Diktatur und Staatswirtschaft« –, so teilte er damit eine in Politik und Wissenschaft weit verbreitete Auffassung. Eine nähere Betrachtung der in den Wirtschafts- und Sozialwissenschaften während der gesamten Nachkriegszeit vorherrschenden Modelle zeigt, dass dauerhaftes und sich selbst tragendes wirtschaftliches Wachstum (»self-sustained growth«) als eine globale Antriebsmaschine der gesellschaftlichen Entwicklung mit einem beiläufigen Effekt bewertet wurde: Die demokratische Ordnung stelle sich als Resultat wirtschaftlichen Wachstums quasi als Begleiterscheinung automatisch ein. Stufenmodelle der Modernisierung, wie sie von Rostow oder anderen Wissenschaftlern direkt oder indirekt vertreten wurden, implizierten eine einfache Logik, nach welcher Wohlstandseffekte der marktwirtschaftlichen Ordnung bzw. des freien Marktes zu einer demokratischen Ordnung und damit zu Stabilität und Sicherheit führen würden.

Als in der ersten Hälfte der 1960er-Jahre erhebliche Brüche in der Wachstumsentwicklung auftraten, wurde zunehmend auch die simplifizierte Vorstellung eines sich automatisch einrichtenden Verhältnisses von freiem Warenaustausch und freier Gesellschaftsordnung sichtbar und führte zumindest vorübergehend zu einer grundlegenden Debatte. Auf dem Soziologentag 1969 diagnostizierte beispielsweise Rainer M. Lepsius, dass die »geschichtsphilosophische Vorstellung einer evolutionären Demokratisierung« dazu führe, die eigenständige Beförderung zugunsten einer demokratischen Gesellschaft zu vernachlässigen. Die bislang unkritisch als Prämissen gesellschaftlicher Entwicklung geteilten Vorstellungen einer »inhärenten Symmetrie zwischen dem Wandel der Sozialstruktur, der politischen Verfassung und den kulturellen Wertvorstellungen« würden zerfallen (1969: 198f.).

Zusätzlich zu dieser Konstellation wurde bereits in den 1950er-Jahren auf der Grundlage physikalischer Messreihen zunehmend deutlich, welche Wirkungen das ungebremste wirtschaftliche Wachstum aufgrund der damit eng verknüpften Steigerung der Verbrennung fossiler Brennstoffe auf die globale Klimaerwärmung ausübt. Schließlich folgte 1973 eine im deutschen Buchhandel als »Pflichtlektüre für Politiker, Manager und Wissenschaftler« beworbene Publikation des Club of Rome mit dem Titel *Die Grenzen des Wachstums*, deren Folgerungen auf den seinerzeit modernsten Systemanalysen und Computersimulationen beruhten (Meadows et al. 1972). Der Appell dieser

Studie richtete sich auf radikale Änderung der (westlichen) Lebensgewohnheiten, Denkweisen und damit verbunden auf die Abkehr vom bisherigen Fortschrittsglauben: »Unser Bevölkerungs- und Produktionswachstum ist ein Wachstum zu Tode.«[38] Der Vorstellung eines sich selbst tragendes Wachstums und einer sich selbst tragenden Demokratie fügten die Forschungsberichte und die dadurch ausgelöste Debatte hingegen keinen nachhaltigen Schaden zu. Vielmehr wurde zu Beginn der 1990er-Jahre in der breiten Öffentlichkeit wieder eine geschichtsphilosophische These vom »Ende der Geschichte« (Fukuyama 1992) diskutiert, die von einem evolutorischen Prozess ausging, bei welchem dem Siegeszug des ökonomischen der politische Liberalismus folgen würde.

Schluss

Der Ausgangspunkt für das Wachstumsnarrativ war begründet durch mehr oder weniger rationale Entscheidungen unter spezifischen Bedingungen. Es löste sich jedoch zunehmend ab von den realen Gegebenheiten und verselbstständigte sich, ungeachtet eines seit Jahrzehnten erkennbar problematischen Verlaufs. Erheblichen Anteil daran trug die politische Indienststellung der Anhebung des Versorgungsniveaus, welche in eine höhere Zustimmung der breiten Bevölkerung und folglich in eine – vermeintlich dauerhafte – gesellschaftliche Stabilität mündete. Die Bekräftigung vonseiten der Wirtschafts- und Sozialwissenschaft in Form des Paradigmas von einer grundsätzlich grenzenlosen Ausweitung der Güter- und Dienstleistungsproduktion stützte das alsbald in den Kanon kultureller Gewissheiten eingegangene Verständnis. Eine kritische Auseinandersetzung mit den genannten Problemen der Zerstörung der natürlichen Lebensverhältnisse und dem Legitimitätsverlust der demokratischen Ordnung muss daher u.a. erweitert werden um die Frage, welche Rolle vereinfachte und motivierende Interpretationen gemeinsamer Geschichte zukünftig übernehmen können, ohne zugleich in Trugbilder überzugehen. Aufklärungsorientierte Formen der Kommunikation sollten dabei einen deutlich höheren Stellenwert erlangen, als dies bislang der Fall war. Es bleibt auch die Frage, welche Rolle politische Parteien in einem Veränderungsprozess jenseits der Instrumentalisierung von Wohlstandseffekten

38 Aus dem Klappentext der deutschen Ausgabe von 1973.

einnehmen müssen, um der Demokratie nicht durch Formalisierung, sondern durch Einübung ihrer komplexen Voraussetzungen eine dauerhafte Verankerung in der Gesellschaft zu sichern.

Literatur

Abelshauser, Werner (2011): Deutsche Wirtschaftsgeschichte. Von 1945 bis zur Gegenwart. 2. überarb. Aufl., München.

Assmann, Aleida (2023): Was ist ein Narrativ? Zur anhaltenden Konjunktur eines unscharfen Begriffs, in: Merkur, 77. Jg., S. 88–96.

Bender, Dieter/Gabisch, Günter (2003): Wachstum und Entwicklung, in: Bender, Dieter et al. (Hg.), Vahlens Kompendium der Wirtschaftstheorie und Wirtschaftspolitik. Band 1, 8. Aufl., München, S. 397–473.

Bergler, Georg/Erhard, Ludwig (Hg.) (1939): Marktwirtschaft und Wirtschaftswissenschaft. Eine Festgabe aus dem Kreise der Nürnberger Schule zum 60. Geburtstage von Wilhelm Vershofen, Berlin.

Borchardt, Knut (1969): Zur Theorie der sozial-ökonomischen Entwicklung der gegenwärtigen Gesellschaft, in: Adorno, Theodor W. (Hg.), Spätkapitalismus oder Industriegesellschaft. Verhandlungen des 16. Deutschen Soziologentages, Stuttgart, S. 29–47.

Borchardt, Knut (1974): Dreht sich die Geschichte um? Modelle für Wachstumsschranken, Ebenhausen b. München.

Brandt, Willy (1969): Die Alternative. Zwanzig Jahre Bundesrepublik. Zehn Jahre Godesberger Programm, in: Die Neue Gesellschaft, 16. Jg., S. 3–4.

Bundesministerium der Justiz und für Verbraucherschutz (o.J.): Gesetz zur Förderung der Stabilität und des Wachstums der Wirtschaft. Ausfertigungsdatum 08.06.1967: https://www.gesetze-im-internet.de/stabg/BJNR005820967.html ; letzter Abruf 7.05.2025

Bundesministerium für Wirtschaft (Hg.) (1973): Der Wissenschaftliche Beirat beim Bundesministerium für Wirtschaft. Sammelband der Gutachten von 1948 bis 1972, Göttingen.

CDU (1947): Das Ahlener Programm der CDU der britischen Zone vom 3. Februar 1947. https://www.kas.de/de/einzeltitel/-/content/das-ahlener-programm-der-cdu-der-britischen-zone-vom-3.-februar-1947 ; letzter Abruf 10.03.2025

CDU (1949): Düsseldorfer Leitsätze über Wirtschaftspolitik, Landwirtschaftspolitik, Sozialpolitik, Wohnungsbau. 15. Juli 1949. https://www.kas.de/do

cuments/291599/20906855/07-001-9001_Duesseldorfer_Leitsaetze.pdf/ab19f58f-49ae-18e3-ccbd-4fb5cc6567c2?version=1.1&t=1719299424942 ; letzter Abruf 10.03.2025

CDU (1953): Hamburger Programm der CDU. 4. Bundesparteitag, 18.-22. April 1953, Hamburg. https://www.kas.de/documents/252038/253252/Hamburger+Programm+%28Quelle%29.pdf/f72d77e5-7581-4e80-80cd-652518392fdb?version=1.1&t=1685619797572 ; letzter Abruf 10.03.2025

Dahrendorf, Ralf (1965): Arbeiterkinder an deutschen Universitäten, in: Recht und Staat in Geschichte und Gegenwart, Heft 302/303, Tübingen.

Destatis – Bundesamt für Statistik (2024): Bruttoinlandsprodukt von 1950 bis 2022 im Durchschnitt 3,1 % pro Jahr gewachsen. https://www.destatis.de/DE/Presse/Pressemitteilungen/2023/06/PD23_N032_81.html ; letzter Abruf 10.03.2025

Deutscher Bundestag (o.J.): Bundestagswahlergebnisse seit 1949 – Zweitstimmen. https://www.bundestag.de/parlament/wahlen/ergebnisse_seit1949-244692 ; letzter Abruf 10.03.2025

Erhard, Ludwig (1964/2020): Wohlstand für Alle. 8. Aufl., Berlin.

Eucken, Werner (1947): Die Grundlagen der Nationalökonomie. 5. Aufl., Godesberg.

Feldenkirchen, Wilfried (1998): Die Deutsche Wirtschaft im 20. Jahrhundert. Enzyklopädie deutscher Geschichte, Bd. 47, München.

FES – Friedrich-Ebert-Stiftung (2001): Chronik der deutschen Sozialdemokratie/Franz Osterroth/Dieter Schuster. – [Electronic ed.]. – Berlin [u.a.]. 3. Nach dem Zweiten Weltkrieg. 2., neu bearb. und erw. Aufl. 1978. Electronic ed.: Bonn: http://library.fes.de/fulltext/bibliothek/chronik/band3/e235g542.html ; letzter Abruf 10.03.2025

Fischer, Moritz (2024): Die Republikaner. Die Geschichte einer rechtsextremen Partei 1983–1994, Göttingen.

Föhl, Carl/Wegner, Manfred/Kowalski, Leo (1964): Kreislaufanalytische Untersuchung der Vermögensbildung in der Bundesrepublik und der Beeinflußbarkeit ihrer Verteilung. Gutachten im Auftrag des Bundeswirtschaftsministeriums. Institut für Angewandte Wirtschaftsforschung Tübingen, Schriftenreihe Band 2, Tübingen.

Fukuyama, Francis (1992): Das Ende der Geschichte, München.

Geissler, Rainer (2014): Die Sozialstruktur Deutschlands, 7. überarb. Aufl., Opladen.

Grebing, Helga (2000): Ideengeschichte des Sozialismus in Deutschland. Teil II, in: Grebing, Helga et al. (Hg.), Geschichte der sozialen Ideen in Deutschland: Sozialismus, katholische Soziallehre, protestantische Sozialethik. Ein Handbuch, Essen, S. 355–595.

Habermas, Jürgen (1959): Konservativer Geist – und die modernistischen Folgen. Zum Reformplan für die deutsche Schule, in: Der Monat, 12. Jg., S. 41–50.

Hockerts, Hans Günter (1977): Sozialpolitische Reformbestrebungen in der frühen Bundesrepublik, in: Vierteljahreshefte für Zeitgeschichte, 25. Jg., S. 341–372.

Hoyningen-Huene, Paul (2010): Paradigma, in: Sandkühler, Hans Jörg (Hg.), Enzyklopädie Philosophie, Bd. 2, Hamburg, S. 1897–1899.

Klotzbach, Kurt (1996): Der lange Weg zur Staatspartei. Programmatik, pragmatische Politik und Organisation der deutschen Sozialdemokratie 1945–1965, Bonn.

Klump, Rainer/Wolf, Pascal (2021): Das Trickle Down-Narrativ als Rechtfertigung wirtschaftlichen Wachstums, in: Forst, Rainer/Günther, Klaus (Hg.), Normative Ordnungen, Frankfurt a.M., S. 502–519.

Knauß, Ferdinand (2015): Wirtschaftsjournalismus und Wachstumsparadigma. IASS Working Paper, November 2015, Institute for Advanced Sustainability Studies Potsdam (IASS) e. V. https://doi.org/10.2312/iass.2015.031 ; letzter Abruf 10.03.2025

Knoeringen, Waldemar von et al. (1966): Mobilisierung der Demokratie. Ein Beitrag zur Demokratiereform, München.

Knoblauch, Hubert (2005): Wissenssoziologie, Konstanz.

Krelle, Wilhelm/Schunck, Johann/Siebke, Jürgen (1968): Überbetriebliche Ertragsbeteiligung der Arbeitnehmer. Mit einer Untersuchung über die Vermögensstruktur der Bundesrepublik Deutschland. Bd. I u. II. Forschungsauftrag des Bundesministeriums für Arbeit und Sozialordnung, Tübingen.

Kurz, Rudi (2023): Wachstumsunabhängigkeit: Transformation und Wohlstand erneuern – ohne Wachstum, in: Wirtschaftsdienst 103. Jg., S. 445–449. https://www.wirtschaftsdienst.eu/inhalt/jahr/2023/heft/7/beitrag/wachstumsunabhaengigkeit-transformation-und-wohlstand-erneuern-ohne-wachstum.html ; letzter Abruf 7.05.2025

Lepenies, Philipp (2013): Die Macht der einen Zahl. Eine politische Geschichte des Bruttoinlandsprodukts, Frankfurt a.M.

Lepsius, M. Rainer (1969): Demokratie in Deutschland als historisch-soziologisches Problem, in: Adorno, Theodor W. (Hg.), Spätkapitalismus oder Industriegesellschaft? Verhandlungen des 16. Deutschen Soziologentages, Stuttgart, S. 197–213.

Maase, Kaspar (1997): Grenzenloses Vergnügen. Der Aufstieg der Massenkultur 1850–1970, Frankfurt a.M.

Kailitz, Steffen (2004): Politischer Extremismus in der Bundesrepublik Deutschland. Eine Einführung, Wiesbaden.

Maußner, Alfred/Klump, Rainer (1996): Wachstumstheorie, Berlin/Heidelberg.

Meadows, Dennis et al. (1973): Die Grenzen des Wachstums. Bericht des Club of Rome zur Lage der Menschheit, Reinbek b. Hamburg.

Mangold, Michael (2007): Die Stellung der Familie im wirtschaftlichen und sozialen Wandel. Dissertation an der Fakultät für Geistes- und Sozialwissenschaften der Universität Karlsruhe, Karlsruhe.

Mangold, Michael (2012): Zum Verständnis der Bildung im Vorfeld ihrer Ökonomisierung, in: Hochmuth, Uwe/Mangold, Michael (Hg.), Bildung ungleich Humankapital. Symposium über die Ökonomisierung im Bildungswesen, München, S. 27–43.

McCloskey, Deirdre (1990): Storytelling in Economics, in: Nash, Christopher (Hg.), Narratives in Culture: The Use of Storytelling in the Sciences, Philosophy and Literature, London, S. 5–22.

Metz, Rainer (2001): Expansion und Kontraktion. Das Wachstum der deutschen Wirtschaft im 20. Jahrhundert, in: Spree, Reinhard (Hg.), Geschichte der deutschen Wirtschaft im 20. Jahrhundert, München, S. 70–89.

Müller-Armack, Alfred (1947): Wirtschaftslenkung und Marktwirtschaft, Hamburg.

Müller-Armack, Alfred (1947/1967): Soziale Marktwirtschaft, in: Müller-Armack, Alfred/Schmidt, Herbert B. (Hg.), (1967): Wirtschafts- und Finanzpolitik im Zeichen der Sozialen Marktwirtschaft, Stuttgart, S. 61–69.

Müller-Armack, Alfred (1949): Diagnose unserer Gesellschaft. Zur Bestimmung unseres geistesgeschichtlichen Standorts, Gütersloh.

Nohlen, Dieter/Nuscheler (Hg.) (1982): Handbuch der Dritten Welt. Band 1 Unterentwicklung und Entwicklung: Theorien – Strategien – Indikatoren, 2. überarb. Aufl., Hamburg.

Ogburn, William F. (1922): Social Change: With Respect to Culture and Original Nature, New York.

Ogburn, William F. (1950/1969): Erneute Betrachtung des Problems der sozialen Evolution, in: Duncan, Otis (Hg.), Ogburn, William F.: Kultur und sozialer Wandel. Ausgewählte Schriften, Neuwied/Berlin, S. 50–68.

Pirker, Theo (1965): Die SPD nach Hitler. Die Geschichte der Sozialdemokratischen Partei Deutschlands 1945–1964, München.

Popitz, Heinrich (1965): Die Ungleichheit der Chancen im Zugang zur höheren Schulbildung, in: Friedeburg, Ludwig von (Hg.), Jugend in der modernen Gesellschaft, Köln/Berlin, S. 392–408.

Rostow, Walt W. (1960/1971): The Stages of Economic Growth. A Non-Communist Manifesto. 2. Aufl., Cambridge.

Scheuch, Erwin K. (2003): Sozialer Wandel. Bd. 1. Theorien des sozialen Wandels, Wiesbaden.

Schmähl, Winfried (2007): Die Einführung der »dynamischen Rente« 1957. Gründe, Ziele und Maßnahmen. Versuch einer Bilanz. ZeS-Arbeitspapier Nr. 3/2007. Zentrum für Sozialpolitik, Universität Bremen.

Shiller, Robert J. (2019): Narrative Economics: How Stories Go Viral and Drive Major Economic Events, Princeton/Oxford.

SPD (1959): Grundsatzprogramm der SPD. Beschlossen auf dem Außerordentlichen Parteitag der Sozialdemokratischen Partei Deutschlands in Bad Godesberg vom 13. bis 15. November 1959, Köln.

Spoerer, Mark (2007): Wohlstand für alle? Soziale Marktwirtschaft, in: Hertfelder, Thomas/Rödder, Andreas (Hg.), Modell Deutschland. Erfolgsgeschichte oder Illusion? Göttingen, S. 28–43.

Stegmann, Franz Josef/Langhorst, Peter (2000): Geschichte der sozialen Ideen im Deutschen Katholizismus, in: Grebing, Helga et al. (Hg.), Geschichte der sozialen Ideen in Deutschland: Sozialismus, katholische Soziallehre, protestantische Sozialethik. Ein Handbuch, Essen, S. 599–855.

Stehr, Nico/Meja, Volker (Hg.) (1981): Wissenssoziologie. Kölner Zeitschrift für Soziologie und Sozialpsychologie, Sonderheft 22/1980, Opladen.

Wehler, Hans-Ulrich (2008): Deutsche Gesellschaftsgeschichte, Band 5: Bundesrepublik und DDR 1949–1990, München.

Zur Soziologie nachhaltigen Wirtschaftens

Von idealen Menschenbildern, idealen Systemtypen und Infrastrukturen

Uwe Pfenning

1 Neoklassik und Neoliberalismus

In anderen Beiträgen dieses Sammelbandes wird in unterschiedlicher Weise Bezug genommen auf Neoklassik und Neoliberalismus. Ersteres ist ein wirtschaftswissenschaftliches Konzept, in dessen Mittelpunkt die Annahme steht, dass informierte, rational handelnde und ihrem Selbstinteresse verpflichtete Akteure als Anbieter und Nachfrager sich auf freien Märkten koordinieren und nur dann, wenn dies nicht zufriedenstellend gelingt, sollte der Staat eingreifen. Zweiteres ist eine nicht klar abgrenzbare Vorstellung von wirtschaftlicher und gesellschaftlicher Koordination, die so weit wie möglich durch Wettbewerb, marktbasierte Preise und geringste staatliche Eingriffe auskommen will. Obwohl der Neoliberalismus mit der starken Marktorientierung einen gemeinsamen Kern mit der Neoklassik hat, unterscheidet er sich von dieser in zumindest zwei Aspekten. Er verzichtet zugunsten gewinnorientierter privatwirtschaftlicher Lösungen strikt auf wohlfahrtsstaatliche Komponenten und das Selbstinteresse wird radikalisiert als sozialdarwinistischer egozentrischer Freiheitsbegriff interpretiert.

Ausgehend von diesen stark vereinfachten Beschreibungen wirtschaftswissenschaftlicher Ansätze, die weit in die Gesellschaftspolitik hineinwirken, wird im Folgenden versucht spezifische soziologische Kontexte nachhaltigen Wirtschaftens in die Diskussion einzubringen, um so der Dominanz neoliberaler Konzepte in der Politikberatung zu Nachhaltigkeitsfragen etwas entgegensetzen zu können. Der Bezug auf Nachhaltigkeit ist deshalb von Bedeutung, weil insbesondere beim Neoliberalismus Nachhaltigkeit in eins fällt mit Marktregulierung, wogegen weniger radikale Ansätze den Märkten nicht dieses bedingungslose Vertrauen entgegenbringen und in unterschiedlichem Ausmaß die Notwendigkeit staatlicher Regulierungen zur Sicherung von Nachhaltigkeit sehen. Die hinter diesen regulierenden Eingriffen stehenden kollektiv legitimierenden Willensbildungen sind jedoch ein Kernbereich soziologischer Forschungen. Und deren Ergebnisse sollten sich in kritischer Distanz zu neoliberalen Positionen auch in der Politikberatung zur Geltung bringen. Um dies zu illustrieren werden zwei Anwendungsbeispiele herangezogen: Infrastrukturen als wichtige Daseinsfürsorge von Gesellschaften und soziale Dienstleistungen im tertiären Sektor.

1.1 Ideale Menschen- und Gesellschaftsbilder

Der in zahlreichen, nicht immer klar abgrenzbaren Varianten auftretende Neoliberalismus ist die heute dominante Lesart wirtschaftsliberaler Vorstellungen von gesellschaftlicher Koordination. Er zeichnet sich im Wesentlichen durch die maximal mögliche Reduktion wohlfahrtsstaatlicher Maßnahmen und durch weitestgehende Deregulierung aus. Eine grundlegende Prämisse ist dabei die allen sogenannten Rational-Choice-Ansätzen (z.B. Neoklassik, Neoliberalismus, Spieltheorie) gemeinsame Annahme, dass Menschen möglichst autonom ausschließlich nach ihren eigenen Interessen und nutzenmaximierenden Vorstellungen handeln. Die wesentliche modelltheoretische Annahme ist, dass die Akteure vollkommene Informationen, einschließlich der bekannten Restriktionen unter denen gehandelt werden muss, haben und angesichts derer gemäß fixen und geordneten Präferenzen ihren subjektiven Nutzen maximierende zweckrationale Entscheidungen treffen.

Die in der Soziologie etablierten Varianten der Rational-Choice-Theorie gehen meist von einem Modell des Resourceful, Restricted, Expecting, Evaluating, Maximizing Man (RREEMM) aus. In einer bestimmten Situation hat ein typischer Akteur mehrere Handlungsoptionen, die er unter den Aspekten begrenzender äußerer Restriktionen und gegebener eigener Präferenzen wahrnimmt. Um zu beschreiben, nach welchen Kriterien die Entscheidung für eine der Optionen getroffen wird, wird das Konzept des subjektiven Erwartungsnutzens (SEU) verwendet, wonach der Akteur die wahrscheinlich eintretenden Handlungsergebnisse berechnet, vergleicht und so handelt, dass er das maximale Ergebnis erreicht. Technisch bzw. mathematisch geschieht dies (vereinfacht) in Form des Vergleichs der Produktwerte aus Eintrittswahrscheinlichkeit (zwischen 0 und 1) und kardinal gemessenem Nutzen der angestrebten Situation (Esser 1999, 2000, 2001). Dabei wird davon ausgegangen, dass nicht nur das Risiko aus dem Wissen über objektive Eintrittswahrscheinlichkeiten in die Entscheidungen der Akteure einfließt, sondern sie auch subjektiv empfundene Eintrittswahrscheinlichkeiten zum Tragen kommen lassen (Homans 1958, Esser 2000). Aggregiert man die individuellen Entscheidungen auf der mikrotheoretischen Ebene je nach den untersuchten empirischen Problemstellungen auf, dann soll man daraus Aussagen über die makrotheoretische Ebene ableiten können. In den Sozialwissenschaften wird dies als methodologischer Individualismus bezeichnet (Schumpeter 1908/1998, Vanberg 1975, Albert 2008).

Neben der sehr restriktiven Annahme, Nutzen sei kardial messbar, bleibt zumindest auch das damit verwobene Problem, dass das kommunikative Entstehen von intersubjektiv geteilten handlungsleitenden Sinnvorstellungen in Rational-Choice-Modellen nur über eigennützige Nutzenkalküle erklärt werden kann. Dadurch bleibt außer Betracht, wie die Entscheidungen über die möglichen Optionen durch die sozial und kulturell geprägten Situationen mitbestimmt werden. Das RREEMM-Konzept ist unter diesem Aspekt eine emotionslose Quasi-Automatik und es schleppt trotz der sinnvollen Erweiterungen das Bild des homo oeconomicus mit sich. Die starke Gegenposition findet sich im von Dahrendorf eingebrachten Begriff des homo sociologicus (1965/2006), wonach der soziale, in Gemeinschaften oder Gesellschaften lebende Mensch über Normen, Werte und Rollen im Verlauf seiner Sozialisation äußeren Einflüssen ausgesetzt ist, die sein Handeln prägen (Hurrelmann 2020). Individuelle Rationalität im Sinne des SEU-Postulats (subjektiver Erwartungsnutzen) wäre demnach bereits eine sozial vermittelte Variable und keine individuell autonome Eigenschaft, weil individuelle Bedürfnisse als Grundlage zur Bestimmung des eigenen Nutzens weitgehend über sozial vermittelte Werte und Normen determiniert werden (»bounded rationality«, Simon 1959).

Diesem Problembereich versuchen u.a. systemtheoretische Konzepte zu begegnen. Sie sehen in Gesellschaften mehr als die Summe individueller Handlungen (Emergenztheorem) und stellen die sozialen Systeme selbst als eine Art handelnder Entitäten dar, die einer funktionalen Logik folgen (Niklas Luhmann, Talcott Parsons, Robert Merton u.a.). Gesellschaften sind aus dieser Perspektive ein System funktional sinnvoll aufeinander bezogener sozialer Teilsysteme, die die individuellen Entscheidungs- bzw. Handlungssequenzen mitbestimmen. Aus soziologischer Sicht ist Wirtschaft nicht nur ein relevantes Teilsystem des Gesamtsystems Gesellschaft, sondern das nun seit Jahrzehnten dominante. Es war in der Lage, die in diesem gesellschaftlichen Subsystem leitenden Ideen der Neoklassik und mehr noch des Neoliberalismus in die anderen Subsysteme wie beispielsweise Kultur, Bildung und soziale Sicherung zu übertragen, sie also speziellen ökonomischen Grundregeln zu überantworten. Das gesellschaftliche Steuerungsmedium Solidarität wurde zunehmend zurückgefahren zugunsten des Steuerungsmediums Geld, das zugleich das dritte Steuerungsmedium, die politische Macht, vereinnahmte.

Dies bedeutet nicht den Verlust der damit verbundenen Funktionszuweisungen, sondern es entsteht ein als faktischer Druck auftretender Anspruch hier die Politik zu betreiben, wie sie in neoliberalen Modellvorstellungen beschrieben wird. Die defizitäre Deskription von Handlungen in neoliberalen Konzepten wird unter der Hand zur Präskription in der gesellschaftlichen Daseinsvor- und -fürsorge. Die für das Gesellschafts- und das Wirtschaftssystem unverzichtbaren materialen, informellen und institutionellen Infrastrukturen werden dauerhaft aufrechterhalten. Die Art in der dies geschehen soll wird jedoch dominiert von Organisations- und Finanzierungsformen die marktliche oder marktähnliche Instrumente einsetzen, die staatlichen Aktivitäten minimieren und solidarisch-zivilgesellschaftliche strikt in die Privatsphäre verweisen wollen.

Letztlich steht hinter der reduzierten Handlungsbeschreibung ein entsprechend enges Menschenbild, das aufgrund der praktischen und mathematischen Modellierbarkeit wichtige Teile der komplexen Realität außen vor lassen muss. Wie die Menschenbilder anderer Theorien ist auch das des Neoliberalismus eine wissenschaftliche Abstraktion, die notwendig komplexitätsreduziert bleiben muss. Man kann sie als Idealtypus auffassen, der vornehmlich dazu dient komplexe gesellschaftliche Prozesse und Abläufe miteinander interagierender sozialer Entwicklungen und individuellen Handelns in handhabbare, formal fassbare Modelle zu überführen (Agent based Modeling, Spieltheorie, Simulationsmodelle). Ganz im Sinne von Max Weber geht es hierbei um eine Rationalisierung wissenschaftlicher Erkenntnisse, nicht zu verwechseln mit der zuvor beschriebenen egozentrierten individuellen Rationalität zur Maximierung des eigenen Nutzens. Gesellschaftliche Rationalisierung und individuelle Rationalität gehen nicht immer Hand in Hand.

Allerdings sind die Abstriche in den neoliberalen Modellierungen gegenüber den Ursprüngen in Rational-Choice-Modellen und den schon stark reduzierten RREEMM- und neoklassischen Modellen so gewichtig, dass sie zu sehr unterkomplexen Darstellungen der abzubildenden Realität werden. Das macht sie, insbesondere wenn sie in ideologisch geprägte politische Programme integriert und interessengeleitet instrumentalisiert werden, gefährlich. Eine an ihnen ausgerichtete administrative Macht kann leicht zu politischen und gesellschaftlichen Fehlentwicklungen bei der Sicherung der sozialen und ökologischen Nachhaltigkeit führen. Gegenwärtig ist die Hochgewichtung neoliberaler Denkweisen in unterschiedlicher und teilweise sogar widersprüchlicher Art in diesen Gestaltungsräumen beobachtbar (z.B. pro und kontra Zölle mit jeweils neoliberalen Begründungen).

Existenzgefährdend wird die Berufung auf neoliberale Modelle beim primär gewinnorientierten Umgang mit endlichen Ressourcen in der Produktion und im Verbrauch von Gütern und Dienstleistungen. Die privatwirtschaftlichen, am baldigen Gewinn interessierten Ressourcennutzungen und das massive Propagieren privaten Konsums führen strukturell zum Raubbau an Rohstoffen und damit auch zur Zerstörung der Natur und des Klimas. Entgegen der Beobachtung, dass die entwickelten Industrieländer massive Wachstumsprobleme haben, scheint der Glaube an ein stetiges, nur konjunkturell zurückgehendes Wirtschaftswachstum ungebrochen zu sein. Und obwohl sich seit geraumer Zeit die Frage nach den *Grenzen des Wachstums* (Meadows et al. 1972) stellt, wird mit der Begründung der als selbstverständlich geltenden Wachstumsförderung der eigentlich unumgängliche Umwelt- und Klimaschutz hintangestellt und dem Konzept nachhaltigen Wirtschaftens entgegengearbeitet.

Das neue Paradigma der Nachhaltigkeit[1] zielt darauf sämtliche Bestrebungen Menschheit und Ökosysteme endlich in Einklang zu bringen. Stoffliche, energetische (Recycling) und Produktkreisläufe (Refurbish) sollen, wo immer möglich, etabliert und der Zugriff auf exterrestrische Ressourcen ermöglicht werden (Pfenning 2013). Nahezu alle diese Funktionen müssen nicht gänzlich neu geschaffen werden. Sie finden sich in unterschiedlicher funktionaler Intensität und öffentlicher Wahrnehmung bereits im System: Second-Hand-Läden, Reparaturservice[2] und auch der Zugriff auf erneuerbare Energien zählen dazu. Bisher sind die meisten Elemente nur in Nischen der Wirtschaft zu finden. Diese bereits angelegten Möglichkeiten gilt es zu fördern und auszurollen damit sie sich in größeren Dimensionen entfalten können.

---

1 Die Idee der Nachhaltigkeit weist eine lange Geschichte auf, für die Waldwirtschaft wurde sie bereits im 18. Jahrhundert zu einem konsistenten Konzept ausgearbeitet, vgl. Grober 2013.

2 Als Beispiel für den paradigmatischen Charakter der Verpflichtung auf Nachhaltigkeit kann das vom EU-Parlament gerade eingeführte Recht auf Reparatur bei Technikgütern genannt werden (https://www.europarl.europa.eu/news/de/press-room/20240419IPR20590/recht-auf-reparatur-reparieren-einfacher-und-attraktiver-machen).

1.2 Anthropozän und Nachhaltigkeit

Die noch inoffizielle Bezeichnung »Anthropozän« für das aktuelle geologische Zeitalter verweist darauf, dass die Menschheit maßgeblich verändernden Einfluss auf globale, regionale und lokale Ökosysteme nimmt (Stoppani, Crutzen, Stoermer u.a.). Neben den beabsichtigten und kontrollierbaren Eingriffen in die Natur gibt es dabei spätestens seit dem 19. Jahrhundert vermehrt auch solche, die aus dem Ruder laufen und unintendierte negative Folgen für lebenswichtige biologische, geologische oder atmosphärische Prozesse haben. Dies hat ein Ausmaß angenommen, das zu katastrophalen Konsequenzen für das menschliche Leben auf der Erde führen kann.

Eng verbunden mit den diesen Prozessen zugrundeliegenden technischen Entwicklungen waren auch massive Änderungen der wirtschaftlichen, sozialen und kulturellen Verhältnisse. Sie wurden der Gegenstand der damit befassten Wissenschaften, welche großteils seit dem 19. Jahrhundert entstanden oder in dieser Zeit einen Bedeutungswandel erfuhren (z.B. Soziologie, Wirtschaftswissenschaften, Politikwissenschaften). Ihre Erkenntnisse über diese Prozesse und die Schlussfolgerungen für ihren instrumentellen Einsatz in Wirtschaft und Gesellschaft haben im Netto eher dazu geführt, dass sie die Nutzung der naturwissenschaftlichen und technischen Erkenntnisse intensivierten und beschleunigten, als dass sie notwendige Grenzen zogen – mit den beschriebenen Problemen. Die prozesskritischen Teile haben sich zwar innerwissenschaftlich Raum verschaffen können, blieben in ihrer praktischen Wirkung was den Umgang mit Natur und Sozialsystemen angeht aber hinter den Dynamisierungseffekten zurück.

Eine Konsequenz dieses Ungleichgewichts mit seiner Überbetonung wirtschaftlichen Wachstums gegenüber der Sicherung nachhaltigen Wirtschaftens ist, dass trotz des Wissens um bedrohliche Zustände Gegenmaßnahmen nur sehr verzögert oder gar nicht zum Tragen kommen. Besonders deutlich wurde dies in der Studie zu den Grenzen des Wachstums (Meadows et al. 1972, Global 2000, 1980 u.v.a.). Die laut dieser Studie für die Fehlentwicklungen verantwortliche aktive Gestaltung von Wirtschafts- und Sozialsystemen unter der Maßgabe kontinuierlichen und möglichst großen Wirtschaftswachstums berief sich dabei im Wesentlichen auf Modelle, in denen den typisierten Akteuren aus Gründen der mathematischen Fassbarkeit eindimensionale Nutzen- und Gewinnmaximierung als Ziele und extrem reduzierte Entscheidungsregeln zur Realisierung dieser Ziele zugeschrieben wurden (s.o.). Die in neoklassischen Modellen mitgedachten Steuerungsprobleme von Märkten und die deshalb nötigen Interventionen führten in der politischen Umsetzung der modellkonformen staatlichen Eingriffe nicht zu ausreichenden Korrekturen der Wachstumsfolgen.

Problemverschärfend wirkte sich der Umschwung zu neoliberalen Modellen und deren Einfluss auf die Politikberatung und -gestaltung aus. Die ihnen inhärente Tendenz staatliche Eingriffe auf ein Minimum zurückzuführen und den Märkten größtmögliche Ordnungsfunktion zuzugestehen ist offensichtlich keine geeignete Lösungsstrategie. In der Folge dieser Umorientierung wurden neben negativen Wirkungen bei der Einkommens- und Vermögensverteilung oder der sozialen Integration insbesondere die ökologischen Systeme (z.B. Ozonschicht, Abholzung Regenwald, schwindende Biodiversität durch Artensterben und Monokulturen, Mikroplastik, Landschaftsverbrauch) noch stärker aus ihrer ursprünglichen natürlichen Balance gebracht und zunehmend droht die Überschreitung von Knickpunkten, ab denen eine Rückkehr in vorherige ökologische Zustände unmöglich wird.

Die meisten Studien zu den so verursachten und verschärften anthropogenen Effekten nehmen Bezug auf Themen wie:

a) Ein Folgenbewusstsein (Böhret 1991), wonach mögliche mittel- oder langfristig eintretende negative Effekte vorab zu erkennen versucht und in die jeweils aktuelle Entscheidung einbezogen werden sollen (i.e. intergenerationale Nachhaltigkeit). Hierbei kommt als mentale Unterstützung Computersimulationen eine große Bedeutung zu. Sie kalkulieren, simulieren und prognostizieren solche Folgen sachgerecht.
b) Die neoliberaler Marktlogik entsprechende Einpreisung der Kosten für kollektive Güter wie u.a. saubere Luft, gute Wasserqualität, Biodiversität, Boden- und Klimaschutz (z.B. durch Umweltzertifikate, Ökosteuern, nachhaltige Produktion und nachhaltiger Konsum (Weizsäcker et al. 1995).
c) Die Abschwächung des Ressourcenverbrauchs durch stoffliches Recycling, Refurbish-Angebote und gemeinschaftliche Nutzung von Gütern (»Faktor 4«, v. Weizsäcker et al. 1995) und
d) das bessere zugänglich machen erneuerbarer oder exterrestrischer Ressourcen, z.B. erneuerbare Energiequellen, Nutzung Solarenergie (Pfenning 2016 u.a.).

Als eine zusammenfassende Schlussfolgerung aus diesen und zahlreichen weiteren Studien kann gezogen werden, dass Nachhaltigkeit als Kreislauf sowohl für stoffliche und energetische, aber auch für soziale Systeme gedacht werden kann. Es ist insofern ein neues, modernes Paradigma, das wissenschaftlich fundiert begründet werden kann, das als legitimes politisches Ziel auftreten kann, das einen gesellschaftlichen Wert verkörpern kann, das als individuelle Verhaltensnorm taugt und so eine immanente Systemfunktion übernehmen kann. Nachhaltigkeit lässt sich vor diesem Hintergrund manifestieren in Form von Gesetzen für Kreisläufe und gegen ökologischen Raubbau, von Marktanreizen für neue nachhaltige Güter, von Impulsen zu Veränderungen im Konsum. Hilfreich ist zudem auf persönlicher Ebene das Erlernen mentaler Fähigkeiten zum Erfassen von Folgewirkungen des eigenen Handelns und zum Überdenken von Lebensqualität, die statt auf Reichtum und Konsummaximierung auf dauerhafte Erhaltung der Lebensgrundlagen als gesellschaftliches Ideal zielt.

An dem Mythos, man könne unter den Bedingungen neoliberaler Wirtschafts- und Sozialpolitik die ökologisch negativen Folgen des damit verbundenen Naturverbrauchs und die desaströsen Klimawirkungen einhegen und die zunehmenden finanziellen Ungleichverteilungen ließen sich über Wachstum ausbügeln, kann man wissenschaftlich fundiert Kritik üben. Die krisenhaften Folgen für die globalen Ökosysteme lassen sich durch naturwissenschaftliche Forschungen, nicht zuletzt auf der Basis von durch moderne digitale Technologien (z.B. Satelliten, Sensoren und Computersimulationen) gewonnene Daten, nachweisen und so einer rationalen Auseinandersetzung mit den Erkenntnissen über das Anthropozän zugänglich machen. Dazu gehört auch, dass die so nachgewiesenen ökologischen Schäden gravierende Wirkungen auf die finanziellen und sozialen Belastungen unterschiedlicher sozioökonomischer Gruppen haben, deshalb fließend in eine Auseinandersetzung über die normativen Implikationen dieser Wirkungen münden und sich dann eng mit den Diskussionen über die normativ problematischen Folgen neoliberaler Wirtschafts-, Sozial- und Gesellschaftspolitik verzahnen.

In Anlehnung an die Konzepte des homo oeconomics und des homo sociologicus ließe sich vor diesem Hintergrund mit dem homo oecologicus ein passendes Menschenbild modellieren. Es wäre ein bewusst handelndes Individuum, das seine Bedürfnisse mit den Anforderungen an einen sinnvollen Schutz ökologischer Systeme in Übereinstimmung bringt, sich wissenschaftlicher Evidenz verpflichtet fühlt, über Chancen und Risiken seines Tuns mit anderen Akteuren kommuniziert und hohe Bereitschaft zum kollektiven Handeln zeigt. Im Hinblick auf den Schutz von Öko- und Sozialsystemen böte sich so die Möglichkeit eines effektiven gemeinsamen Handelns ohne die Gefahr, dass Mitnahmeeffekte und Trittbrettfahren (Olson 1965) auftreten. Die Einsicht in die Notwendigkeit, sich angesichts existenzieller Bedrohungen von individuellen, die Legitimation kollektiven Handelns konterkarieren Egoismen zu lösen, könnte dazu führen, sich kollektiv verantwortungsvoll zu verhalten. Man würde so die aus der Spieltheorie und aus vielen moralphilosophischen Konzepten bekannten negativen Wirkungen des defektiven Verhaltens eines Teils der Akteure bei regelgerechtem Verhalten der anderen Akteure vermeiden.

2 Menschenbilder und Infrastrukturen

Infrastrukturen (staatlich oder privat) bezeichnen im allgemeinen Verständnis die Gesamtheit gemeinsam nutzbarer Systeme zur Daseinsvorsorge, deren Institutionen, technischen Anlagen und Strukturen, die zur Erbringung wirtschaftlicher oder staatlicher Leistungen funktional nötig sind (vgl. Kropp/Sonnenberger 2021). Ob sie dadurch im Sinne Günter Ropohls soziotechnischen Charakter haben, also eine konstituierende Verbindung zwischen technischen und damit verbundenen sozialen Komponenten eines Gesamtsystems darstellen ist strittig.

Öffentliche Infrastrukturen müssen staatlich erstellt oder gewährleistet werden und benötigen dazu allgemein zustimmungsfähige Entscheidungen u.a. über deren Finanzierung (u.a. Steuern, Nutzerentgelte, EU-Fördermittel), Organisation (u.a. öffentliche Verwaltungen, private Dienstleister, PublicPrivatePartnerships), Produktausgestaltung (z.B. Qualität, Versorgungsintensität) und Bereitstellungsform (z.B. Zugänglichkeit, Nutzungsbedingungen). Sie dienen in ihrer Gesamtheit als Vorbedingungen zur Sicherung der wirtschaftlichen und sozialen Leistungsfähigkeit einer Gesellschaft. Gliedert man holzschnittartig in Haushaltsfinanzierung und Nutzerfinanzierung, dann sind letztere ganz oder zumindest teilweise durch Gebühren finanziert und man kann den Einnahmen die entsprechenden Ausgaben gegenüberstellen, wobei keine dauerhaften Überschüsse erzeugt werden dürfen. Bei ersteren ist dies nicht so umstandslos möglich, dort gilt das Gesamtdeckungsprinzip (Non-Affektationsprinzip), d.h. sämtliche Einnahmen dienen i.d.R. ohne Zweckbindung zur Deckung aller Ausgaben. Damit ist auch so etwas wie eine unmittelbare Rentabilitätsbetrachtung aus öffentlicher Sicht nicht möglich. Davon unberührt ist das Rentabilitätskalkül von durch die Privatwirtschaft oder im Rahmen von PublicPrivatePartnerships (PPP) bereitgestellten Infrastrukturleistungen, die per se gewinnorientiert sind und nach der Leistungsübernahme meist mit starken Rationalisierungen und erhöhtem Produktivitätsdruck verbunden sind.

Zu beobachten ist, dass dieses neoliberalen Marktvorstellungen folgende Prinzip zunehmend für soziale Infrastruktursysteme Anwendung fand. Neben der Elektrizitätsversorgung und deren Leitungsnetze seit 1936 mit dem Reichsenergiegesetz gilt dies heutzutage z.B. auch für die Gesundheitsökonomie und die Rationalisierung der Pflegedienste, für die PublicPrivatePartnership-Projekte bei der Wasserversorgung, für Ausschreibungen von Schülerbetreuungseinrichtungen, für die Öffnung des sozialen Mietwohnungsbaus gegenüber privaten Bauunternehmen u.a.). Auch die Wissenschaft blieb und bleibt davon nicht unberührt. Die 1972 eingeführten Fachhochschulen (und später die Dualen Hochschulen) dienten der beschleunigten Anwendung und Transmission technischer Entwicklungen aus der »reinen« Lehre in die wirtschaftliche Praxis, inklusive unternehmerischer Ausgründungen. Die Berichte über Drittmittelforschung, insbesondere im industriellen Auftrag, als Erfolgsindikator wissenschaftlichen Arbeitens wirken stark auf das (Markt-)Ranking von Hochschulen.

Die Debatte über weitere Privatisierungen[3] öffentlicher Dienstleistungen ist aktuell noch immer im Gange. Sie wird wesentlich durch den Widerspruch zwischen öffentlicher Armut bzw. struktureller Unterfinanzierung öffentlicher Haushalte bei gleichzeitig ausgeprägtem aber ungleich verteiltem privatem Reichtum bestimmt. Aufgrund weitgehend verpönter Vorschläge für eine höhere Besteuerung privater Einkommen und Vermögen sowie der Annahme, dass Privatisierungen zwangsläufig mit Effizienzgewinnen einhergehen, entsteht ein faktischer Privatisierungsdruck. Einerseits schuf die Liberalisierung der Stromversorgung mehr Wahlmöglichkeiten und Preisvorteile für die Verbraucher. Andererseits stehen dem jedoch Zweifel an der Leistungsqualität und teilweise schlechte Erfahrungen in der Daseinsvorsorge entgegen, die dazu führten, dass beispielsweise in Hamburg und Berlin die Strom- und Wasserversorgung wieder in die kommunale Verwaltung integriert wurden. Angesichts so unterschiedlicher Erfahrungen in verschiedenen Bereichen öffentlicher Güter ist der Ausgang der Debatte noch ungewiss.

Im Social-Media-Sektor als neuer, erfolgreicher Wirtschaftsbranche werden zudem individuelle Bedürfnisse durch Influencer, Reichweitenmessun-

---

3 Die Formen von Privatisierungen reichen von staatlichen Unternehmen im Wettbewerb mit privaten, über Aufgabendelegation und PPP bis zur gänzlichen Privatisierung.

gen und Werbeangebote vermarktet, individelle Nutzungsprofile erstellt und mit Daten zuhauf gehandelt. Menschliche Schicksale und Tragödien werden in diesem Sektor erfolgreich vermarktet, wie es die Yellow Press bereits zuvor für Prominente vormachte. Diese »Kolonisierung der Lebenswelt durch die Arbeitswelt« (Habermas 1982, Bd. 2: 489ff., 522ff.) resultiert aus dem umfassenden Geltungsanspruch des neoliberalen Gedankenguts, dass es nicht nur als wirtschaftliche Logik akzeptiert wird, sondern durchgängig auch als gesellschaftliches Gestaltungsprinzip wirken soll. Soziologisch ausgedrückt: Ein Teilsystem mimt unter Nutzung seiner eigene Teilsystemlogik ein Gesamtsystem.

2.1 Gesellschaftstechnik

Die wirtschaftliche Entwicklung in den jeweiligen Branchen ist meist von grundlegenden technischen Innovationen in Gang gesetzt worden. Beispielhaft zu nennen sind die Digitalisierung durch Computer und Netze, die Energiewende durch erneuerbare Energien oder Social Media durch die Erfindung des Internets. Insbesondere Systemtechnologien, die zentrale Aufgaben der Daseinsvorsorge übernehmen, sind stark von technischen Innovationen getrieben. Ein Beispiel dafür ist die Stromversorgung. Neben der auf komplexen Software-Lösungen beruhenden Möglichkeit für die Haushalte zwischen verschiedenen Anbietern zu wählen, gibt es auch neue, die Autonomie (ganz oder teilweise) fördernde technische Optionen für die dezentrale Energieversorgung auf der Ebene von Gebäuden und kleinen Quartieren. Auf dieser technischen Basis ist es nun lokal möglich entsprechend begrenzte Bürgerbeteiligungen zur Energieversorgung und Bürgerenergie-Genossenschaften zu organisieren (Pfenning 2018, 2024).

Die Bürgerbeteiligung bei der Energiewende ist vor allem ein Indiz soziotechnischer Entwicklungen. Die damit verbundenen technischen Ausbaupfade und die dadurch erzielbare Effizienz hängen vom Konsumverhalten bei Elektrizität, von der Bereitschaft für eine Suffizienz (Konsumverzicht)[4] und von gesellschaftlicher Akzeptanz der nötigen Infrastruktur ab. Der individuelle Umgang mit diesen Energietechnologien und die individuellen

---

4 Bei Suffizienz geht es nicht darum bei bestehenden Bedürfnissen (ausgedrückt in Präferenzen) den Ressourcenverbrauch zu optimieren, sondern darum die Bedürfnisse zu hinterfragen und ggf. so zu ändern, dass weniger Konsum gewünscht wird und damit weniger Ressourcenverbrauch entsteht.

Einstellungen zu ihren Systemfunktionalitäten repräsentieren das soziale System. Die technischen Anlagen zur Energiegewinnung, Verteilung und Speicherung sind das korrespondierende technische System. Beide zusammen können sich je nach sozialer Kooperationskompetenz, technologischer Qualität und Organisationsgeschick im Gelingensfall zu einem synergetischen soziotechnischen System mit hoher wirtschaftlicher Effizienz ergänzen – oder sich bei Defiziten in diesen Voraussetzungen gegenseitig blockieren.

Abb. 1: Ausbaupfade der Energiewende – quantitativ-qualitativ-nachhaltig-suffizient

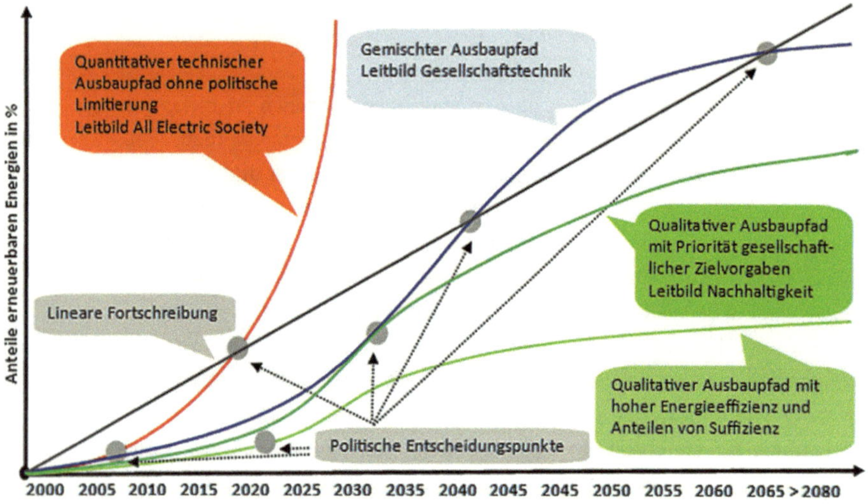

Quelle (eigene Darstellung; Pfenning 2018)

Unzweifelhaft wurde zur Einführung der neuen Technologien Strom aus erneuerbaren (Biomasse), aus exterrestrischen (Sonne) oder aus in Ökosystemen gewinnbaren (Wind, Geothermie, Wasserläufe) Energiequellen ein quantitatives, exponentielles Wachstum angestrebt. Es ging darum, diese Erneuerbaren Energietechnologien (EETs) von einer Nischentechnik für Enthusiasten zu einer Systemtechnik für Alle zu machen (Pfenning 2016, 2024). Der Einsatz und die Akzeptanz von betriebswirtschaftlichen Organisationsformen und das Verfolgen von Effizienzzielen im Umfeld dieser EETs, denen in der öffentlichen Wahrnehmung ein alternatives Image anhaftet und die in hohem Ausmaß mit dem Thema Nachhaltigkeit assoziiert werden, bedeutet nicht, dass sie neoliberalen Imperativen folgen. Vielmehr führt die Verlagerung der Entscheidungsmacht über wirtschaftliche Entwicklungen von Konzernmanagements zu bürgerschaftlichen Selbstorganisationsgruppen und damit zu einer zumindest partiellen Abkehr von gewinnzentrierten Marktmechanismen, weil diese Gruppen neben Gewinnen und Renditen mit hohen Gewichtungen auch die Akzeptanz des Gesamtgeschehens, die Wünsche und Bedürfnisse der Bürger*innen in ihre Entscheidungen einbeziehen. Mit der erfolgreichen Gründung von Bürgerenergiegenossenschaften wurde dieser aktive Teil der Bürgerschaft ein signifikanter Player im investiven Bereich der politisch proklamierten Energiewende (vgl. Internetzugriff DENA 2024) und stellt ein ausrollbares Konzept dar, welches das Nischendasein hinter sich lassen kann. Zugleich rücken solche Organisationsformen wirtschaftliche Fragestellungen, die bisher fast allein im Fokus der Wirtschaftswissenschaften standen, in den Rahmen soziologischer Forschung.

Finden sich in einer Gesellschaft für einen Bereich der Daseinsvorsorge viele solcher soziotechnischen Systeme auf lokaler oder regionaler Ebene, kommt es zur Ausprägung einer Gesellschaftstechnik (Pfenning 2018). Deren Merkmale sind: a) ein gesellschaftlicher Konsens sie anzuwenden, b) eine aufgrund der Nutzung durch die Bevölkerung angezeigte hohe Akzeptanz, c) Anforderungen der Gesellschaft an die Wissenschaft zur serienreifen Entwicklung aller technisch nötigen Komponenten und Anlagen und d) ein immanenter Bildungsauftrag zur generativen Vermittlung der Anwendungsformen, zur Schaffung von Akzeptanz und zur Entwicklung von adäquaten technikkonformen Verhaltensweisen. Die selbstorganisierte Form von Systemtechnologien und deren Aggregation zu Gesellschaftstechnologien lässt sich auch als Prozess der Demokratisierung interpretieren.

Hinsichtlich der aus den Wirtschaftswissenschaften entlehnten Modelle sozialen Verhaltens und deren Betonung von strikter Nutzenmaximierung bei faktisch fixen Präferenzen kann gesagt werden, dass z.B. die Erklärung des Entstehens solcher Gesellschaftstechnologien entweder eine deutliche Modellrevision erfordert oder dass neue Ansätze entwickelt bzw. vorhandene weiterentwickelt werden. Im Pflichtenheft der Neugestaltung wird sicherlich stehen, dem Modell ein Menschenbild zugrunde zu legen, welches hinreichend differenzierte Handlungsmotivationen abbilden kann und dann nicht so starken formalen Restriktionen unterworfen wird, dass daraus wieder Unterkomplexität entsteht. Damit könnten auch zahlreiche weitere gesellschaftliche oder kulturelle Phänomene besser erklärt und die daraus bezogenen Erkenntnisse zielgenauer in die Politikberatung einbezogen werden.

Beispiele hierfür sind u.a. der Umgang mit endlichen fossilen und gefährlichen nuklearen Energierohstoffen, der kontraintuitive Zusammenhang zwischen vermehrtem Straßenbau und Staubildung, die Beziehungen zwischen fließendem und ruhendem Verkehr in knappen Stadtflächen oder eine sinnvolle Funktionsteilung zwischen Privathaushalten, Zivilgesellschaft und Staat bei Betreuungsaufgaben. Eine Konzentration auf Modelle mit dominanter Nutzen- bzw. Gewinnmaximierung, unhinterfragten Wachstumszielen und der ideologischen Grundannahme, dass Märkte alles besser regeln als kollektives oder staatliches Handeln, wäre kontraproduktiv.

2.2 Zeithorizonte

Verflochten mit der Industrialisierung im 19. Jahrhundert entwickelten sich nicht nur die Natur- und Ingenieurwissenschaften rasant, sondern es bildeten sich auch die Wirtschafts- und Sozialwissenschaften heraus, die die neuen Produktions- und Konsumentwicklungen sowie die sozialen, gesellschaftlichen und kulturellen Begleiterscheinungen in systematischen Untersuchungen analysierten. Einige Autoren sehen die theoretischen Erklärungen für das Aufkommen und die Funktionsweise kapitalistischer Produktionsweisen und ihre konzeptionelle Nutzung für staatliche Eingriffe sowie deren Weiterentwicklungen in soziohistorischen Kontexten (vgl. zusammenfassend: Ebinger 2024). Zu diesen gehört bis hinein in die letzten Dekaden des vorigen Jahrhunderts auch die Sicht auf die natürlichen Ressourcen an Rohstoffen. Sie schienen unendlich zu sein für menschliche Bedürfnisse und die Umweltbelastungen für die globalen Ökosysteme standen noch nicht zur Debatte.

Dem Mythos unendlich verfügbarer Ressourcen machte die Studie *Grenzen des Wachstums* (Meadows et al., 1972) jedoch ein Ende. Darin wurde erstmals wissenschaftlich auf die komplexen Rückkoppelungen und Regelkreise natürlicher, wirtschaftlicher und sozialer Systeme hingewiesen und die Gefahren unkontrollierten Wachstums wurden eindrucksvoll dargelegt. Die Ausführungen gleich zu Beginn dieses Klassikers thematisieren die Verbindung von räumlichen und zeitlichen Dimensionen individuellen menschlichen Denkens und Handelns. Deren spezifische Ausprägung hängt von der kulturellen Einbindung, dem persönlichem Erfahrungshorizont und dem empfundenen Problemdruck ab. Für die meisten Akteure gilt, dass zunächst die in beiden Dimensionen am naheliegendsten Themen im Handlungsmittelpunkt liegen, nur wenige beschäftigen sich mit den räumlich und zeitlich weiter ausgreifenden Dingen. Dies wird jedoch den Problemlagen der Welt in den letzten Jahrzehnten nicht mehr gerecht.

Die nahen Bereiche werden immer stärker durch die Ereignisse in den scheinbar entfernten mitbestimmt. Dabei liegt jeder Entscheidung ein mehr oder weniger schlüssiges Modell zugrunde – sei es auf individueller alltäglicher Ebene oder auf der Ebene wissenschaftlicher Befassung mit einem relevanten Sachverhalt, wie z.B. ökonomische Modelle des Wachstums und der daran orientierten Wirtschaftspolitik. Das vom Club of Rome benutzte formale Weltmodell befasste sich hauptsächlich mit fünf Problembereichen: zunehmende Industrialisierung, schnelles Bevölkerungswachstum, verbreitete Unterernährung, Ausbeutung nicht erneuerbarer Ressourcen und Zerstörung der Umwelt. Es zeigte deutlich, dass die bewusste oder unbewusste Ausklammerung der Langzeitfolgen und der globalen Wirkungen fatale Zustände hervorbringen würde. Genau dies geschieht jedoch bei den dominanten neoliberalen Modellen. Sie modellieren zeitinvariante oder kurzfristige Prozesse direkter Interaktionen und den Gleichgewichten zwischen den beteiligten »Agenten«. Entsprechend ist die maßgebliche Antwort des Neoliberalismus auf die langfristigen Zeithorizonte seiner Folgen. Es ist der Versuch, ökologische Kosten im Wettbewerb auf Märkten einzupreisen, ohne an den Prämissen des quantitativen Wachstums als Ziel und des freien Spiels der Märkte als Verlaufsform zu rütteln. Und auch die imaginäre Vision von Hightech-Vorreitern wie Elon Musk andere Planeten als Lebensräume für Menschen oder als Rohstoffquelle zu gewinnen, kann zu dieser zeitlichen Invarianz gezählt werden (Vision Planet B). Latent verbirgt sich dahinter das Dogma quantitativen Wachstums als universelles Prinzip. Aber diese Versionen sind weit jenseits der realen Möglichkeiten der gegenwärtigen Menschheit

Eine andere für soziologische Forschungen relevante zeitbezogene Betrachtung ist die Untersuchung sozialisationsprägender Einflüsse von nutzentheoretischen Modellen, der darauf aufbauenden Politikberatung und der als selbstverständlich erscheinenden Schlussfolgerungen in privaten, schulischen, politischen, zivilgesellschaftlichen und publizistischen Umgebungen. Die Vermutung einer solchen Bedeutung gilt schon für neoklassische (und keynesianische) Konzepte, aber viel mehr noch für die im Vergleich zu diesen viel aggressiver vorgetragenen neoliberalen. Diese ideologisch verschärfte Variante hat das Potenzial, sich im Rahmen von Sozialisationsprozessen in den Mentalitäten vieler Akteure zu verankern. Wenn es einem System gelingt seine funktionalen Erfordernisse und die individuellen Verhaltensweisen der

Beteiligten eins zu eins in Einklang zu bringen, hat es die Voraussetzungen für ein perfektes, geschlossenes System ohne Widersprüche und Gegensätze; ganz in Harmonie mit sich. Es reproduziert sich beständig und hat insofern eine starke inhaltliche Beharrungskraft. Die recht rigiden Vorstellungen neoliberaler Konzepte und der darauf beruhenden wirtschaftlichen und politischen Praxis scheinen unfähig zu sein, sich selbst zu verändern. Aus soziologischer Sicht kann dieser Mangel als signifikantes Systemdefizit interpretiert werden, zumal bei sich rasant ändernden Umwelten.

Die Wirkungszusammenhänge hinter der wahrgenommenen Lebenswelt, sind den Betroffenen meist nicht oder nur unklar bewusst. Dementsprechend gehen die dort geltenden Sachverhalte und Probleme ebenfalls nicht oder nur unklar in die individuellen Erkenntnisse und in die davon bestimmten Folgehandlungen ein. Die in der Sphäre der Wirtschaft so transportierten neoliberalen Prinzipen und deren Ausdehnung auf weitere gesellschaftliche Handlungsfelder bleiben unter der wahrgenommenen Oberfläche und so weitgehend unproblematisiert. Die daraus entstehenden gesellschaftlichen Schwierigkeiten in vielen Bereichen, wie beispielsweise Umweltzerstörung oder sehr ungleiche Einkommens- und Vermögensverteilungen, werden jedoch zwangsläufig auf kollektiver Ebene sinnfällig und bedürfen sowohl Erklärungen als auch Bemühungen zur Abhilfe. Wissenschaftliche Aufklärung über diese Phänomene könnte und sollte der Ausgangspunkt der Kritik am Neoliberalismus sein (z.B. zu sehen an den Auseinandersetzungen über die Rolle der Digitalisierung beim Anthropozän). Daran müssten individuelle Erkenntnisse anknüpfen, die wiederum in nachhaltiges wirtschaftliches, soziales und ökologisches Handeln münden würden. Solche Lernprozesse entstehen in Wechselwirkung zwischen individueller Wahrnehmung von Handlungsfolgen und deren Reflexion sowie der öffentlichen Befassung damit und der medialen Präsentation.

2.3 Kollektiv und individuell

Das oben beschriebene egozentrische Menschenbild hinter dem ökonomisch rational handelnden Akteur der Rational-Choice-Modelle beruht ebenso wie das hinter der Dezentralisierung bzw. Individualisierung von Systemtechnologien stehende auf dem Konzept des methodischen Individualismus. Dessen Idealtypus basiert auf der Annahme einer möglichst homogenen Gruppe von Individuen mit gleichen Kaufinteressen und gleichem Konsumverhalten. Eben dies brachte diesen Ansätzen massive philosophische Kulturkritik ein (Marcuse 1982), sie lassen keinen Raum für menschliche Kreativität. Die Standardisierung von Individualität und die für das Wachstum gewünschte möglichst hohe Ausnutzung von Ressourcen, ohne deren Begrenztheit genügend zu beachten, steht im Zentrum der Kulturkritik am Neoliberalismus bzw. an den vereinfachenden Modellen rationaler Wahl.

Für eine effiziente Infrastruktur sind jedoch kollektive Orientierungen und die dementsprechende Bereitstellung von öffentlichen Gütern vorteilhaft. Die gemeinsame Nutzung und Finanzierung dieser Güter durch viele Nutzer rechtfertigt die Vermutung, dass ihre Produktion bei effizient kostenkontrollierter Erstellung nachhaltiger ist bezüglich Aufwand und Ressourcenverbrauch als die Nutzung vieler funktionsgleicher Produkte durch viele Individuen. Die Übertragung dieses Denkansatzes für öffentliche Güter auf weitere Bereiche als die aktuellen konfligiert jedoch mit den neoliberalen Vorstellungen, wonach der massenhafte Verkauf von Produkten den höchsten Gewinn und Wachstum verspricht. Als Beispiel für die Vorteile gemeinsamer Güterbereitstellung kann die Energiewende als Infrastrukturmaßnahme dienen. Individuelle Solaranlagen sind derzeit stark nachgefragt und die Politik erschließt über die sogenannte Mieterstrom-Anlagen neue individuelle Kundenkreise. Energetisch haben jedoch kollektive Lösungen wie Blockheizkraftwerke mittels Biogas, Großwärmepumpen, Wasserstoff den weitaus höheren Wirkungsgrad, weil sie Strom- und Wärmeversorgung koppeln. Zudem sind kollektive Lösungen der Energieversorgung in künftigen Smart-Grid-Stromnetzen als neues Infrastrukturelement mit weniger Aufwand integrierbar (vgl. VDI zellulärer Ansatz 2015).

Derzeit ist erkennbar, dass solche kollektiven Ansätze an Zuspruch gewinnen. Sharing-Projekte im Privatkundenbereich, wie beispielsweise im Lebensmittel- und im Autosektor, etablieren sich als ernstzunehmende Angebote, die bei Gelingen merkliche Nachhaltigkeitseffekte erzeugen können. Im Geschäftskundenbereich ergeben sich durch Pooling in der Nutzung und Leasing in der Außenfinanzierung ähnliche Wirkungen, zumal hier auch schon weiter zurückreichende Konzepte wie traditionelle Maschinenringe in der Landwirtschaft oder bewährte Fracht- und Laderaumbörsen im Transportsektor vorliegen. Eine Recycling-Branche ist entstanden und Refurbish-Anbieter gewinnen Kunden. Im sozialen Mietwohnungsbau betätigen sich Baugenossenschaften und generell stellen Genossenschaften erfolgreiche Geschäftsmodelle dar. All dies sind Fingerzeige für ein Potenzial von gut organisierten oder sogar schon institutionalisierten Minderheiten- bzw. Nischentätigkeiten. Sie bieten mit ihren alternativen Lösungen und Verhaltensweisen ausrollbare Konzepte (Moscovici 1961/1976) und sind somit wichtige Innovationstreiber.

Kollektive Nutzungen sind zudem mit dem Begriff der Suffizienz, d.h. der sinnvollen Selbstbeschränkung verknüpft, insbesondere im Hinblick auf Umweltschonung und sozialen Ausgleich. So ist beispielsweise der Verzicht auf Eigentum an einem Gebrauchsgegenstand oder einer teilbaren Ware zugunsten kollektiven Eigentums oder gemeinsamer Nutzung bedeutsam, weil dieser Verzicht zwar nicht beliebt ist, durch Auseinandersetzung mit alternativen Konzepten jedoch gelernt werden kann. Dadurch entsteht die Möglichkeit, sich von der kulturell noch verankerten individuellen Nutzungsdominanz und dem starken Anstreben von Privateigentum zu lösen. Dies wäre zu interpretieren als die Erweiterung des Begriffs kollektiver Güter zu kollektivem Eigentum im Sinne des Ansatzes von Mancur Olson (1985). Je mehr kollektive Nutzungen, Lösungen und Aktivitäten eine Gesellschaft entfaltet, umso weniger greifen die mit dem Neoliberalismus verbundenen politischen Gestaltungsstrategien.

2.4 Ende der Harmonie

Zugleich postuliert Olson aber, dass bei intensivierter Kollektivität und zunehmender Gruppengröße die Konflikte untereinander zunehmen, bis hin zu einem Grad nicht mehr einvernehmlich lösbarer Konflikte, weil die Einzel- und die Gruppenrationalität auseinanderfallen. Dieses – gewissermaßen – Ende der gesellschaftlichen Harmonie bei freiwilligem privatem Kollektivhandeln bürdet jeder Nationalökonomie und jeder Politik hohe Kosten auf, um Lösungen zu finden, damit bei der Erzeugung dieser Leistungen die rational begründeten Partikularinteressen nicht das aus anderer Perspektive ebenfalls rational begründete Gemeinwohl beeinträchtigen (»Trittbrettfahren«). Diese Interessenkonflikte lassen sich auch mit Macht entscheiden, allerdings mit dem Risiko totalitärer staatlicher Strukturen. Die scheinbare Attraktivität »illiberaler Demokratie« oder offen autoritärer Machtausübung verdankt sich großteils dem unreflektierten Umgang mit den Formen von demokratischen Dissensen und der problematischen Mehrheitsfindung bei strittigen Fragen, die immer auch Verlierer hat. Das mit diesen Umständen verbundene Unwohlsein und die kurzschlüssig daraus abgeleitete Folgerung, es bräuchte eine starke lenkende Kraft, werden unterstützt durch Faktoren wie einerseits die Verbreitung von Unwahrheiten in Form von Fake-News oder Verschwörungserzählungen und andererseits das reale Auftreten von Missständen in Form von interessengeleitetem Lobbyismus oder Korruption.

Nochmals anknüpfend an Mancur Olsons Vorstellung, dass mit der Gruppengröße die Harmoniefähigkeit abnimmt und deshalb Kollektivgüter in kleineren Gruppen bessere Realisierungschancen haben, könnte die Gegenstrategie zum Neoliberalismus darin bestehen, dezentrale Lösungsansätze zu unterstützen und entsprechend verteilte Strukturen zu schaffen, in denen wiederum Bürger*innen leichter gemeinsam zu Entscheidungen finden können. Inwieweit solche kollektiven Nutzungen die Suffizienz begünstigen, ist soziologisch eine offene Fragestellung. Unter den Annahmen, dass gemeinsame Nutzungen via sozialer Kontrolle individuelle Egoismen einbremsen, dass damit eine bessere Einsicht in soziale Bedingungen geschaffen wird und dass gemeinsame Anliegen aus Überzeugung auch gemeinsam bearbeitet werden, darf auf weise Selbstbeschränkung im Hinblick auf Umwelterhaltung und sozialen Ausgleich gehofft werden.

2.5 Öffentliche Armut, privater Reichtum und soziales Kapital

Ein gängiger linksliberaler Slogan in den 70er Jahren des vorigen Jahrhunderts war »öffentliche Armut und privater Reichtum«. Im Hinblick auf das hier behandelte Thema der Bereitstellung von Infrastrukturen liegt der Fokus auf dem ersten Teil, nicht auf der Frage privaten Reichtums, dessen Existenz ohnehin nicht pauschal so behauptet werden kann, sondern angesichts der sehr ungleichen Vermögenverteilung genauerer Untersuchungen bedarf. Der Ausdruck »öffentliche Armut« verweist auf den Umstand, dass die Haushalte nahezu aller Gebietskörperschaften sowohl in den konsumtiven als auch den investiven Teilen keine oder nur noch sehr geringe Spielräume haben. Daran ändert langfristig auch die partielle Aufhebung der Schuldengrenze für Verteidigungsaufgaben und der zusätzliche Kreditrahmen für Investitionsmaßnahmen in Höhe von bis zu 500 Milliarden Euro (Sondervermögen; 12 Jahre Laufzeit) nichts, wenn nicht auf der Ertragsseite Zuwächse entstehen oder auf der Aufwandsseite die Belastungen drastisch zurückgefahren werden. Zudem ist momentan noch unklar, wie die genaue Aufteilung auf die Gebietskörperschaften aussehen wird, welche Mittel in die Substanzerhaltung fließen dürfen und welche in die Ausdehnung der Infrastruktur.

Unberührt von diesen Maßnahmen bleibt die strukturelle Unterfinanzierung fast aller Haushalte auf kommunaler, regionaler, Landes- und Bundesebene. Im regulären Bundeshaushalt, d.h. ohne das Sondervermögen, sind die Ausgaben für Infrastruktur überschlägig mit ca. 70 Milliarden ein bedeutsamer Posten. Die höchsten Anteile hieran haben Sanierungsmaßnahmen im

Schienennetz, Bahnverkehr und Fernstraßen (vgl. Bundesministerium der Finanzen 2024). Dennoch ist von einem Investitionsstau die Rede, d.h. etliche ausstehende Sanierungs- und Erweiterungsmaßnahmen in den oben genannten Bereichen sowie im Gebäudesektor mit Blick auf die Wohnungsnot vor allem in Großstädten und Ballungsgebieten, aber auch aus Gründen des Klimaschutzes, sind in naher Zukunft unabweisbar. Etwas Entlastung (auf Kreditbasis) kommt aus dem neuen Sondervermögen, das Strukturproblem der Haushalte im investiven Bereich bleibt aber erhalten.

Hinter diesen pauschal finanziell ausgedrückten Haushaltsplandarstellungen liegen unterschiedlichste sachliche Probleme, deren einzelne finanzielle Konsequenzen erst im Vollzug der Haushalte genauer gefasst werden können und die weitreichende ungeplante Konsequenzen mit sich bringen. Ein großer Teil zukünftiger Belastungen ist in laufenden Haushalten nicht enthalten und kann auch in der mittelfristigen Finanzplanung kaum erfasst werden. Eine weitere Erschwernis ist der Umstand, dass viele Infrastrukturen während der Nutzung nur bis zu einem gewissen Grad instandgesetzt werden können und deshalb in unregelmäßigen Abständen einen Neubau oder eine Totalsanierung erfordern. Die gleiche Wirkung wie diese betriebsbedingten Maßnahmen haben aufgrund akuter Sparmaßnahmen ausgelassene Reparaturen oder Teilsanierungen (z.B. wegen konjunktureller Einbrüche). Aus diesen Verzögerungen ergeben sich dann Sanierungswellen, die zu generationenübergreifenden Erblasten werden können. Die am längsten währenden defizitsteigernden Haushaltsbelastungen ergeben sich sicherlich aus dem administrativen Umgang mit der Endlagerung von hochradioaktivem Müll. Die dem Staat von den Energieversorgungsunternehmen übergebenen Rückstellungen werden für die über lange Zeit tatsächlich entstehenden Aufwendungen kaum ausreichen. Es handelt sich letztlich um ein vorhersehbares Marktversagen, dessen finanzielle und organisatorische Folgen der Allgemeinheit aufgelastet werden, während die zuvor im Betrieb der Anlagen erzielten Gewinne im Privatsektor anfielen.

An solchen Infrastrukturproblemen wird sichtbar, dass dahinter prinzipielle Legitimationsfragen stehen. Der Umgang mit der Kernkraft, der Widerstand und die Protestbewegung gegen sie, ebenso wie die damit verbundenen Katastrophenerfahrungen (Tschernobyl, Fukushima) weisen auf eine, trotzdem sie durch sehr unterschiedliche Meinungs-, Willensbildungs- und Entscheidungsphasen ging, im Netto gescheiterte technische Infrastrukturinvestition. Unter Berufung auf Marktvorteile wurde in diesem Prozess von einer Generation eine Technik mit drastischen Langzeitfolgen etabliert, die

die Interessen nachfolgender Generationen weitgehend ignorierte. Der forcierte und massiv staatlich geförderte Ausbau erfolgte nach dem sogenannten »Ölpreisschock« 1973 mit dem Versprechen einer zukunftssicheren, ökologisch sauberen Technologie, die zudem die deutsche Wirtschaft in der Energieversorgung autonomer machen sollte.

Es folgte die Liberalisierung der Stromversorgung und das EEG zur Förderung energetischer Alternativen auf Basis ökologischer Ressourcen (Wind, Wasser, Biomasse, Geothermie, Solareinstrahlung) und der stillen Hoffnung auf Fusionsreaktoren (Projekt ITER). Energieautarkie (Selbstversorgung mit Elektrizität ausschließlich aus eigenen arealen Ressourcen) und Energieautonomie (Selbstversorgung durch Eigentum von Energieanlagen, unabhängig vom Standort, Pfenning 2018) repräsentieren neue Werte und Ausrichtungen der Energieversorgung. Das EEG ist dabei jedoch ein Musterbeispiel bürokratischer Überregulierung, welche die Systemtransformation und die dazu nötigen Investitionen eher behindert als fördert und auch seitens der Wirtschaft stark kritisiert wird. Sie kann auch als ein Beispiel des Verlustes von Harmonie zwischen Staat und Wirtschaft sowie zwischen Bürgerschaft und Staat gesehen werden.[5] Zudem wird deutlich, dass marktradikale Problemlösungen insbesondere im Infrastrukturbereich deutlich an ihre Grenzen stoßen und zukünftig nach anderen kollektiv getragenen Bereitstellungsformen gesucht werden muss.

Sowohl die öffentliche Armut wie auch die Legitimationsproblematik zeigen sich aber auch im nicht-investiven Bereich. So stehen u.a. rund 180 Milliarden Euro Ausgaben für Arbeit und Soziales im Bundeshaushalt. Sie dienen v.a. der sozialen Absicherung von Menschen ohne Erwerbsarbeit, dem Abmildern von Härtefällen, dem Bürgergeld oder der Rentensicherung. Dies sind meist Fälle, die nicht über die vom Neoliberalismus deutlich präferierten Marktmechanismen befriedigend versorgt werden können. Insofern handelt es sich teilweise um öffentliche Ausgleichsauszahlungen für Unzulänglichkeit der Märkte, insbesondere des Arbeitsmarktes. Zwar gibt es eine lebhafte öffentliche Debatte über die Berechtigung zum Bezug und über die Höhe des Bürgergelds, die einen Teil ihrer Brisanz aus dem vorgeblich verletzten Lohnabstandsgebot bezieht, aber zugleich gibt es weite Teile der sozialen Für- und Vorsorge, die sichtbar unterfinanziert sind und auf sehr problematische gesellschaftliche Situationen hinweisen.

5 Ein weiteres Beispiel für Bürokratiehemmnisse und Friktionsverluste sind die Probleme bei der Einführung der LKW-Maut für Speditionsunternehmen.

Zahlreiche soziale Leistungen mussten ausgeweitet werden, weil Notsituationen vorlagen und den sozialen Frieden, einen sehr wichtigen Standortvorteil für die deutsche Wirtschaft, bedrohten (z.B. im Pflegebereich) oder weil volkswirtschaftliche Ineffizienzen entstanden (z.B. fehlende Kinderbetreuung, die zu eingeschränkter Verfügbarkeit der Eltern für den Arbeitsmarkt führt). Renten und Pensionen dienen der Altersabsicherung, die Familien nicht mehr leisten können. Bürgergeld und Sozialhilfe gewährleisten Menschen in wirtschaftlichen Notlagen ein Aus- und Einkommen das Obdachlosigkeit verhindert. Diese Punkte stehen für eine sozial-kollektive Orientierung in unserer Gesellschaft, die (noch) eine starke kulturelle Verankerung hat. Dazu zählen neben der Versorgungssicherheit durch gesellschaftliche Generationenverträge (die auch in der Energieversorgung möglich wären) auch systemische Sozialstaatsgebote, religiöse Gebote der Nächstenliebe und moralische Leitvorstellungen des Humanismus. Je nach Sichtweise konterkarieren oder ergänzen sie die entsolidarisierenden Folgen einer neoliberalen, dominant auf den Eigennutz setzenden Organisation der Gesellschaft. Aus volkswirtschaftlicher Perspektive verweisen diese Effekte auf Verteilungsprobleme bei Einkommen und Vermögen und damit auf ein weiteres Beispiel für ein »Spiel ohne Harmonie«. Sinnfällig wurde dies beispielsweise bei der Debatte über eine Gewinnabschöpfung von einzelnen Energieversorgungsunternehmen während der »Gasversorgungskrise« 2022/2023 im Zuge des Krieges zwischen Russland und der Ukraine als Erdgas wegen einer Mangellage kurzfristig exorbitante Preisanstiege zu verzeichnen hatte.

Staatliche Sozialpolitik ist – wie andere Politikbereiche auch – stark begrenzt durch knappe Haushaltsmittel, würde aber auch bei zumutbar höherer Besteuerung wahrscheinlich an Grenzen stoßen. Ein großer Teil der kulturell eingeforderten Unterstützungen in unserer Gesellschaft erfolgt im zivilgesellschaftlichen Bereich, der mit der »Solidarität« neben Geld (Wirtschaft) und Macht (Politik) eine dritte Ressource der gesellschaftlichen Steuerung entwickelt. So stellt beispielsweise das ehrenamtliche Engagement insofern einen großen gesellschaftlichen Reichtum dar, als es in vielen überschaubaren Gruppen ein stabiles Zusammengehörigkeitsgefühl erzeugt, das sich wegen der vielfachen Überlappungen dieser Gruppen aufaggregieren kann zu einem gesamtgesellschaftlichen Phänomen wechselseitiger Hilfe. Aus soziologischer Sicht kann das als »soziales Kapital« gesehen werden. Es wird durch die Bereitschaft zur Zusammenarbeit und das Vorhandensein wechselseitigen Vertrauens zwischen den Akteuren getragen. Deutlich sichtbar wird solch soziales Kapital beispielsweise in den Sport- und Sozialvereinen, im sozialen Sponsoring und bei gemeinnützig tätigen Unternehmensstiftungen. Das darin gebundene monetäre Kapital ist ebenso umfangreich wie das soziale Kapital, gemessen am monetären Gegenwert der unentgeltlich eingebrachten Arbeitsstunden (BMI 2024).

Das Ehrenamt ist gewichtiger Bestandteil der kulturellen Identität einer Gesellschaft und organisiert sich in sozialen Netzwerken über lose bis feste persönliche Beziehungen und Bindungen. Diese Netzwerke sind die virtuellen und analogen Orte, an denen sich Menschen mit ihren Meinungen, Erfahrungen, Wissen und Erfahrungen gegenseitig beeinflussen. Aber auch diese Lebensbereiche sind – wie erwähnt – nicht frei von Einflüssen der neoliberalen Ökonomisierung. Der Streit um Copyrights für eigene Urheberschaft – digital, wie tradiert analog – bildet hier ein Beispiel. Ebenso die Kommerzialisierung von Liedern im Musikgeschäft, die Vergabe von medialen Übertragungsrechten durch kommerzielle Sportverbände (zuletzt ca. 1,2 Milliarden für die DFB- Bundesliga), die Tantiemen des VG Wort für Wissenschaftler u.v.a. Gleichwohl manifestieren die weiten Bereiche zivilgesellschaftlicher Aktivitäten, die nicht in kommerzielle Organisationsformen diffundierten, die Logik kollektiven Handelns zur Wahrung gemeinsamer Interessen oder geteilter Werte.

Das ehrenamtliche Engagement ist damit wohl der größte kollektive Widerpart zur individuellen Nutzenoptimierung als Leitbild des Neoliberalismus. Und obwohl sich in den Bereichen sozialen Engagements auch zunehmend Praktiken ökonomischer Rationalität finden, konterkariert diese Sphäre dennoch grundsätzlich die reduzierte Form der nur (monetär) nutzenbasierten Entscheidungsfindung. Die individuellen Erfahrungen damit und deren gesellschaftliche Aggregation schaffen einen Ausgangspunkt für die Höhergewichtung der Steuerungsressource Solidarität gegenüber den Steuerungsressourcen Geld und Macht.

3 Quo Vadis Neoliberalismus?

Der Neoliberalismus gerät von vielen Seiten unter Druck und schafft durch problematische Ergebnisse der sich auf ihn beziehenden Politik anhaltend Gründe für die Ablösung seiner Dominanz in der Gestaltung der Wirtschaft und der Gesellschaft. Die wichtigsten Ursachen sind:

a) Die Verknappung vieler Rohstoffe und natürlicher Ressourcen lassen physikalische Grenzen seiner Marktexpansion und des Wachstums mittels ungezügeltem Konsum erkennen.
b) Die zentrale Erkenntnis des Anthropozäns, wonach unsere Form des Lebens und des Wirtschaftens viele Ökosysteme aus ihrer Balance bringen, führte zum einen zu höheren Kosten durch die Einpreisung von Maßnahmen zur Begrenzung dieser Schäden an Ökosystemen und zum anderen zu katastrophenbedingten hohen Kosten durch Schadensregulierungen. Und obgleich eine Preisbestimmung der Erhaltung und Wiedergewinnung ökologischer Systeme, nicht zuletzt wegen divergierender subjektiver Bedeutungszumessungen, schwierig ist, sei als Beispiel für entstehende Kosten auf die bei der COPA-Konferenz 2024 geforderten und verhandelten 1.3 Billionen US-Dollar an Ausgleichszahlungen der Industrienationen an von Ökokatastrophen maßgeblich betroffene Staaten hingewiesen (ZDF 2024).
c) Individuelle Auswüchse des SEU-Prinzips hin zu ausgelebten Egoismen und illegalen Märkten delegitimieren die neoliberale Marktlogik insgesamt, denn auch der Drogenhandel, Waffenhandel, Organhandel, Vertrieb von Kinderpornografie und viele andere Varianten devianten Handel(n)s funktionieren nach seinen Marktgesetzen, sind aber kulturell als verwerflich erkannt und inakzeptabel.
d) Eine Entkoppelung der Finanzmärkte von der tatsächlichen wirtschaftlichen Tätigkeit fördert spekulative Verhaltensweisen als weiteres Merkmal individuellen Fehlverhaltens in Märkten. Große Unternehmen (insbesondere Monopole) und ganze Branchen sind anfällig für punktuelle Krisenphänomene bis hin zum systemgefährdenden Zusammenbruch. Für Konsumenten zeigen sich mitunter exorbitante Preissprünge. Die Vielzahl der Einzelbeispiele (WireCard, Lehmann Brothers, griechische Nationalbank, VW-Abgasbetrug, Kartellstrafen für Facebook, Google und Microsoft, Benko-Insolvenz, Verkauf Neue Heimat u.v.a.) lässt einen Systemeffekt dahinter vermuten.
e) Eine zunehmende Soziotechnik bei Infrastrukturen im Verbund mit einer Individualisierung von Systemtechnologien könnte einer Dominanz der neoliberalen Marktlogik entgegenwirken und kollektive Konsumansätze, Suffizienz und Beteiligungsverfahren an Bedeutung gewinnen lassen. Diese Demokratisierung, auch von wirtschaftlichen Entscheidungen, würde eine alternative, nachhaltige Entscheidungslogik einleiten.
f) Die reale Umsetzung des Konzepts der Nachhaltigkeit konfrontiert den Neoliberalismus mit der Frage, welche Zeithorizonte er erkennen und

berücksichtigen kann. Nachhaltigkeit steht einer Verschiebung von kollektiven Folgekosten auf nachfolgende Generationen ebenso im Weg wie einer Ignoranz der ökologischen Folgenkosten.

g) Auch das ideale Menschenbild des Nachhaltigkeitsparadigmas als Homo Oecologicus konterkariert den Neoliberalismus, weil es auf kollektives, solidarisches und soziales Handeln abzielt, um menschliche Handlungsweisen mit ökologischen Systemen und Bedingungen in Einklang zu bringen.

h) Viele der neuzeitlichen Krisenphänomene verstärken sich wechselseitig. Dazu zählen v.a.: Klimawandel, Umweltschäden, Verwerfungen im Finanzsektor und bei Kreditvergaben, chronisch defizitäre öffentliche Haushalte, stagnierendes Wachstum und die individuelle psychische Belastung durch Krisenphänomene. Dadurch werden Fragen zur notwendigen Veränderung von Lebensstilen und Konsumweisen aufgeworfen.

Literatur

Albert, Hans (2008): Viktor Vanberg und das sozialwissenschaftliche Erkenntnisprogramm, in: Nils Goldschmidt und Michael Wohlgemuth (Hg.): Wettbewerb und Regelordnung, Tübingen, S. 1–20. http://www.ciando.com/img/books/extract/3161514807_lp.pdf ; letzter Abruf 10.05.2025

Barney, Gerald O. (Hg.) (1980): Global 2000. Bericht an den Präsidenten. Council on Environmental Quality, Department of State, U. S., Neuaufl., Frankfurt a.M.

Böhret, Carl (1991): Folgen. Entwurf für eine aktive Politik gegen schleichende Katastrophen, Opladen.

Crutzen, Paul (2002): Geology of mankind, in: Nature, Bd. 415, 3. Januar 2002, 23, https://doi.org/10.1038/415023a ; letzter Abruf 10.05.2025

Dahrendorf, Ralf (1965/2006): Homo Sociologicus. Ein Versuch zur Geschichte, Bedeutung und Kritik der Kategorie der sozialen Rolle, 16. Aufl., Wiesbaden.

Ebinger, Katharina C. (2024): Die urbane öffentliche Daseinsvorsorge zwischen Staat, Privateigentum und Selbstorganisation – Commons und Vergesellschaftung als solidarische und emanzipatorische Praxen. Masterarbeit Universität Stuttgart. Studiengang Planung und Partizipation, Stuttgart.

Esser, Hartmut (1999): Band 1: Situationslogik und Handeln, Frankfurt a.M.

Esser, Hartmut (2000): Band 2: Die Konstruktion der Gesellschaft, Frankfurt a.M.

Esser, Hartmut (2001): Band 3: Soziales Handeln, Frankfurt a.M.

Galbraigth, John Kenneth (1976): Wirtschaft für Staat und Gesellschaft, München.

Grober, Ulrich (2013): Die Entdeckung der Nachhaltigkeit. Kulturgeschichte eines Begriffs, München.

Habermas, Jürgen (1982): Theorie des kommunikativen Handelns, Band 2: Zur Kritik der funktionalistischen Vernunft, Frankfurt a.M.

Homans, George Caspar (1958): Social Behavior as Exchange, in: American Journal of Sociology 63/1958, S. 597–606.

Hurrelmann, Klaus (2020): Einführung in die Sozialisationstheorie, Weinheim.

Kropp, Cordula/Sonnberger, Marco (2021): Umweltsoziologie. Studienkurs Soziologie, Baden-Baden.

Luhmann, Niklas (1986): Ökologische Kommunikation. Kann die moderne Gesellschaft sich auf ökologische Gefährdungen einstellen? Opladen.

Marcuse, Herbert (1982): Der eindimensionale Mensch. Studien zur Ideologie der fortgeschrittenen Industriegesellschaft, Darmstadt/Neuwied.

Meadows, Denis et al. (Hg.) (1972): Die Grenzen des Wachstums – Bericht des Club of Rome zur Lage der Menschheit, Stuttgart.

Moscovici, Serge (1961/1976): La psychanalyse, son image et son public, überarb. Aufl., Paris.

Offe, Claus (1963/2006): Strukturprobleme des kapitalistischen Staates. Aufsätze zur politischen Soziologie. Veränderte Neuausgabe: Jens Borchert/Stephan Lessenich (Hg.), Frankfurt a.M.

Olson, Mancur Jr. (1965): The Logic of Collective Action: Public Goods and the Theory of Groups, New York.

Olson, Mancur Jr. (1985): Aufstieg und Niedergang von Nationen. Ökonomisches Wachstum, Stagflation und soziale Starrheit, Tübingen.

Pfenning, Uwe (2013): The paradigma of renewables: social dimensions and social indicators, in: book of abstracts: conference energy systems in transition: inter- and transdisciplinary contributions, Helmholtz Association, Karlsruhe, 9.–11.10.2013.

Pfenning, Uwe (2018): Eine soziologische Systemanalyse und sozio-ökonomisches Review der Soziotechnik Energiewende, in: Zeitschrift für Energiewirtschaft, Vol. 42., Heidelberg, S. 151–166.

Pfenning, Uwe (2024): Verstetigung der Bürgerbeteiligung durch Verwissenschaftlichung, in: Jörg Sommer (Hg.), Kursbuch Bürgerbeteiligung Nr.5., Berlin, S. 237–253.

Schumpeter, Josph (1908/1998): Das Wesen und der Hauptinhalt der theoretischen Nationalökonomie. 3. Aufl., Berlin.

Simon, Herbert A. (1959): Theories of decision making in economics and behavioural science, in: American Economic Review. Vol. 49, No. 3, S. 253–283.

Vanberg, Victor (1975): Die zwei Soziologien. Individualismus und Kollektivismus in der Sozialtheorie, Freiburg.

VDE/Energietechnische Gesellschaft (ETG) (2015): Der Zelluläre Ansatz. Grundlage einer erfolgreichen, regionenübergreifenden Energiewende, Frankfurt.

VDI/acatech (Hg.) (2009): Nachwuchsbarometer Technikwissenschaften. Careers in Science and Engineering: Trends, Expectations and Attitudes of Young People, München, Berlin.

Weizsäcker, Ernst U. von/Lovins, Amory B./Lovins, L. Hunter (1995): Faktor Vier. Doppelter Wohlstand – halbierter Naturverbrauch. Bericht an den Club of Rome, Wuppertal.

Internetquellen

BMI – Bundesministerium des Inneren (2024): https://www.bmi.bund.de/DE/themen/heimat-integration/buergerschaftliches-engagement/deine-gesellschaft-zaehlt/deine-gesellschaft-zaehlt-node.html ; letzter Abruf 27.11.2024

BMF – Bundesministerium für Finanzen (2024): https://www.bundesfinanzministerium.de/Monatsberichte/Ausgabe/2024/11/monatsbericht-11-2024.html?nn=237786 ; letzter Abruf 10.05.2025

Deutscher Energieagentur (DENA) (2024): https://www.dena.de/d-p-plattform/energiewende-umsetzen/grenzuebergreifende-energieregion/ ; letzter Abruf 27.11.2024

Wikipedia (2024): https://de.wikipedia.org/wiki/Spieltheorie ; letzter Abruf 28.11.2024

ZDF (2024): https://www.zdf.de/nachrichten/politik/ausland/cop29-weltklimakonferenz-klima-klimawandel-baku-100.html ; letzter Abruf 10.05.2025

Vernünftige Diskurse zur Gestaltung der Gesellschaft

Uwe Hochmuth

1 Perspektivenverschiebung

Der im Tagungstitel aufgerufene Zusammenhang von Wachstum, Wohlstand und Demokratie wurde im Verlauf der Veranstaltung auch als der Zusammenhang zwischen Verteilung als einer zentralen ökonomischen Betrachtung der Welt und Klimaschutz als einer zentralen ökologischen Betrachtung der Welt ausformuliert. Wirtschaftliches Wachstum, gesellschaftlicher Wohlstand und demokratische Verfasstheit wurden dabei stets als Querschnittsthemen mitgedacht. Bei Fragen der Einkommens- und Vermögensverteilung sowie der Verteilung des Zugangs zu öffentlichen Leistungen wird z.B. Wachstum in aller Regel als ein Schlüssel zum Ausgleich von großen Differenzen und damit zu nachhaltiger Wohlstandssicherung sowie demokratischer Integration gesehen. Im Zusammenhang mit Klimaproblematiken treten z.B. viele Wachstumsfolgen jenseits der Versorgungsverbesserung als längerfristige Gefährdung des Wohlstands und in der Folge auch der demokratischen Verfasstheit auf. Die Beschreibungen unter diesen verschiedenen Perspektiven verweisen dabei zumindest auf drei noch zu bearbeitende Gegenstandsbereiche: auf ein noch nicht ausreichend genau abgrenzbares Kernthema, auf die Frage unter welchen Bedingungen ein Krisenbewusstsein handlungsauslösend wirkt, und auf einen schwierigen, gleichwohl möglichen Lösungsansatz.

Um sich dem anzunähern wird zunächst die Herangehensweise als Perspektivenbetrachtung beschrieben (Abschn. 2). Danach wird anhand der Bedrohung der natürlichen Umwelt bzw. anhand der Klimakrise (Abschn. 3) und der Gefahren der sozialen Umwelt durch die als ungerecht empfundene Einkommensverteilung (Abschn. 4) beschrieben, dass diese Problemfelder insbesondere unter den Bedingungen von geringem, ausbleibendem oder sogar negativem Wachstum breit akzeptierte Lösungen brauchen. Die werden in der Nutzung deliberativer Verfahren gesucht (Abschn. 5). Als ein möglicher Ort dafür sind die Kommunen als eine Art Nukleus geeignet, weil zentrale gesamtgesellschaftliche Probleme als kommunale Probleme aufscheinen (Abschn. 6).

2 Perspektivenbetrachtung und Verflechtung der Themen

Perspektiven meint hier verschiedene Blickrichtungen, aus denen ein zu untersuchendes Phänomen betrachtet wird bzw. aus denen eine ausreichend handlungsanleitende Deutung der wahrgenommenen Welt geschieht. Ein bestimmter Sachverhalt – hier die aktuelle Situation entwickelter industrieller Gesellschaften – wird aus unterschiedlichen thematischen Sichtweisen so dargestellt, dass diese sich ergänzen und zu einer umfänglichen Erfassung des Untersuchungsgegenstandes anreichern können. Dieser durch die Zusammenschau verschiedener Perspektiven erweiterte konzeptionelle Zugriff auf die Wirklichkeit schafft eine ganzheitlichere Vorstellung des betrachteten Phänomens. Dabei geht es nicht um etwas wie die optisch-geometrische Exaktheit von unterschiedlich anschaulichen, aber genau aufeinander beziehbaren bzw. ableitbaren räumlichen Perspektiven in einem dreidimensionalen Koordinatensystem, sondern um die gebrochenen gedanklichen Konstruktionen einer sehr komplexen Wirklichkeit mit mehr als drei Dimensionen. Gebrochen zum einen durch die subjektiven Zugänge zu ihr und zum anderen durch die Spezifika des jeweiligen thematischen Blickwinkels, der bestimmte Faktoren hervorhebt und andere ganz oder zumindest teilweise unbeachtet lassen muss.

Die Darstellung der Anordnung und relativen Positionierung von Punkten oder Objekten in Räumen durch Zahlen wie man sie von geometrischen Koordinatensystemen kennt und oft bei der Erklärung von messbaren Zusammenhängen sieht (z.B. Einkommen, Konsum und CO_2-Fußabdruck) ist zwar optisch auf drei Dimensionen bzw. drei Perspektiven beschränkt, aber nicht logisch. Man muss für komplexere Sachverhalte in öffentlichen Diskursen zu strittigen Themen diese Betrachtungsweise in zwei Richtungen aufweiten. Zum einen auf mehr als drei Dimensionen (z.B. Einkommen, Konsum, CO_2-Fußabdruck und Bildungsabschluss) und zum anderen auf Merkmale die nicht in Zahlen aufgehen (z.B. Gerechtigkeitsvorstellungen).

Während also die darstellende Geometrie in der Zusammenschau der unterschiedlichen Perspektiven den Anspruch auf genaue Darstellung erheben darf, gilt dies nicht für die multiperspektivische Sicht auf kulturelle, gesellschaftliche oder soziale Phänomene. Die formale Darstellung ersterer ist die vorläufige Grundlage für die »intuitive« Erweiterung zur Vorstellung zweiterer. Hier kann man sich an die Komplexität der betrachteten Phänomene nur annähern. Auch bei der Verflechtung verschiedener Sichtweisen auf diese Phänomene in einem umfassenden Bezugsrahmen bleibt die Vorstellung von diesen unvollständig. Die unterschiedlichen Betrachtungsaspekte können in aller Regel nicht ohne Weiteres in Einklang gebracht werden, sie sind nicht linear harmonisierbar. Vielmehr müssen die Argumentationslinien mehrerer analytisch getrennter Themenfelder eines eigentlich gemeinsamen Gesamtbereiches nachvollzogen werden. Dessen Komplexität ist nicht unmittelbar erfassbar, weil zu viele Personengruppen-, Sach- und Zeitdimensionen oder auch unterschiedlich faktenbasierte, begriffliche, normative und spekulative Ebenen mit je eigenen Argumentationslinien existieren. Hinzu kommt, dass die Gleichzeitigkeit von realen Geschehnissen zwingend in sprachlicher Sequenzialität abgebildet werden muss. Insgesamt ergibt sich daraus, dass die vielfältigen Möglichkeiten der Sicht auf komplexe Sachverhalte zu individuell eigenen Vorstellungen führen, die nur in diskursiven Verfahren zu koordinieren sind.

Die im Hintergrund latent mitgedachte vorläufige Zusammenschau der verschiedenen Sichtweisen relativiert und kontrastiert deren einzelne aspektgebundenen Argumentationen. Im Gelingensfall schafft dies dennoch eine ausreichend aufeinander abgestimmte, orchestrierte Betrachtung der epistemischen Perspektiven und hilft so, opake Systeme wie die kulturelle Selbstorganisation moderner Gesellschaften besser zu verstehen, sich darüber mit anderen Akteuren zu verständigen und abgestimmte Lösungen für deren zentrale Probleme zu finden. Im Hinblick auf das Tagungsthema zeigte sich, dass nicht allein die unterschiedlichen normativen und von Interessen geleiteten Vorstellungen aufeinander abgestimmt werden müssen, sondern über weite Strecken auch die Gültigkeit von Fakten (siehe u.a. die Darstellung der Helmholtz Klima Initiative 2012/2021).

3 Umweltprobleme und Klimakrise

Die Umweltbelastungen durch exzessive Rohstoffverwendung, sehr starken Landschaftsverbrauch und übermäßige Nutzung natürlicher Ressourcen sowie Verschmutzungen durch den Eintrag von Schadstoffen in die Natur haben ein bedrohliches Ausmaß erreicht. Ohne rasche Gegenmaßnahmen wird dies wahrscheinlich zur Zerstörung wesentlicher Grundlagen des Ökosystems und der Biodiversität und damit des menschlichen Lebens führen. Im globalen Süden sind die Ergebnisse solchen Verhaltens in Form von Hunger, Krankheit oder Krieg bereits offensichtlich. Sie sind Auswirkungen eines im globalen Norden erreichten hohen materiellen Lebensstandards, der allerdings auch dort sehr ungleich verteilt ist.

Die globalen Belastungen können nicht dauerhaft so ungleich auf die jetzt schon leidenden Teile der Welt verlagert werden. Nach momentanem Kenntnisstand lässt sich diese Entwicklung – wenn überhaupt – nur noch unter gewaltigen Anstrengungen eindämmen oder rückgängig machen. Die Hauptträger der notwendigen Maßnahmen sollten als Hauptverursacher die wohlhabenderen und technologisch entwickelten Länder sein. Fluchtbewegungen nach Norden und die Folgen der auch dort immer drastischeren unmittelbaren Klimawirkungen werden mit hoher Wahrscheinlichkeit die Kosten in die Länder der bisherigen Nutznießer tragen. Um daraus entstehende kaum beherrschbare weltpolitische Verwerfungen und letztlich auch Gefahren für die längerfristige Sicherung des Wohlstands im Norden zu vermeiden, sind kurzfristige wirtschaftliche Kompensationen für den Süden nur schwer vermeidbar. Wie diese aufgebracht werden können, ist äußerst unklar und mit Sicherheit sehr konfliktbehaftet. Die daraus entstehenden Belastungen treffen auf eine Situation, in der sich große Teile der Menschen im Norden selbst wirtschaftlich bedroht sehen und die bisherigen wirtschaftlichen Wachstumsszenarien, deren Versprechen bisher als Druckentlastung dienten, haben so stark an Überzeugungskraft verloren, dass daraus Gefahren für demokratische Strukturen entstehen.

Vor einem solchen Wahrnehmungshintergrund entstanden zum Schutz der Umwelt zahlreiche nichtstaatliche Aktionsgruppen sowie öffentlich erkennbare Partei- und Verbandsaktivitäten. Deutlich sichtbar wurde dies spätestens bei »global denken – lokal handeln«, der Überschrift für die 1992 in Rio de Janeiro beschlossene Agenda21. Darin wurden Kommunalverwaltungen, die lokale Zivilgesellschaft und einzelne Bürger aufgerufen vor Ort gemeinsam neue Kooperationsformen für eine aktive Stadtentwicklung zu schaffen. Die unterschiedlichen Engagements in den alltäglichen lokalen Lebenswelten[1] sollten sich unter der gemeinsamen Zielsetzung der Nach-

1 Lebenswelt meint hier den Bereich des öffentlichen Sozialraums, in dem ein Akteur auf der Basis intersubjektiv geteilter Vorstellungen sinnvoll strukturiert handeln kann,

haltigkeit zu weltweit spürbaren Wirkungen aufsummieren. Dabei wurde Nachhaltigkeit nicht nur unter dem Aspekt des Schutzes der natürlichen Umwelt gesehen, sondern auch hinsichtlich sozialer und generationenbezogener Gerechtigkeit, ökonomischer Machbarkeit und Förderung der politischen Teilhabe. Ein weiteres wesentliches, über die konkreten Einzelaktivitäten hinausgehendes Ziel war es zudem, Lernprozesse anzuregen und so das nachhaltige Verhalten aller Akteure jenseits von ökonomischen Anreizen und Sanktionsandrohungen kulturell zu verankern.

Trotz des zögerlichen Anlaufs der entsprechenden Realisierungsprozesse und obwohl sich sehr oft unbefriedigende Verläufe ergaben, konnten durchaus auch Erfolge verzeichnet werden. Die örtlichen Maßnahmen in den dafür geeigneten kommunalen Handlungsfeldern haben zwar seither viele unmittelbar erlebbare Verbesserungen bewirkt, wurden aber nicht statistisch nutzbar erfasst und besitzen deshalb in öffentlichen Diskursen eher episodischen als systematisch beweisenden Charakter. In ihrem Rahmen wurden jedoch neue Kooperationsformen z.B. zwischen Bürgern, Bildungseinrichtungen, Wirtschaft, Vereinen oder Religionsgemeinschaften geschaffen und oftmals institutionalisiert. Dieser Umgang miteinander wiederum zeigte den beteiligten Akteuren geeignete Instrumente zur sinnvollen Teilhabe an der Stadtentwicklung und hat trotz unvermeidbarer Abnutzungseffekte wertvolle Anknüpfungspunkte für zukünftig notwendige Formen der legitimitätsstiftenden Meinungs- und Willensbildung auf den Weg gebracht (siehe hierzu Abschn. 6). Allerdings sind dringlich notwendige und kulturell zu verankernde Verhaltensänderungen wie beispielsweise in umweltrelevanten Konsum- und Produktionsmustern noch immer kaum erkennbar.

Auch auf nationalstaatlicher und internationaler Ebene konnten einige der Beeinträchtigungen der Umwelt noch repariert oder begrenzt werden. So berichtete beispielweise das Umweltbundesamt am 23.10.2024, dass 2023 mehr als die Hälfte des in Deutschland erzeugten Stroms von erneuerbaren Energieträgern stammt und die daraus resultierende Verdrängung fossiler Brennstoffe die Emissionen von klimaschädlichen Treibhausgasen um 197 Mio. Tonnen von CO_2-Äquivalenten reduzierte. Im Bereich des globalen Naturschutzes wurde am 24.6.2024 mit einer Verordnung des Europäischen Parlaments und

weil er in dieser Umgebung sozialisiert bzw. enkulturiert wurde. Dieses Handeln erscheint zunächst selbstverständlich, kann jedoch im Rahmen von Lernprozessen verändert werden.

des Rates (Nature Restoration Law) festgelegt, dass über den Erhalt noch intakter natürlicher Lebensräume hinaus bereits geschädigte wiederhergestellt werden müssen.

Beide positiven Beispiele verweisen darauf, dass der Umweltzerstörung durch Bürgerbeteiligung an gesellschaftlichen Diskursen und Nutzung politischer Institutionen entgegengewirkt werden kann. Bei genauer Betrachtung zeigen sie jedoch auch, wie notwendig noch weitergehendere Maßnahmen in den jeweiligen Themenfeldern sind und welche Vielzahl damit verbundener zusätzlicher Problembereiche existieren. Eine entsprechende Ausdehnung und Intensivierung der Befassung mit diesen Sachverhalten erfordert nach den bisherigen Erfahrungen mit der Implementierung von Maßnahmen gegen die Umweltzerstörung zum einen eine fundierte zivilgesellschaftliche Meinungs- und Willensbildung über unvermeidbare Verhaltensbeschränkungen sowie zum anderen eine daran anschließende wirksame Gesetzgebung. Ansonsten kann nicht die erforderliche Legitimation für die damit einhergehenden notwendigen Eingriffe in bestehende Produktionsformen (z.B. Nutzung fossiler Energieträger oder Belastung durch Mikroplastik) und gewohnte Konsumgewohnheiten (z.B. Flugbewegungen oder Fleischkonsum) hergestellt werden.

Zahlreiche gravierende Umweltschäden bleiben als spezifische Problematiken oft unter einer relevanten Wahrnehmungsschwelle oder unterliegen verschleiernden Wahrnehmungsverzerrungen. Sie geraten dadurch in eine Art kollektiv halbbewussten Zustand, der zwar nicht Unkenntnis bedeutet, aber auch noch nicht hinreichend handlungsinduzierende bzw. sinnstiftende Dringlichkeit signalisiert. Ein Beispiel hierfür ist die Umweltbelastung durch Mikroplastik. »Mikroplastik sind feste, unlösliche, partikuläre und nicht biologisch abbaubare synthetische Polymere in einem Größenbereich von weniger als 5 Millimetern bis 1.000 Nanometer« (BUND o.J.; o.S.). Der Eintrag dieser Substanzen in die Umwelt hat schon ein sehr bedenkliches Ausmaß erreicht.[2] Aufgrund ihrer Verursachung durch das Waschen synthetischer Textilien, Reifenabrieb von Kraftfahrzeugen, Bestandteile von Pflegeprodukten oder Nutzung von Kunstrasenplätzen und deren hoher Bedeutung für den gewohnten alltäglichen Konsum ist kaum damit zu rechnen, dass unter den aktuellen Bedingungen öffentlicher Diskurse über notwendige Einschnitte in das eingespielte Konsumverhalten eine schnelle und ausreichend

2 Eine hilfreiche Darstellung der Problematik von Mikro- und Makroplastik findet sich in Bertling/Bertling/Hamann 2018.

wirksame Abhilfe zu erwarten ist. Da zudem die bedeutsamen Zusammenhänge zwischen den Mengen, den Eintragswegen und den unterschiedlich fristigen Wirkungen noch recht unklar sind, kann nicht mit ausreichender Gewissheit über eventuelle Eingriffswirkungen geurteilt werden. Zusammen mit der geringen unmittelbaren Sichtbarkeit der Umweltschäden durch Mikroplastik befördert dies ein Verdrängungsverhalten und führt im Rahmen der aus handlungstheoretischer Sicht grundsätzlich nötigen, in diesem Fall aber problematischen Wahrnehmungsselektion zur Hintanstellung der damit verbundenen Gefahren. Dadurch wird der öffentliche Diskurs über die unumgänglichen Einschränkungen behindert. Das gesamte Thema bleibt in einem inhaltlich unklaren Zustand und individuelles, gesellschaftliches sowie politisches Handeln werden deshalb unnötig verzögert. Zugleich entstehen so die Voraussetzungen für die Möglichkeit unterkomplex erklärter oder irregeleiteter Schlussfolgerungen.

Die Gründe für solche Entwicklungen gehen über die eben genannten hinaus. Sie sind vielschichtig und bedürfen sicherlich noch profunder Forschung, können aber vorläufig in einem Spektrum zwischen Resignation aufgrund von Überforderung, verdrängungsbedingter Gleichgültigkeit, affektiver Ablehnung umweltpolitischer Maßnahmen bis hin zu einem demonstrativ normverletzenden Zynismus beschrieben werden. Aus einer veränderten Perspektive könnte man das Problem, dass trotz Erkennen der Umweltkrise keine Abhilfe schaffenden Handlungen ausgelöst werden, auch als kognitive Dissonanz bezeichnen, die im Leugnen der Krise, im Ausblenden von Fakten oder in der Konstruktion von rechtfertigenden Handlungsgründen mündet. Zunehmend herausfordernd wird auch, dass in der zivilgesellschaftlichen und politischen Diskussion kontrafaktische Positionen auftreten, die den Stand der wissenschaftlichen Erkenntnisse leugnen oder sie als alarmistisch denunzieren und die Dringlichkeit von Schutzmaßnahmen bezweifeln. Auf diese Weise werden die Konsequenzen des umweltschädlichen Verhaltens und die Wirkungen eventueller Abhilfemaßnahmen so unklar gehalten, dass kein Wandel im Hinblick auf den Umgang mit der Umwelt eingeleitet wird und viele dringende Entscheidungen zu deren Schutz unterbleiben.

Prototypisch für diese vorläufig beschriebene, schwer abgrenz- oder kategorisierbare und manchmal seltsam opak erscheinende Umweltkrise ist die Klimakrise. Sie ist in vielerlei Hinsicht eng mit den anderen von Menschen verursachten Umweltproblemen wie etwa Ressourcenverknappung, Schadstoffeintrag oder Verlust der Artenvielfalt verflochten. Löst man sie zunächst analytisch beschreibend aus diesem Gesamtzusammenhang heraus, lassen sich einige daraus resultierende Folgerungen klarer fassen und so besser den notwendigen Diskursen über Reaktionsmöglichkeiten zuführen.

Modellhaft ist die Klimakrise insbesondere für den problematischen Umgang der Gesellschaft mit existenzbedrohenden Krisen. Dass der momentane Einsatz fossiler Brennstoffe, das Abholzen von Wäldern, die Viehhaltung, der starke Düngereinsatz und die Emission fluorierter Gase durch Freisetzung von Treibhausgasen das Klima durch die so beeinträchtigte Wärmeabstrahlung der Erde in bedrohlicher Weise schädigen, ist nicht ernsthaft bestreitbar und statistisch-wissenschaftlich vielfach belegt (u.a. Nationale Akademie der Wissenschaften 2021). Zu den dort gewonnenen Erkenntnissen gehört z.B. auch, dass die G20-Staaten, also die wesentlichen Industrieländer, mehr als vier Fünftel des CO_2-Ausstoßes produzieren (Statistisches Bundesamt 2025: 83,4 % im Jahr 2023). Dass diese Emissionen entstehen, beruht im Wesentlichen auf dem Kauf- und Konsumverhalten der dort lebenden Menschen und den dazu notwendigen Produktionsprozessen. Trotz des Wissens um diese ungerechten globalen Belastungsverteilungen bleiben die daraus folgenden unangenehmen Erkenntnisse über notwendige Maßnahmen zu deren Abhilfe seltsam verschattet. Die angemessenen politischen Reaktionen und wirtschaftlichen Kompensationen hätten derart signifikant einschränkende Wirkungen auf das Verbraucherverhalten in den G20-Staaten und würden eine solch angespannte öffentliche Diskussion auslösen, dass man dem lieber ausweicht und die Probleme verdrängt. Dadurch werden sie einer öffentlichen Befassung und damit letztlich der Lösung entzogen.

Ebenso wie die Ursachen sind auch die Folgen des Klimawandels umfänglich wissenschaftlich untersucht und der Öffentlichkeit zugänglich gemacht (u.a. Nationale Akademie der Wissenschaften 2021). Die drastischen Auswirkungen des Klimawandels sind aber nicht nur in akademischen Studien nachvollziehbar und geprüft dargelegt. Sie zeigen sich auch direkt erlebbar in so vielfältigen Phänomenen wie Hitzewellen, Dürren, Starkregen, Hunger, Krankheiten oder Änderungen von Meeresströmungen. Wie dramatisch die aktuelle Lage in dieser Hinsicht ist, lässt sich u.a. an der Aussage des UNO-Generalsekretärs in der Neujahrsbotschaft 2025 ablesen. »Und heute kann ich offiziell berichten, dass wir gerade ein Jahrzehnt tödlicher Hitze hinter uns haben. … Das ist der Klimazusammenbruch – in Echtzeit. Wir müssen diesen Weg ins Verderben verlassen – und wir haben keine Zeit zu verlieren.« (Guterres 2024 o.S.)

Die so beschriebenen Ursachen und Folgen des Klimawandels verweisen jedoch auch auf einen Hintergrund für die Entwicklung möglicher Lösungskonzepte (siehe Abschn. 5), aber zunächst und mehr noch zeigen sie auf das hinter den objektiven Feststellungen liegende Problem, dass die bisher schon getroffenen Entscheidungen zur Abhilfe nicht unumstritten waren und die noch einzuleitenden wegen des Zeitdrucks und der nötigen Eingriffstiefe eine sehr schwierige öffentliche Meinungs- und Willensbildung bringen werden, für die noch keine vernünftigen Prozesse und Institutionen etabliert sind. Bei allen oben als problematisch dargestellten Sachverhalten der Umweltbelastungen und insbesondere der Klimakrise wird sichtbar, dass selbst die erzielten Erfolge noch darauf verweisen, wie unverzichtbar es unter dem gegebenen Zeitdruck ist, mehr und intensivere Abhilfeleistungen zu erbringen. Bei der Vielfalt qualitativ unstrittiger wissenschaftlicher Forschung zu Ursachen ebenso wie zu Folgen der Umwelt- und Klimasituation liegt der Schluss nahe, dass es vernünftig wäre, darauf unmittelbar mit Gegenmaßnahmen zu reagieren. Die sind jedoch leider nicht festzustellen. Die bisherigen Lösungsansätze sind erkennbar unzulänglich oder unterbleiben in manchen Bereichen ganz. Selbst die unmittelbare Anschauung von Zerstörungen in direkter räumlicher Nähe oder von dokumentiertem Hunger in entfernten Ländern ändern kaum etwas daran. Unabhängig davon, ob es an politischem Unwillen, gesellschaftlicher Drucklosigkeit, persönlicher Unwissenheit oder Ignoranz liegt, verweisen diese Gründe darauf, dass ein ausreichendes Problembewusstsein und ein daran anknüpfender Handlungswille geschaffen werden müssen. Dazu gehören nicht nur die vorgeschlagenen Lösungsmöglichkeiten, insbesondere wenn sie unter normativen Geltungsansprüchen vorgetragen werden, sondern auch die Darlegung der grundlegenden Fakten, die wegen ihrer Komplexität ohne geeignete Darstellung durch Wissenschaftler und Experten für Laien oftmals kaum durchschaubar sind. Verschärft wird dies zudem noch durch laut auftretende Akteure – bis hinein in weltweit einflussreiche Regierungen bedeutender Staaten –, die den Klimawandel generell oder die Verursachung durch den Menschen leugnen. Dem kann nur durch öffentliche Diskurse über faktenorientierte und normative Sachverhalte begegnet werden.

4 Einkommensverteilung und Armut

Ein weiteres Themenfeld, das wegen der offensichtlichen Meinungsdifferenzen die Notwendigkeit intensivierter öffentlicher Kommunikation in liberalen Demokratien zeigt, ist die ungleiche Verteilung von Einkommen, Vermögen und Zugang zu öffentlichen Leistungen. Verbunden ist diese Problematik mit dem Themenkomplex »Umweltprobleme und Klimakrise« nicht zuletzt dadurch, dass die Konsequenzen sinnvoller Maßnahmen zur Bekämpfung der Umwelt- und Klimakrisen die Verteilungsproblematik noch signifikant verschärfen.[3] Aber auch unabhängig von diesem Zusammenhang bergen die Ungleichverteilungen sozialen Konfliktstoff. Die Konsummöglichkeiten der unteren Gruppen von Einkommensbeziehern sind merklich schlechter als die der darüber liegenden, Sparen für Anschaffungen oder Altersvorsorge ist für sie nur schwer oder gar nicht möglich, ihre Teilhabe an gesellschaftlichen oder politischen Prozessen wird behindert und die soziale Mobilität bleibt weitgehend eingeschränkt. Dies gilt sowohl für die Verteilung der Wohlstandsgrundlagen zwischen globalem Norden und Süden als auch für die Verteilung zwischen den sozialökonomischen Gruppen innerhalb einzelner Länder. In der Bundesrepublik ist dieses Thema ebenfalls auf der politischen Agenda und sollte insbesondere vor dem Hintergrund von geringem, ausbleibendem oder gar negativem Wachstum betrachtet werden.

Wirtschaftswachstum ausgedrückt als Veränderung der Menge an produzierten Gütern und Dienstleistungen, gemessen im realen Bruttoinlandsprodukt (BIP), ist in der öffentlichen Diskussion um den Wohlstand einer Volkswirtschaft einer der zentralen Erfolgsindikatoren (siehe dazu auch den Beitrag von Michael Mangold in diesem Sammelband). Der auf einer durch technischen Fortschritt, Investitionen und Produktivitätssteigerungen international wettbewerbsfähigen Wirtschaft beruhende Erfolg schlägt sich in steigenden Einkommen und Vermögen sowie in dadurch erreichbaren Konsummöglichkeiten und den Verbesserungen der Lebensbedingungen nieder. Mit dieser schablonenhaften Argumentationskette wird implizit das Versprechen von durch Wachstum möglichen Verbesserungen für alle Beteiligten verbunden. Die empirische Verteilung dieser Einkommens- und Vermögenszuwächse geschieht jedoch zugunsten der oberen Einkommensbezieher und Vermögens-

3 Hinsichtlich der Einkommensverteilung besteht der hauptsächliche Zusammenhang im Konsumverhalten der privaten Haushalte. Diese wirken zum einen durch ihr Nachfrageverhalten auf die in weiten Bereichen umwelt- und klimabelastende Herstellung der Güter. Zum anderen verursacht der Konsum des Nachgefragten selbst wieder solche Wirkungen. Beides steht in engem Zusammenhang und ist stark abhängig vom Einkommen der Haushalte. Daraus ergeben sich dann auch Themen im Rahmen der Konsumkritik und der aus Umweltschutzgründen notwendig werdenden Beschränkungen oder Veränderungen.

besitzer sehr ungleich und verschärft so die Problematik der Verteilungsungerechtigkeit statt sie zu dämpfen.

Da es hier nicht um eine erschöpfende Darstellung dieser Verteilungsprobleme geht, sondern darum, zu zeigen, dass sie – ebenso wie die zuvor thematisierten Umwelt- und Klimakrisen – auf bestimmte Lösungswege in liberalen Demokratien verweisen, wird die Einkommensverteilung als prototypisch herausgegriffen und auch primär unter diesem Aspekt beschrieben. Die Aussagen beziehen sich auf das bedarfsgewichtete Haushaltsnettoeinkommen oder Äquivalenzeinkommen. Aus der Summe der Bruttoeinkommen aus Markttätigkeiten (d.h. den Einkommen aus den sieben Einkunftsarten des Steuerrechts) wird nach Berücksichtigung von Abgaben, Steuern und Pflichtversicherungsbeiträgen sowie dem Saldo der Transfers das Nettoeinkommen berechnet. Fasst man diese für alle Mitglieder eines Haushalts zusammen, ergibt sich das Haushaltsnettoeinkommen. Dieses wird zur Wohlfahrts- und Verteilungsberechnung durch die gewichtete Anzahl der Haushaltsmitglieder dividiert (OECD-Skala: erste erwachsene Person 1, jede weitere 0,5, jedes Kind bis 14 Jahre 0,3), man erhält so das verfügbare Nettoäquivalenzeinkommen pro Person.

Legt man dieses Nettoäquivalenzeinkommen der Beurteilung der Einkommensverteilung zugrunde kommt das Deutsche Institut für Wirtschaftsforschung (DIW) zu folgender Einschätzung: »Ein Standardmaß, um die Einkommensungleichheit zu messen, ist der Gini-Koeffizient. Je höher der Wert zwischen 0 und 1, desto höher ist die gemessene Ungleichheit. Im Zeitraum zwischen 1995 und 2005 steigt die Ungleichheit beim verfügbaren Haushaltseinkommen deutlich von knapp 0,25 auf knapp 0,29 (...). Seitdem stagniert sie und legt mit kleineren Schwankungen nur noch leicht zu. Im internationalen Vergleich rangiert Deutschland damit unterhalb des OECD-Durchschnitts, der im Jahr 2018 bei 0,32 liegt.« (Grabka 2022: 336; ähnlich Niehues//Stockhausen 2024: 27f)[4]

Die öffentliche Wahrnehmung der ungleich verteilten Einkommen hat jedoch keine direkt fassbare Struktur, wie sie die Wissenschaft kennt. Ohne fachspezifisches oder wirtschaftstheoretisches Wissen wird diese Problematik eher an Einzelerscheinungen sinnfällig. Sichtbarer Luxuskonsum kann z.B.

4 Es kann hier nicht tiefer darauf eingegangen werden, dass unterschiedliche Einkommensarten unterschiedliche Verteilungscharakteristiken aufweisen oder wie Einkommen und Vermögen zusammenhängen. Ausführungen hierzu finden sich u.a. in Grabka 2021.

auf als obszön hoch empfundene Einkommen aufmerksam machen, deren Bezug als ungerecht im Vergleich zur Bevölkerungsmehrheit bewertet wird. Wichtiger im Hinblick auf Gerechtigkeitsempfinden sind jedoch die kaum übersehbare Armutsbedrohung und die Angst vor sozialem Abstieg bis weit in die Mittelschichten. Das für die Statistik festgelegte Maß, wonach in der EU als arm gilt, wer ein bedarfsgewichtetes Nettoäquivalenzeinkommen von unter 60 % des nationalen Medianeinkommens bezieht, hat für die alltägliche Erfahrung von eigener oder fremder Bedrohung keine erkenntnisleitende Wirkung. Dies gilt auch für unterschiedliche wissenschaftlich theoretische Konzepte zur Erfassung, ob eine Person oder Personengruppe ohne Hilfe von außen fähig ist, den eigenen Lebensunterhalt zu bestreiten, wie beispielsweise Ressourcenkonzept, Lebenslagenkonzept oder Capability-Konzept.[5]

Der öffentliche Eindruck prekärer Lebensumstände entsteht vielmehr entlang von Merkmalen wie beispielsweise Eigen- und Fremdwahrnehmung des sozialen Status von Kindern, Jugendlichen und Erwachsenen in unterschiedlichen alltäglichen Handlungssituationen. Diese Sachverhaltsinterpretationen lassen sich nochmals untergliedern nach Kategorien, wie z.B. Dauerhaftigkeit von Armut oder deren Erscheinungsort in der Schule, am Arbeitsplatz, im Verein oder in der Nachbarschaft. Typische Beispiele für deren punktuelles Sichtbarwerden sind fehlende finanzielle Mittel bei Schulfreizeiten oder Vereinsaktivitäten, fehlende räumliche Mobilität, begrenzte Einkaufsmöglichkeiten, Essen in karitativen Einrichtungen, Flaschensammeln oder sichtbare Obdachlosigkeit. Daraus ergibt sich aber in der Öffentlichkeit kein geschlossenes Bild von Armut, sondern eine Ansammlung von heterogenen Hinweisen, die den eigentlichen Sachverhalt zwar nur trüb wiedergeben aber dennoch hohes Drohpotenzial besitzen. Dieses latente Vorhandensein von Armut und Abstiegsangst erzeugt in wechselseitiger Eigen- und Fremdwahrnehmung eine Atmosphäre des Prekären und der Unbehaglichkeit sowie des nicht konkretisierbaren aber gleichwohl drängenden Wunsches nach Abhilfe. Sowohl die aufklärende Beschreibung dieses Phänomens als auch die Entwicklung sinnvoller Lösungsvorstellungen kann nur durch öffentliche Kommunikation gelingen.

Der vielfältige und zugleich kaum erklärte Eindruck von Armut und Abstieg in der zivilgesellschaftlichen Öffentlichkeit wird aber auch stark durch die mediale, einschließlich der visuellen, Darstellung geprägt. Er entfaltet sich

5 Siehe zu solchen Konzepten u.a. Hauser 2008 oder Seddig/Holz/Landes 2017.

nicht in permanenter Berichterstattung, sondern situativ an Kristallisationspunkten mit meist kontroversen politischen Beurteilungen wie beispielsweise Hartz-IV-Reformen, Bürgergeld, Kindergrundsicherung oder auf lokaler Ebene, wenn Arme sozial auffällig werden. Allein dass diese Themen eng mit staatlichen Transferzahlungen unter Haushaltsdruck verbunden sind, konnotiert sie für viele Bürger trotz prinzipieller Anerkennung des Problems und ehrlich empfundenen Mitgefühls in zentralen Teilen negativ, weil sie medial oftmals unter den Generalverdacht weitreichenden Missbrauchs gestellt werden. Öffentliche Auseinandersetzungen wie etwa über nicht ausreichendes Lohnabstandsgebot, »Geld ohne Arbeit« oder drastische Sonderfälle wie »Florida-Rolf« wirken dann nicht aufklärend und sind nicht sachorientiert, sondern verzerren die Meinungsbildung zum eigentlichen Thema erheblich.

Die prinzipiell gegenwärtige Armutsproblematik, die sporadisch aktuell werdenden Auseinandersetzungen darum und die Angst der noch nicht Betroffenen, selbst arm zu werden, sind keine neuen Phänomene. Da sie vielmehr in unterschiedlichen Formen und Intensitäten auftretende Dauerthemen sind, stellt sich die Frage, wie man die bisher verzerrenden Verlaufsformen der Armutswahrnehmung und -bekämpfung in einen sinnvollen öffentlichen Diskurs transformieren kann. Eine wichtige Voraussetzung wäre eine klare begriffliche Fassung von Armut und Armutsfolgen, die man in eine interessierte, aber nicht fachkundige Öffentlichkeit tragen kann.

Armut kennzeichnet sich durch das Fehlen von finanziellen Ressourcen, Macht oder anderen Mitteln, um den eigenen Lebensunterhalt auf einem gesellschaftlich akzeptierten Mindestniveau zu sichern. Absolut arm ist man, wenn man sich durch eigene Leistung die existenziellen Lebensgrundlagen wie Nahrung, Wasser, Kleidung und Medizin wirtschaftlich nicht selbst sichern kann. Relativ arm ist man, wenn man bezogen auf den gesellschaftlichen Durchschnitt merklich weniger Mittel zur Verfügung hat, um sich diese Grundlagen zu beschaffen und zugleich auch angemessen am sozialen und kulturellen Leben teilzuhaben. Gefühlt bzw. subjektiv arm ist man, wenn man sich durch seine begrenzten wirtschaftlichen Mittel ausgegrenzt, benachteiligt oder sozial herabgesetzt fühlt.[6] In jeder Form zwingt dieser Zustand zur existenziellen Sicherung des Alltagslebens. Es bleibt dann wenig Raum für Beteiligung an Weiterbildung, für Kulturteilhabe oder für die

6 Daneben gibt es zahlreiche Attribute zu Armut wie beispielsweise verdeckte, generationenbedingte, situative oder altersbedingte Armut, auf die hier nicht eingegangen wird.

Teilnahme an gesellschaftlichen Diskursen, und die soziale Integration wird behindert. Mehr noch, Armut und Abstiegsbedrohung erhöhen die Angst, sich dauerhaft nicht selbst versorgen zu können, steigern die Wahrscheinlichkeit körperlicher und psychischer Erkrankungen und führen oft zu geringerem Selbstwertgefühl. In dieser Kurzbeschreibung steckt schon der Verweis darauf, dass ein gelingender öffentlicher Diskurs um die Abhilfe von Armut auch voraussetzt, dass diese Hindernisse zur Beteiligung der Betroffenen und zur Darlegung ihrer subjektiven Situationsbeschreibung ausgeräumt werden.

In den anderen Bereichen der Einkommensverteilung oberhalb der Armutsgrenzen gibt es ebenfalls gesellschaftlichen Abstimmungsbedarf. Die direkt darüberliegenden Einkommensgruppen sind nicht durch unmittelbare Not, sondern durch die Angst vor dem Abstieg geprägt. Für beide Gruppen gibt es zumindest zwei Aspekte, die nicht unbeachtet bleiben können. Zum einen geht es darum, aus welchen Mitteln die Defizite der unteren Einkommensgruppen ausgeglichen werden können und ob dies durch direkte Transferzahlungen oder die Bereitstellung öffentlicher Güter erfolgen soll. Dazu gehört auch das Problem, wie man den Beziehern geringer Einkommen die Angst nehmen kann, die aus drohender Armut in Bezug auf Lebensunterhalt und die soziale Positionierung entsteht. Zum anderen stellt sich die Frage, ob und wie auch Umverteilungen von den oberen Gruppen in Richtung der mittleren Einkommen sinnvoll sind und legitime Begründungen dafür erreicht werden können. Dabei geht es u.a. um den Einfluss von Umverteilungsmaßnahmen auf soziale und wirtschaftliche Prozesse. Wird die Schere zwischen den Einkommensgruppen zu groß, dann beeinträchtigt dies das Gerechtigkeitsempfinden und den sozialen Frieden; wird sie zu sehr geschlossen, dann werden Leistungsanreize genommen.

Damit ist ein letztlich nur normativ einzulösender Fragenkomplex aufgeworfen. Wie sollte eine sozial-, wirtschafts- und ordnungspolitische Einkommensverteilung aussehen, welche staatlichen Eingriffe wären dazu nötig und rechtfertigbar, und in welchem Verhältnis steht dies zu anderen Bereichen wie beispielsweise Vermögensverteilung, Zugang zu öffentlichen Gütern oder Belastungen durch Verbrauchssteuern? Die Beantwortung dieser Fragen, die insbesondere bei Wachstumsproblemen und zeitgleich steigenden staatlichen Ausgabenotwendigkeiten (z.B. Investitionen in Infrastruktur und Verteidigung oder laufende Ausgaben zur Stützung der Renten und der Pflege) sehr nachdrücklich auftreten, kann in einer liberalen Demokratie nur mit einem noch herzustellenden Mindestmaß an gesellschaftlichem Einvernehmen über Deliberationsprozesse erreicht werden.

5 Notwendigkeit von und Fähigkeit zu Aushandlungsprozessen

Das oben zur notwendigen Beschränkung von klimaschädlichen Aktivitäten und zum Abbau von Ungerechtigkeiten in der Einkommensverteilung Gesagte zeigt deren enge Verflechtung.[7] In der alltäglichen Lebenswelt sind noch weitere Themenkreise damit verkoppelt und erhöhen dementsprechend die Komplexität von Problemsituationen und Lösungsvorstellungen. Zu diesen mitzudenkenden Faktoren aus zeitlich simultan auftretenden Sachverhaltsentwicklungen gehören z.B. die Sicherung der Alterseinkommen, das Herstellen von Geschlechtergerechtigkeit, die Formen des Umgangs unterschiedlicher Kulturen oder Religionen miteinander oder die Regelung internationaler Beziehungen. Sie alle liegen nicht wie konzentrische Kreise um Klima- und Verteilungsproblematiken herum,[8] sondern wie nur verwischt abgegrenzte Nachbarthemen, die sich zudem gegeneinander verschieben, Intransparenzen erzeugen und damit analytisch nur schwer unterscheidbar sind. Die Vielschichtigkeit dieser lebensweltlichen Probleme, ihre medialen Präsentationsformen und die Kontingenz zukünftiger Entwicklungen schaffen Unübersichtlichkeit und daraus folgende Unsicherheit.

Schon in dieser kurzen Beispielsliste zeigt sich, dass es zahlreiche über Klima und Einkommensverteilung hinausgehende, kompliziert miteinander zusammenhängende Problemfelder gibt, die zudem oftmals innerhalb kurzer Zeiträume Lösungen erfordern.[9] Bei der Einbeziehung eines oder mehrerer dieser angrenzenden Bereiche, weil z.B. die Bedeutung oder die Verflechtung bisher ausgeblendeter Themen unterschätzt wurde, müssen die Handlungsbedingungen der veränderten Gesamtsituation neu beschrieben werden und es ergeben sich u.U. andere Lösungsmöglichkeiten als in der bisherigen engeren Sichtweise. Daraus entsteht jeweils ein neues Vorfeld der Entscheidungsfindung, und es bedarf wegen der Komplexitätserhöhung neuer Mei-

---

7 Man kann diese Folgerungen im Hinblick auf Selbstbeschränkungen zum Schutz der Umwelt bzw. des Klimas und auf soziale Selbstregulierung zur Herstellung einer ausgeglicheneren Einkommensverteilung analytisch und darstellend separieren, in der alltäglichen Wirklichkeit treten sie immer im Verbund auf.

8 Würde man andere miteinander verbundene Themen untersuchen (z.B. Wohnungsbau und Vermögensverteilung oder Bildungsbeteiligung und Herkunftsmilieu), würden sich die gleichen Erweiterungsfolgen ergeben.

9 Ein Feld in dem sie auftreten ist das Wirtschaftswachstum, das in engen Wechselwirkungen mit beiden verbunden ist. Andere Felder wären z.B. Transformation der Energieversorgung oder Freizeit- und Reiseverhalten.

nungsbildungsprozesse, in denen dann auch die bis dahin präferierten Maßnahmenpakete neu aufgeschnürt und mit eventuell konfligierenden Lösungen aus anderen Problemkonstellationen abgeglichen werden müssen. Aus einem etwas anderen Blickwinkel gesehen handelt es sich um eine der dynamischen Optimierung nahekommende Form der laufenden Gestaltung und Umgestaltung sozioökonomischer Prozesse in einem schwer überschaubaren Problemgemenge und mit oftmals nicht frei bestimmbaren Entscheidungszeitpunkten. Alle Komponenten der Gesamtsituation sind dabei prinzipiell variabel und können sich in unterschiedlicher Geschwindigkeit und Richtung verändern. So bedürfen beispielsweise schwierige innerwissenschaftliche Klärungen eng verflochtener Sachverhalte oder die Darlegungen komplexer, stark fachlich bestimmter Verwaltungsabläufe[10] einer objektiven Aufbereitung und Beschreibung. Nur dann kann sich ein weitgehend nicht sachkundiges, gleichwohl interessiertes Publikum in der Öffentlichkeit damit auseinandersetzen – selbst wenn die Darstellung der aufgerufenen Themen nicht immer widerspruchsfrei ist.[11]

Im Themenbereich der zukünftigen technischen Entwicklungen und deren gesellschaftlicher Gestaltung gibt es ähnlich existenziell bedeutsame Fragestellungen mit öffentlichem Deliberationsbedarf. Die technischen Fähigkeiten der Menschheit nehmen stetig zu, sie bringen jedoch auch eine gesteigerte Eingriffstiefe in die Natur und die Sozialbeziehungen mit sich. Damit erhöht sich auch die Verantwortung für die Folgen des Technikeinsatzes. Auf der Basis möglichst guter Beschreibungen von Sachverhalten und deren möglichen natürlichen, sozialen und technischen Zukunftsentwicklungen können normative Fragen in öffentlichen Diskursen beraten werden. Zieht man dazu Grunwalds Vorstellung der Diskussionen um »Technikzukünfte« heran, dann zeigt sich nicht nur die Komplexität dieser Problematik, sondern es scheint in der Beschreibung auch eine Lösungsmöglichkeit auf. »In der Gestaltung des wissenschaftlich-technischen Fortschritts und im Umgang mit seinen Folgen

10 Man sollte dabei deutlich unterscheiden zwischen Verwaltungsvorgängen, deren Darlegung die öffentliche Meinungsbildung unterstützen können, und denen die hauptsächlich der sachgerechten Erledigung öffentlicher Aufgaben dienen. Die prinzipielle Transparenz im Rahmen der gesetzlichen Regelungen muss in beiden Fällen gegeben sein, ihre funktionalen Bedeutungen unterscheiden sich jedoch deutlich.

11 Ohne dies im Folgenden extra aufzuführen, wird davon ausgegangen, dass die für die Wissenschaft gemachten Aussagen entsprechend auch für andere Expertengruppen (z.B. NGO, Gutachterausschüsse, Fachverbände) gelten.

sind vielfältige Entscheidungen zu treffen, müssen Meinungen gebildet werden, welche Technologien gefördert und rasch entwickelt werden sollen, welche Anreizsysteme eingerichtet werden, welche Begrenzungen und normativen Festlegungen getroffen werden müssen, um den wissenschaftlich-technischen Fortschritt und seine Ergebnisse in den Bahnen gesellschaftlich gewünschter Richtungen, etwa der nachhaltigen Entwicklung, und normativer Regelwerke wie z.B. der Menschen- und Bürgerrechte zu halten. In den Debatten, die diesen Entscheidungen vorausgehen, spielen *Technikzukünfte* eine entscheidende Rolle.« (Grunwald 2012: 20/21)

Dieses wissenschaftliche und auf Expertenebene angesiedelte Suchen nach konsensfähigen Aussagen über faktengebundene und normative Sachverhalte beispielsweise beim Klimawandel, bei der Einkommensverteilung und bei der zukünftigen Technikgestaltung sollte sich dann in der öffentlichen Befassung mit diesen Themen fortsetzen. Dies wirft Fragen auf, z.B. wie die zugrundeliegenden Sachverhalte dargelegt werden können, auf welche Weise man die damit verbundenen Probleme lösen kann und welchen moralischen Prinzipien die Lösungen folgen sollten. Wie dies geschehen kann oder sollte, ist der Gegenstand sehr unterschiedlicher theoretischer Demokratiemodelle. Sie umfassen u.a. Konzepte wie die auf methodologischem Individualismus und Nutzenmaximierung beruhenden ökonomischen Theorien der Demokratie. Soziale Integration wird dabei auf der Basis der Aggregation von individuellen Präferenzen erklärt (z.B. die an neoklassische Theorien anknüpfenden Rational-Choice-Modelle). Ein anderes Konzept findet sich in kommunitaristischen Ansätzen. Sie entwickelten sich im Wesentlichen entlang der Kritik am vertragstheoretischen Modell von John Rawls (siehe u.a. Rawls 1979). Dessen methodisch-individualistischer Ansatz wurde mit der Vorstellung von Handlungsbestimmungen konfrontiert, die primär auf überlieferten moralbasierten Normbindungen beruhen. Die soziale Integration und die individuelle Identitätsbildung geschehen danach durch die Berufung auf gesellschaftliche Gleichheit und die Orientierung an kulturell tradierten, nicht hintergehbaren Gemeinschaftsbeziehungen (z.B. Etzionis Vorstellung der aktiven Gesellschaft und Sandels Vorstellung vom Verlust des Gemeinwohls, 1975/2009, 2020). Auf diese Modelle wird hier nur zu Abgrenzungszwecken eingegangen. Im Zentrum steht vielmehr der Versuch, anhand der Überlegungen zu deliberativen Konzepten einen Weg aus den oben beschriebenen existenzbedrohenden Krisen zu skizzieren.

Ebenso wie die zuvor genannten Modelle haben auch deliberative Modelle die Absicht zu erklären, wie Gesellschaften geordnet und wie politische

Prozesse gestaltet sein sollten, damit Wohlstand unter demokratischen Bedingungen entstehen kann und wie sie in Konfliktfällen Lösungen finden können. Ihre Vorstellung, wie die soziale Integration bzw. die Legitimität von dazu notwendigen Eingriffen in das Leben der Betroffenen hergestellt werden kann, ist jedoch eine andere. Die Grundidee deliberativer Konzepte ist es, soziale Integration über ein Zusammenspiel aus breit gestreuter Teilnahme aller Betroffenen an gesellschaftlichen und politischen Prozessen, aus sachgerechter Information sowie möglichst zwangsfreier Beratung aller im allgemeinen Interesse zu regelnden Themen zu erreichen.[12]

Diese Modelle deliberativer Demokratie lassen sich unterschiedlich kategorisieren. Zieht man eine Einordnung nach den Partizipationsformen heran, dann gibt es Konzepte, die die Deliberation eher als öffentliche inhaltliche Begleitung formal konstituierter demokratischer Prozesse sehen, und solche, die diesen Prozessen starke selbstorganisierte alternative Öffentlichkeiten gegenüberstellen. Ein Beispiel für Ersteres ist Rawls Theorie der Gerechtigkeit, die u.a. inhaltliche Festlegungen zu Verteilungsfragen thematisiert (Rawls 1979), Ein Beispiel für zweiteres ist die Betonung prozeduraler Voraussetzungen für legitimierende Willensbildungsprozesse bei Habermas (1992). Nutzt man die von ihm selbst vertretene Unterteilung der Modelle in liberal, republikanisch und deliberativ, dann stellen sich letztere als Versuch dar, die beiden anderen Konzepte zu verbinden. Soziale Integration, Normenfindung und Akzeptanz eigener Beschränkungen sollen aus den Diskursen über die gesellschaftlichen und politischen Streitfragen resultieren. »Unterschiede ergeben sich sowohl zur liberalen Konzeption des Staates als des Hüters einer Wirtschaftsgesellschaft wie zum republikanischen Konzept einer staatlich institutionalisierten sittlichen Gemeinschaft.« (Habermas 1992: 359; genauere Ausführungen 359ff.) Liberale Ansätze kennzeichnen sich danach durch dezisionistische Mehrheitsermittlungen empirisch vorfindbarer individueller interessengeleiteter Meinungen zu sozioökonomischen oder kulturellen Themen, die an staatliches Handeln herangetragen werden. Republikanische Ansätze betonen die gemeinschaftliche Praxis, aus deren öffentlicher

12 Dahinter steht die Annahme, dass die normativen Begründungen für das Handeln nicht aus einer individuellen Überlegung stammen können, aber auch nicht aus Traditionsbezügen. Sie ergeben sich vielmehr aus der Möglichkeit rationaler Diskurse zur Prüfung von Geltungsansprüchen und aus der Möglichkeit erfahrungsbasierten empirischen Wissens.

Befassung mit strittigen Themen eine Gemeinwohlorientierung neben der individuellen Interessenorientierung entsteht.

Deliberative Ansätze sind hingegen dadurch bestimmt, dass die öffentlichen Auseinandersetzungen, an der alle auf der Basis wechselseitiger Anerkennung gleichberechtigt teilnehmen können, auf hinreichendes Einvernehmen über strittige Themen zielen. Diese Art von öffentlicher Befassung mit ihnen kann zur Verständigung darüber führen, was als hinlänglich übereinstimmende Sachverhaltsdeutung, Normbegründung und Handlungsbestimmung gelten soll. So weit wie möglich distanziert von eigenen Interessen und unhinterfragten normativen Gegebenheiten sollen selbstorganisiert Argumente ausgetauscht und dann in staatliche Institutionen zur formalen Normsetzung hineingetragen werden. Die Mitwirkung an diesen praktischen Diskursen in der gesellschaftlichen und politischen Öffentlichkeit bringt das scheinbar widersprüchliche Paar individuelle Handlungsfreiheit sowie soziale Bindung an Recht und Moral sinnvoll zusammen. Gut begründete Normen können von den Akteuren als gerechtfertigte Vorschriften akzeptiert werden, weil sie als Bürger eine eng verknüpfte Doppelrolle als Regierte und zugleich Regierende einnehmen. Um diese sinnvoll ausfüllen zu können, müssen sie zur Vernunft fähig sein und den Willen besitzen, sich den daraus für sie entstehenden, u.U. merklich ungleich verteilten Zumutungen zu stellen. Wenn jedoch die Deliberation zu Beschränkungen bei den Bürgern als Regierte durch die Bürger als Wähler und Regierende führt, ist die Frage nach der Gewährleistung von Freiheit gestellt. Der daraus resultierende Widerstreit erfordert einen aufgeklärten Freiheitsbegriff. Kommunikativ erzeugte Beschränkungen sollten nicht als unangenehme, freiheitsbegrenzende Folgen von Bargaining interpretiert werden wie in liberalen Konzepten, sondern sie beruhen auf in Lernprozessen gewonnener Einsicht in sozial einvernehmlich festgestellte Notwendigkeiten (z.B. gerechtfertigt ungleiche Lastenverteilung beim Klimaschutz oder Einkommensumverteilungen zur Armutsbekämpfung). Auch Moralentwicklung ist ein solcher fortlaufender Vorgang des Wissenserwerbs und der damit verbundenen rationalen Herstellung von Einverständnis zwischen den Beteiligten unter der Maßgabe rücksichtsvoller Verfolgung eigener Interessen. Die dauerhafte Wirkung auf das Verhaltenspotenzial der Akteure ergibt sich aus den anerkennungsfähigen Prinzipien für Normen. Der individuelle, zunächst eigeninteressierte Wille sollte sich reflexiv von dieser Selbstbezogenheit distanzieren können, um an rational zustande gekommene moralische Urteile und normative Festlegungen andocken zu können.

Die Trennungslinie zwischen der Rechtfertigung eigener Interessen und dem distanzierten Vertreten von guten Gründen in Diskursen über die normative Richtigkeit von Eingriffen ist schwierig zu finden und bleibt ein zentrales Thema des jeweiligen empirischen Falles. Die Auseinandersetzung kennzeichnet sich nicht nur durch die prinzipielle Möglichkeit, dass durch die vorgetragenen Argumente[13] eine für alle Beteiligten einsichtige und akzeptable Begründung entsteht, sondern auch dadurch, dass neu oder nach Unterbrechungen wieder hinzukommende Diskursteilnehmer an die bisherige Argumentation anknüpfen können.[14] Die unter diesen Voraussetzungen entstandenen Erkenntnisse und Meinungen, insbesondere wenn sie mit eigenen Einschränkungen verbunden sind, reichen oft nicht aus, um die Akteure zum entsprechenden Handeln zu motivieren. Es braucht Gründe, den aus rationalem Denken und vernünftigen Erwägungen entstandenen Willen auch praktisch werden zu lassen. Zusammenfassend ist dies die Forderung nach einer entsprechenden politischen Kultur sowie nach der Wertschätzung funktionierender demokratischer Verfahrensstrukturen und sie sichernder Institutionen. Dies kann als dauerhafter Lernprozess interpretiert werden und schließt insbesondere dessen Pflege in den Bildungswegen der Akteure ein.

Diese Integrationsleistung deliberativer Konzepte erfordert neben Inklusionsbereitschaft, Offenheit und Transparenz insbesondere die Verpflichtung auf Rationalität in den Diskursen.[15] Die in den Wirtschaftswissenschaften

---

13 Damit die vorgetragenen Argumente Geltung beanspruchen können, müssen sie in unterschiedlichen Intensitäten verständlich, wahr, richtig und wahrhaftig sein (siehe dazu Habermas 1984: 354f.).

14 Sind dementsprechende Prozesse noch nicht beendet oder können grundsätzlich nicht beendet werden, aber es besteht zu einem bestimmten Zeitpunkt Handlungsbedarf, muss es Regeln geben, welche aktuell formulierten Positionen in allgemein geltende Bestimmungen überführt werden.

15 An dieser Stelle kann nicht darauf eingegangen werden, welche unterschiedlichen Formen oder Untergliederungsmöglichkeiten es gibt, um zu beschreiben, was Ethik bedeutet oder welches Moralprinzip gelten sollte. Im vorliegenden Text wird von zwei Perspektiven ausgegangen. Zum einen die Unterscheidung in Moralbegründungen, die den Zweck einer Handlung zum Hauptkriterium machen (z.B. Nutzen, Glück) und solche, die die Form der Normenfindung in den Mittelpunkt rücken (z.B. Verpflichtungen in deontologischen Ethiken, Regelungen aufgrund von Deliberationsprozessen). Zum anderen die Unterscheidung in Tugendethik (z.B. Aristoteles, Elizabeth Anscombe), utilitaristische Ethik (z.B. Jeremy Bentham, Richard M. Hare), vertragstheoretische Ethik (z.B. John Locke, John Rawls) und deontologische Ethik (z.B. Immanuel Kant, Thomas M. Scanlon), zu der auch die diskursethische gerechnet wird (z.B. Karl-Otto Apel,

weit verbreitete Lesart von Rationalität ist das sogenannte »ökonomische Prinzip«, wonach bei Güterknappheit der Mitteleinsatz und das damit bewirkte Ergebnis in ein optimales (effizientes) Verhältnis gebracht werden. Ziel der privaten Haushalte ist es, den maximalen Nutzen aus der Güterverwendung zu erreichen, Ziel der Unternehmen ist es, den maximalen Gewinn aus der Gütererstellung und -distribution zu generieren. In derart funktionalistischen Rational-Choice-Modellen bleibt die Formulierung moralischer Fragestellungen und normativer Elemente der Handlungsbestimmung außerhalb des Theoriegebäudes. Beim Kommunitarismus wird auf der Basis tradierter moralbasierter Normbindungen nach einem Gleichgewicht von individuellen und sozialen Rechten und Pflichten gesucht. Rational handelt der, der sich an seinen sozialen und kulturellen Prägungen, d.h. an tradierten Vorstellungen orientiert. Dies unterscheidet sich deutlich einerseits von den methodisch-individualistisch begründeten Entscheidungsregeln der Rational-Choice-Modelle (z.B. neoklassische) oder den individualistischen Vertragsmodellen (z.B. Rawls) und andererseits von solchen, die in vernunftgeleiteten Diskursen zu rational begründeten Normfestlegungen kommen (z.B. Deliberationskonzepte). Letzteren geht es darum zu zeigen, dass es nicht nur rationale Begründungen für die Geltung von Sachverhaltswissen gibt, sondern auch für die Geltung von richtigem Handeln und entsprechenden Normen gemeinsamen Lebens. So wie Vernunft bei der Gewinnung von Wissen über Sachverhalte zum Tragen kommt, tut sie dies auch beim nichtmetaphysischen Begründen moralisch richtigen Handelns bzw. beim Finden von normativen Regelungen.

Die öffentlichen Diskurse und ihre Verpflichtung auf Rationalität gewähren die Legitimität der inhaltlichen Feststellungen und der politischen Entscheidungen. In diesen Verständigungsprozessen werden gesellschaftliche Probleme so beschrieben, dass daraus Meinungen und Handlungswünsche entstehen, die über die jeweiligen Verfassungsstrukturen und -institutionen von kommunikativer in administrative Macht überführt werden können.[16] Die Kontrolle der administrativen Macht, d.h. des Vollzugs der Entscheidungen, obliegt dann wieder der zivilgesellschaftlich erzeugten kommunikativen Macht, die sie ursprünglich initiiert hat.

Jürgen Habermas). Eine gute Einführung in die Grundlagen der Ethik findet sich z.B. in Pieper 2017.

16 Siehe dazu Hochmuth/Mangold 2021.

Im Gelingensfall deliberativer Auseinandersetzungen gehen gleichberechtigte Teilnehmer in einen für alle offenen Diskurs. Sie beabsichtigen, in rationaler Weise ergebnisoffen Argumente auszutauschen, um die propositionale Wahrheit und die normative Richtigkeit von mit entsprechenden Geltungsansprüchen verbundenen Behauptungen über problematische Sachverhalte und mögliche Reaktionsformen zu suchen.[17] Dabei sollte es jederzeit möglich sein, die vorläufigen Ergebnisse der Erfassung von Fakten, der Deutung normativer Zusammenhänge und der Begründung moralischer Urteile einschließlich abweichender Positionierungen so strukturiert auszudrücken, dass sie für weitere zum Diskurs hinzukommende Teilnehmer nachvollziehbar, verständlich und prüfbar sind.

Diese, je nach Betrachtung, idyllisch-naive oder idealtypische Sicht auf deliberative Prozesse kann bei realistischer Sicht auf die aktuelle Situation politischer und gesellschaftlicher Teilhabe nicht annähernd als Zustandsbeschreibung gelten. Der bei Problem- oder Krisenlösungen gesuchte diskursbasierte Weg zu einer von den Beteiligten weitgehend akzeptierten und letztlich auch administrierbaren Abhilfe hängt von mehreren, teilweise stark prozessstörenden Einflussgrößen ab, die sich sogar wechselseitig aufschaukeln können. Diese auf der Sach-, Organisations-, Kommunikations- und Systemebene zu identifizieren, ist eine Voraussetzung für notwendige Änderungen in der Gestaltung dieser Prozesse.

Auf der Sachebene des Diskurses erzeugt beispielsweise die Dringlichkeit von Reaktionen Zeitdruck, der zu Entscheidungen zwingt, bevor eine offene Aussprache beendet werden kann (z.B. Genehmigungsverfahren bei der Energieerzeugung). Die unterschiedlichen Beteiligten messen je nach Interessenlage dem Thema unterschiedliche Bedeutung zu und gewichten dementsprechend ihre Aufmerksamkeit und Diskussionsbereitschaft. (z.B. Eigentümer und Anlieger bei Bebauungsplanung). Aber auch die Intensität thematischer Verflechtungen oder die Anzahl möglicher Lösungen und deren Heterogenität kann Deliberationsverläufe so komplex machen, dass der Überblick verloren geht und sie scheitern (z.B. soziale, finanzielle, arbeitsmarkt- oder wirtschaftspolitische Folgen von steuerlichen Eingriffen in die Einkommensverteilung). Dadurch bedingt und von zentraler Bedeutung sind zudem die Einflüsse auf der Organisationsebene, wie etwa die Diskursbeschränkungen aufgrund von Zugangs- und Verbleibskontrollen, Selektionsverfahren

17 Der Geltungsanspruch auf Verständlichkeit und der Geltungsanspruch auf subjektive Wahrhaftigkeit werden an dieser Stelle nicht thematisiert.

und thematischen Regulierungen, durch die Interessierte bei der Teilnahme behindert werden (z.B. spezielle Anhörungs- und Beteiligungsverfahren oder zeitlich anspruchsvolle Vorgehensweisen).

Weitere Hindernisse entstehen auf der Kommunikationsebene. Die Verlaufsformen der Diskurse sind sehr sensibel gegenüber Aspekten wie beispielsweise den unterschiedlichen Fähigkeiten und Gelegenheiten der Beteiligten, sich in die als offen deklarierten Diskurse einzubringen (z.B. Bildungsunterschiede, fordernde Lebenssituationen, fachspezifische Themenstellungen). Tiefer im Subjekt liegen Probleme, die man als kognitive Dissonanz beschreiben kann. Man empfindet es negativ, dass man entgegen besseren Wissens handelt, d.h., dass das Handeln dem Wissen entgegenläuft. Die Reaktionen darauf reichen vom Ausblenden unangenehmer Informationen über das Vorbringen scheinbar tragfähiger Rechtfertigungen bis zum Leugnen von Tatsachen. Sie können sich aufaggregieren zu einer »Art von kognitiver Dissonanz auf kollektiver Ebene« (z.B. Diskursvermeidung, weil man die Schädlichkeit von Flugreisen kennt, aber dennoch mehrfach jährlich solche unternimmt, oder generell der Umgang mit dem Klimawandel).

Probleme für deliberative Demokratiekonzepte auf der Kommunikationsebene entstanden in den letzten 20 Jahren auch aus den in den sozialen Medien geschaffenen Teilöffentlichkeiten. Im sozialen Nahbereich begegnen sich die Akteure unmittelbar. Sie sind Anwesende, die u.a. leichter Vertrauen aufbauen, Missverständnisse schneller ausräumen und emotionale Bindungen besser gestalten können. Die Chancen für gelingende Beratungsprozesse sind deshalb größer als im Feld der Massenkommunikation jenseits des Nahbereichs. In diesem weiteren Bereich der überregionalen, nationalen und internationalen Kommunikationsbeziehungen, in dem ein Großteil der Meinungs- und Willensbildung stattfindet und der essenziell für deliberative Verfahren ist, schienen die neuen medialen Ausgangsbedingungen für lebhafte Kommunikation und offenen Austausch von Argumenten zunächst sehr gut zu sein. Das ursprüngliche Versprechen bestand darin, dass gleichwertige Beteiligte aufmerksam ihre Argumente austauschen und vertreten dürfen. Aus momentaner Sicht muss jedoch festgestellt werden, dass dieses Versprechen in weiten Bereichen nicht eingelöst wurde. Immer sichtbarer entstanden stammesähnliche Teilöffentlichkeiten mit dem Charakter von Echokammern und die inklusive Wirkung von Öffentlichkeit konnte sich nicht entfalten. Hier gingen zunehmend die journalistische Prüfung, deren sortierende Funktion und die vertrauenswürdige Aufbereitung von Informationen, wie man sie für öffentliche Diskurse braucht, verloren.[18] An deren Stelle traten vermehrt neue Formen von Öffentlichkeit. Sie kennzeichnen sich durch einen schnellen Informationsfluss, dessen Selbststeuerung oftmals nicht zu strukturierten, der Rationalität verpflichteten Diskursen führt, sondern zur Fragmentierung der Öffentlichkeit, zur Trivialisierung der Inhalte und zur Unterkomplexität der Darstellung von existenziell wichtigen Sachverhalten bis hin zur Faktenverleugnung.[19] Dies widerspricht fundamental der Vorstellung, dass die mehrheitlich in kleinen Kreisen geführten Diskurse (siehe Abschn. 6) jederzeit offen sind für andere Gruppen, neue Teilnehmer und thematische Erweiterungen, also einen von allen gemeinsam genutzten öffentlichen Raum schaffen und zugleich das Muster für die (guten) Umgangsformen liefern.

Eine vierte, die Systemebene,[20] ergibt sich aus der Frage, ob die demokratisch verfassten Gesellschaften und ihre wirtschaftlichen Organisationsstrukturen inhärente, systembedingte Hindernisse entwickeln, die sich in den Bedingungen der Entfaltung einer vernünftigen Öffentlichkeit niederschlagen. Dahinter steht die Behauptung, dass die ökonomischen Strukturen die gesellschaftlichen dominieren und deshalb alle menschlichen Beziehungen nach dem Muster von Gütertransaktionen beschrieben werden. Dies lässt, wenn überhaupt, nur wenig Platz für davon freie Meinungsbildung (z.B. zur Verantwortung für den Klimaschutz jenseits von marktpreisbezogenen Handlungsentscheidungen). Unabhängig davon, ob die Öffentlichkeit je eine optimale oder auch nur gute Struktur im Sinne gesellschaftlicher und politischer Partizipation hatte, kann man festhalten, dass zumindest seit den Jahren nach dem Zweiten Weltkrieg aufgrund ökonomischer und sozialer

---

18 Bei der positiven Darstellung traditioneller Medien sollte nicht übersehen werden, dass auch sie nicht problemfrei sind und weltanschauliche oder ökonomische Interessen verfolgen. Ihre Legitimation beziehen sie weitgehend aus Vertrauen in das journalistische Berufsethos und aus dem Umstand, dass sie untereinander konkurrieren.

19 Eine Kritik dieser Entwicklungen findet sich in Habermas 2022. Die früher vorgetragene Kritik an Medien in öffentlichen Kommunikationsprozessen, sie böten bloße Scheinöffentlichkeit und wirkten manipulativ, wird dadurch teilweise zurückgenommen und zumindest deren Versprechen zur Bereitstellung objektiver Informationen kann als positiver Verweis auf die Gestaltung vernünftiger Diskursformen verstanden werden.

20 Die vier angesprochenen Ebenen (Sach-, Organisations-, Kommunikations- und Systemebene) sind nicht ganz scharf zu trennen, sie überschneiden sich mehrfach, wie beispielsweise bei den bildungsbedingten persönlichen Fähigkeiten zur Diskursbeteiligung und den systembedingten Bildungsverzerrungen, die auch ideologiekritisch zu untersuchen wären.

Machtkonzentrationen systematische Verzerrungen der öffentlichen Kommunikation zu Gunsten der Träger dieser Macht auftraten. Die Erwartungen an die Funktionen der freien Meinungs- und Willensbildung als Voraussetzung für funktionierende demokratische Prozesse wurden und werden nicht ausreichend erfüllt (siehe hierzu z.B. Krüger 2019 oder Bieling/Coburger/Klösel 2021).

Diese vier skizzierten Hindernistypen haben – neben der Intensität des Wunsches nach Partizipation – wesentlichen Einfluss darauf, ob und in welchen Formen die Bürger bereit sind, sich mit bestimmten Themen ernsthaft auseinanderzusetzen und selbst zivilgesellschaftlich oder parteipolitisch aktiv zu werden. Die gemessen am Ideal deliberativer Kommunikationsprozesse sehr defizitären realen Partizipationsformen sollten aber nicht dazu führen, das dahinterstehende Konzept zu verwerfen. Alle anderen Lösungsformen wie beispielsweise Expertenregierungen oder autoritäre Regierungsformen vom wohlmeinenden Diktator der Neoklassik bis zum autoritär-despotischen, nur noch den formalen Schein von Wahlen wahrenden Oligarchenstaat sind auf Dauer nicht erfolgversprechender und in der Lebenspraxis ohnehin unfreier und daher unattraktiver.

Trotz der oben beschriebenen Schwierigkeiten muss man das Führen vernünftiger öffentlicher Diskurse anstreben. Wir leben nicht in einer Welt, »in der wir durchweg damit rechnen dürfen, daß die Grundnorm der konsensualen Moral befolgt wird. Die gebotene Zielstrategie besagt daher, daß wir stets versuchen sollten, zur Realisierung solcher Verhältnisse beizutragen, die von der Grundnorm gefordert und im argumentativen Diskurs kontrafaktisch antizipiert werden müssen.« (Apel 1982: 692) Es gibt Ansatzpunkte für eine sinnvolle Ergänzung vorhandener demokratischer Regelungen um starke deliberative Momente. Die jetzt schon vorhandenen, aber noch nicht ausreichend erfüllten Ansprüche an Partizipation, Transparenz und Kontrolle machen deutlich was erforderlich wäre. Es gilt, den theoretischen Vorgriff auf Diskursformen, die sich der Rationalität verpflichtet sehen, praktisch werden zu lassen.

Die Vorstellungen vernünftig verlaufender politischer und gesellschaftlicher Prozesse in liberal-demokratisch verfassten Staaten und offenen Gesellschaften sowie deren Realisierungsmöglichkeiten können anhand der Trennung in freie kommunikative und sanktionsgestützte administrative Macht[21] dargelegt werden. In einem öffentlichen Raum, in dem ohne unmittelbaren

21 Dieser Unterscheidung entsprechen auch andere Begriffspaare wie Beteiligter/Betroffener, Bürger/Klient, Autor/Adressat oder Regierender/Regierter. Sie alle verwei-

Handlungsdruck[22] Meinungen gerechtfertigt, korrigiert oder mit anderen abgeglichen werden können und die dann in Wahlentscheidungen zwischen konkurrierenden Parteien münden, entwickelt sich kommunikative Macht als ein Gruppeneffekt. Sie entsteht aus der gemeinsamen, sozial integrierenden Suche nach rational begründeten, d.h. als richtig geltenden Normen, von denen alle oder zumindest sehr viele Beteiligte so überzeugt sind, dass sie sie per Wahl zwanglos in die parlamentarische Gesetzgebung einschleusen. Deren administrative Umsetzung macht die Beteiligten dann zu Betroffenen, die ggf. zur Normeinhaltung gezwungen werden können. An diese Sicht des politischen Gesamtgeschehens knüpft die Idee von Deliberationsprozessen zur Erzeugung von kommunikativer Macht an.

6 Kommune als erlebbare Praxis der Deliberation

Im vorigen Abschnitt wurde schon auf den sogenannten sozialen Nahbereich eingegangen, in dem die Chancen für gelingende Diskurse größer sind als in Bereichen der Massenkommunikation. Dazu braucht es jedoch erreichbare Orte, an denen sie praktisch werden können.[23] Die Konstruktion subjektiver Vorstellungen von Wirklichkeit, die Grundlegung geteilter Bewusstseinsinhalte und Orientierungen sowie der wechselseitige Aufbau von gemeinsam akzeptierten Bedeutungen von sozialen Sachverhalten und damit auch der persönlichen Einstellung zur Teilhabe an der Gestaltung der Gesellschaft geschieht zumindest an vier Orten: Familie mit unmittelbarer sozialer Umgebung, weitere Wohn- und Freizeitumgebung, Bildungseinrichtung und Arbeitsstelle. Für die hier aufgespannte Argumentation ist das zentrale Bestimmungsmoment die Wohn- und Freizeitumgebung in Form der Stadt.

Städte sind die Orte unmittelbarer gesellschaftlicher Gestaltung und politischer Beteiligung, eine alltägliche Vermittlungsstätte zwischen Gesellschaft

---

sen auf die Selbstregierung bzw. die politische Selbstbestimmung in demokratischen Systemen.

22 Selbst wenn objektiv betrachtet Zeitdruck vorhanden ist, wird dieser in der Deliberation zunächst suspendiert bzw. in der Schwebe gelassen.

23 Hier wird nicht weiter darauf eingegangen, ob soziale Medien in der Lage sind, diese Aufgabe ganz oder teilweise zu übernehmen. Vielmehr wird davon ausgegangen, dass sie allein dies nicht können und die Präsenz im physischen Raum nicht ersetzt werden kann.

und einzelnem Akteur. Dies geschieht zum einen durch die zivilgesellschaftliche meinungsbildende Diskussion und zum anderen durch politische Willenskundgebung in den institutionalisierten demokratischen Formen von Wahlen und Abstimmungen. Dieses Zusammenspiel wird auf kommunaler Ebene meist als überschaubar, begreifbar und beeinflussbar erlebt. Zudem sind die dort behandelten Themen eng an der alltäglichen Lebenspraxis und mit unmittelbaren Ansprechpartnern in der Verwaltung verbunden. Dies eröffnet relativ leichten Zugang zum örtlichen Engagement in direkter persönlicher Kommunikation, unabhängig davon, ob es sich um formelle (z.B. institutionalisierte Abläufe, durch Verwaltungen organisierte Verfahren) oder informelle Öffentlichkeiten (z.B. spontane Treffen, soziale Netzwerke, Protestgruppen) handelt.

Was in Gestalt hinreichend generalisierten Willens als kommunikative Macht im örtlichen gesellschaftlichen Diskurs zustande kommt, wird im Bereich kommunaler Politik in entsprechende administrative Macht umgesetzt. Wesentliche Instrumente im Vorfeld von kommunalen Wahlen und anschließenden Entscheidungsprozessen sind beispielsweise Bürgerbeteiligungsverfahren oder offene Ortsteilräte, die eine Art Übergang zwischen den beiden Machttypen darstellen. In den Formen repräsentativer Demokratie schleifen sich dabei recht früh schon die politischen Parteien in die Meinungsbildungsprozesse ein. Mit ihren weltanschaulich geprägten Beteiligungsangeboten bilden sie einen wesentlichen Teil der gesellschaftlichen Heterogenität ab, die spätestens nach der Wahl – insbesondere bei Koalitionsnotwendigkeiten – in eine ausreichend inklusive Art administrativer Machtnutzung münden sollte. Im Gelingensfall kann diese Praxis von allen Beteiligten als gemeinschaftliche Tätigkeit, Selbstermächtigung und Erlangung von demokratischer Kompetenz erfahren werden.

Diese Vorstellungen zeigen sich beispielsweise in der Aufforderung »global denken und lokal handeln«, die sich aus der Rio-Konferenz 1992 ergab. Die Kommunen der Unterzeichnerländer wurden dort als Orte der Verwirklichung sinnvoller ökologischer, wirtschaftlicher, sozialer und kultureller Entwicklungen identifiziert. Sie wurden aufgefordert, ihre Bürgerschaft, die örtliche Zivilgesellschaft und die ansässige Wirtschaft zu einer koordinierten Vorgehensweise im Hinblick auf Nachhaltigkeit zu bringen. Dazu sollten nach den notwendigen öffentlichen Diskussionen über Ziele und Realisierungsmöglichkeiten lokale Maßnahmen ergriffen werden, aus deren Aufsummierung weltweit spürbare Wirkungen entstehen würden. Diese Akteursliste sollte um

Wissenschaft und Expertengremien erweitert werden.[24] Sie könnten trotz zunehmender Skepsis glaubwürdige Expertise und den Anspruch auf die Verfolgung des Gemeinwohls in öffentliche Diskurse einbringen. Dass dies als positiv bewertet würde, zeigt sich z.B. in einer Untersuchung zur Nachhaltigkeit in der Metropolregion Rhein-Neckar: »Mit deutlichem Abstand wurde mit 43,4 % der Entscheidungstyp am häufigsten genannt, der den Fachleuten die Aufgabe der Information der Öffentlichkeit bzw. der Bürgerschaft zuspricht und der Politik die Orientierung an dieser Meinungsbildung. Deutlich weniger (7,7 %) gewünscht hingegen wird die direkte Übernahme der Entscheidungen durch Expert*innen« (Hochmuth/Mangold 2021: 64).[25]

In den Kommunen finden sich also geeignete Kristallisationspunkte, an denen Meinungs- und Willensbildungsprozesse ansetzen können, die dann zum Tätigwerden führen. Sie entstehen bevorzugt dort, wo besondere lokale Betroffenheiten, in die man sich einbringen kann, zu finden sind oder wo nicht lokale Themen Betroffenheiten erzeugen, die lokalen Diskussionsbedarf auslösen. Erstere sind z.B. Bebauungsplanverfahren, beabsichtigte Nutzungsveränderungen kommunaler Areale, Umgestaltungen städtischer Verkehre oder die gezielte Wirkung öffentlicher kommunaler Güter und Transfers zum Ausgleich von ungleich verteilten Einkommen. Zu zweiteren gehören etwa Fragen wie Klimaschutz, Erhalt der Biodiversität, Rentensicherheit oder internationale Konflikte.

Zu allen diesen Themenbereichen sollten die im vorigen Abschnitt beschriebenen geregelten inhaltlichen Auseinandersetzungen geführt werden. Der Unterschied zwischen der Kommunikation im Nahbereich und der Massenkommunikation liegt in der Reichweite der Wirkung der Ergebnisse, die in den Gruppen, die sich mit einem aufgerufenen Thema befassten, erzielt wurden. Die einen wirken direkt in der unmittelbaren Lebenswelt der Beteiligten und können im Gelingensfall oftmals als Miterfolg des eigenen Handelns gesehen werden; so beispielsweise Gemeinderatsbeschlüsse, die sich auf Stellungnahmen und Vorschläge aus Beteiligungsverfahren zu kommunalen Bau-

---

24 Man könnte Wissenschaft und Expertengremien auch als zivilgesellschaftliche Akteure sehen, d.h. dann wären sie in der Liste bereits enthalten. Auf jeden Fall haben sie eine besondere Bedeutung als vertrauenswürdige Quelle von Informationen. Allerdings muss dieses Vertrauen noch weiter gestärkt werden, insbesondere weil das Vertrauen in den vergangenen Jahren gelitten hat. Ausführlich dazu: ALLEA 2019.

25 Wissenschaftler*innen waren in der Befragung als Fachleute und Expert*innen ausgewiesen.

oder Planungsvorhaben beziehen. Hier entsteht ein hohes Emotionalisierungs- und Motivationspotenzial, das für zukünftige Situationen die Schwelle der Überleitung von Problemwahrnehmung zu Handlungsbereitschaft senkt. Würde sich solches Verhalten verfestigen, indem bisher beteiligte Akteure dies in vergleichbaren Situationen beständig wiederholen und sie so zum Rollenmodell für andere Akteure werden, dann könnte sich auf Dauer ein kultureller Wandel zu selbstverständlich praktizierter demokratischer Teilhabe entwickeln.[26]

Die Diskussionen um die anderen Themen haben keinen solch unmittelbaren Entscheidungseinfluss, folgen aber den gleichen Diskursregeln. Die daraus entstehenden Ergebnisse zielen auf staatliche, nationalstaatliche oder internationale Handlungsebenen, von denen die Beteiligten wissen, dass sie in repräsentativen Demokratien in aller Regel allein über Wahlen Einfluss auf die entsprechenden politischen Gremien nehmen können. Selbst bei stärkerer Betonung von plebiszitären Entscheidungen bleibt die praktische Auseinandersetzung mit dem Thema nicht zuletzt wegen der großen Betroffenenzahl und der deshalb dezentral zu organisierenden Diskussionsforen auf Distanz zu den daraus folgenden Handlungen (z.B. nationale Wahlergebnisse, entsprechende Gesetzgebung und Vollzug daraus resultierender Maßnahmen). Die Motivation zur Beteiligung an Auseinandersetzungen mit diesen Themen kommt weniger aus der Erwartung einer unmittelbar sichtbaren Beeinflussung als aus der Einsicht in die Sinnhaftigkeit der aktiven Beteiligung an Meinungs- und Willensbildungsprozessen. Ein wesentlicher Umstand ist dabei die durch freiwillige Teilhabe berechtigte Erwartung der Beteiligten, dass die Ergebnisse von Deliberationen über Informationen und moralische Fragestellungen vernünftig sind.

Sehr holzschnittartig kann man dies so sehen, dass nach dem Muster relativ niederschwelliger Beteiligungsmöglichkeiten für lokale bürgerschaftliche Teilhabe und der oft direkt sichtbaren Wirksamkeit solchen Engagements auch überlokale Themen in ähnlicher Weise angegangen werden. Die Erfahrungen aus bürgerschaftlicher Beteiligung an lokalen Meinungs- und Willensbildungsprozessen könnten auf die Befassung mit überlokalen Themen übertragen werden. Falls sich solche Prozesse etablieren, kann daraus

26 Sinnfällig wird eine solch tiefe kulturelle Einschreibung in das Denken und die entsprechende Handlungsauslösung am Beispiel des Ehrenamts, das bei vielen Bürgern als selbstverständlich gilt. Eine ähnliche Einstellung wäre für die Bereitschaft zum aktiven Einsatz für demokratische Umgangsformen zu wünschen.

eine generelle Vorstellung des Zusammenwirkens von Bürgerschaft, Zivilgesellschaft und Politik bzw. kommunikativer und administrativer Macht entstehen, die dazu motiviert, das Wissen um Probleme in Handlungen zu deren Abhilfe zu überführen.[27]

Die Aktionsgruppen, die sich z.B. aus örtlichen Fragestellungen oder in der Folge von Rio 1992 entwickelten, können in vielen Fällen als gelungene Form des lokalen bürgerschaftlichen Engagements und der politischen Diskussion über globale Problemlagen gelten. Sie konnten in beiden Formen wesentliche Beiträge für die Erarbeitung von zufriedenstellend aufeinander abgestimmten Situationsdeutungen und Orientierungen liefern. Damit haben diese relativ leicht zugänglichen Kommunikationsräume oftmals lokale öffentliche Räume geschaffen, in die weitere Interessierte eintreten konnten oder die einem lokalen Publikum zumindest Informationen vermittelten, die jene von Presse, politischen Gremien und Verwaltung ergänzten. Auf diese Weise wurden politische Prozesse besser sichtbar für die Bürger.

Die bisherigen Aussagen in diesem und teilweise auch im vorigen Abschnitt sind vom grundsätzlichen Gedanken getragen, dass es in den Städten gute Beispiele für die öffentliche Befassung mit lokalen, aber auch mit thematisch darüber hinausgehenden Fragestellungen gibt und dass daraus in der Bevölkerung eine breite Beteiligung entstehen kann. Wie aber zuvor ebenfalls schon angesprochen, kann man momentan nicht davon ausgehen, dass dies schon hinreichend geschieht. Das als Möglichkeit dargestellte Potenzial wird bei weitem nicht ausgeschöpft. Die vom Gesetzgeber vorgesehenen und die als zivilgesellschaftliche Beteiligung geförderten Teilhabemöglichkeiten (z.B. Anhörungsverfahren einerseits und Bürgerinitiativen oder Agenda-Gruppen andererseits) werden trotz guter Beispiele und stets präsenter Wünsche nach mehr Partizipation noch nicht ausreichend genutzt.[28] Zum Teil werden andere Wege der Einflussnahme gesucht, die schneller oder direkter erscheinen, aber nicht dem oben beschriebenen Gedanken deliberativer Prozesse entsprechen. Die Forderung nach mehr Gehör für Bürgerbelange, verbunden mit dem Wunsch nach unmittelbarer Ansprache der Verwaltung, oder das Initiieren lokaler Presseberichte zu konkreten Anliegen tritt dabei meist als Alternative

27 An dieser Stelle wird nicht darauf eingegangen, wie wichtig es wäre, die Grundlagen demokratischer Umgangsformen fest in die schulische Bildung zu integrieren und lebensweltliche Umgebungen zu gestalten, die diese Lernprozesse unterstützen.

28 Siehe dazu Boockmann et al. 2020.

zu den umständlicheren Wegen über öffentliche Auseinandersetzungen und deren Ergebniskanalisierung über Parteien auf.

Jenseits dieser beschränkten Partizipation, die zumindest Ansatzpunkte für eine positive Weiterentwicklung – ggf. durch Fördermaßnahmen – bietet, gibt es in vielen Stadtbereichen Tendenzen, die sogar in die entgegengesetzte Richtung zeigen. Sie lassen sich mit so unterschiedlichen Stichworten wie Anonymität, Isolation, Einsamkeit, Gewaltbereitschaft, Bedrohungsgefühl oder auch Umweltbelastung umreißen. Sie bewirken, dass die Bürger auf emotionale Distanz gehen und nicht an Partizipation interessiert sind, sie lassen viele gemeinwohlorientierte Möglichkeiten sozialen Handelns in der Lebenspraxis außer Sicht geraten und entpolitisieren die verbleibenden sozialen Kontakte. Aus anderer Perspektive bedeutet dies die Reduktion städtischen Lebens auf die unmittelbare Reproduktion der Arbeitskraft. Die kleinen intimen Räume der einzelnen Haushalte überlappen sich nicht mehr ausreichend, um daraus in Summe einen gegenwärtigen sozialen Raum zu bilden, in dem die beschriebenen öffentlichen deliberativen Prozesse möglich wären.

Städte bieten aber auch seit langer Zeit schon die physischen öffentlichen Räume für die Bürger an, in denen dies möglich wäre. Sie sind in die städtebaulichen Strukturen (z.B. Viertel und Quartiere oder Kern und Peripherie) integriert. Neben Verkehrs-, Erholungs- und Gewerbeflächen gibt es Teile des städtischen Areals, die im Idealfall so gestaltet sind, dass sie als offene Kommunikationsräume zur Begegnung der Bürger dienen und in denen diese eine sinnvolle Ergänzung zum abgegrenzten privaten Raum finden könnten. Wo jedoch vor einigen Jahrzehnten die bauliche Intimität städtischer Quartiere noch wie selbstverständlich zu lokaler Gemeinsamkeit und nachbarschaftlicher Hilfe führte oder durch Sport- und Kulturvereine lokale Identitäten entstanden, wird zunehmend die private Lebenssphäre in den Mittelpunkt gerückt. Es gibt kaum noch eine öffentliche Kommunikation im physischen Raum, und die ersatzweise Verlagerung in die sozialen Medien schafft momentan eher informationsverzerrende als vernünftige Meinungsbildung. Die Änderungen im Verhalten von Stadtbürgern lassen die Interpretation zu, dass es ihnen weniger um solidarische Umgangsformen geht als um die betonte Nutzung privater Räume. Nur stark einzelfallbezogen und thematisch eng begrenzt öffnet man sich der sozialen Nachbarschaft. Dadurch geht zunehmend das verloren, was traditionell eine Besonderheit urbanen Lebens war: durch die Zusammenkunft von Bürgern mit unterschiedlichen Vorstellungen öffentliche Räume schaffen. Die sinnvolle Verbindung von möglicher rationaler Auseinandersetzung über strittige Themen, zu denen man sich besprechen muss, mit der daraus entstehenden emotionalen Bindung geht verloren. Die sich aus direkter Rede entwickelnden Zusammengehörigkeitsgefühle und die entsprechenden Identitätsfindungen werden behindert, weil keine Balance zwischen privater und gemeinsamer Meinungsbildung mehr gefunden wird.

Um dem entgegenzuwirken, kann man an den stadtplanerischen bzw. städtebaulichen Möglichkeiten anknüpfen und die Förderung sozialer Beziehungen einbeziehen. Staatliche Programme wie beispielsweise »Soziale Stadt« (1999 bis 2019), »Soziale Integration im Quartier« (2017 bis 2020) und »Sozialer Zusammenhalt« (seit 2020) bieten ausbaufähige Grundlagen hierfür – nicht allein beim Versuch ideale Stadtsituationen neu zu schaffen, sondern auch in der intensiveren Nutzung vorhandener Strukturen, selbst wenn diese problematisch sind. Beim Wohnen beispielsweise zeigt sich eine sozialräumliche Fragmentierung, d.h. eine räumliche Gliederung nach sozialen Unterschieden, die einerseits durch Merkmale wie Bildung, Einkommen oder Migrationsgeschichte und andererseits – aus veränderter Perspektive – durch die Zugehörigkeit zu Schichten, Klassen und Milieus beschrieben werden kann. Trotz dieser sozioökonomischen Segmentierung und der unter diesen Aspekten auf den ersten Blick recht homogen erscheinenden Wohnbevölkerung der einzelnen Stadtteile oder Quartiere kennzeichnen sich urbane Lebenswelten jedoch auch durch merkliche individuelle Unterschiede der Personen und Haushalte innerhalb dieser Sozialräume. Interessen sind nicht per se viertelgebunden und Themen variieren nicht unbedingt entlang der sozialen Gruppenzugehörigkeiten. Diese Gemengelage erfordert ein Mindestmaß an dauerhaft funktionierenden Formen gesicherter Selbstorganisation, die durchaus als deliberative Verfahren organisiert werden könnten. Durch eine geeignete Gestaltung von städtischen Aktionsräumen wären sozialisierende Wirkungen im Hinblick auf die Beteiligung an öffentlichen Diskursen als Teil sozialer Identitätssicherung erreichbar. Ungeachtet oftmals komplizierter lokaler Problemlagen und aktuell bei weitem nicht ausreichender aktiver Teilhabe der Bürger an der Lösungssuche bleiben die Kommunen der naheliegendste Weg zur Implementierung solcher Verfahren. Hier kann die Stadtbevölkerung Erfahrungen als gemeinschaftlicher Akteur machen. Wächst sich dies aus zu einem Selbstverständnis von aktiver Gestaltung kommunikativer Macht und Anerkennung von so zustande gekommener administrativer Macht, auch wenn sie unvermeidbare (Selbst-)Beschränkungen einfordert, sind auch über kommunale Fragen hinausgehende Probleme deliberativ handhabbar.

Literatur

All European Academies (ALLEA) (2019): Trust in Science and Changing Landscapes of Communication; ALLEA Discussion Paper #3. https://www.allea.org/wp-content/uploads/2019/01/ALLEA_Trust_in_Science_and_Changing_Landscapes_of_Communication-1.pdf; letzter Abruf 10.03.2025

Apel, Karl-Otto (1982): Die Situation des Menschen als ethisches Problem, in: Zeitschrift für Pädagogik 28 (1982) 5, S. 677–693.

Bertling, Jürgen/Bertling, Ralf/Hamann, Leandra (2018): Kunststoffe in der Umwelt: Mikro- und Makroplastik; Kurzfassung der Konsortialstudie; Fraunhofer – Institut für Umwelt-, Sicherheits- und Energietechnik, Fraunhofer UMSICHT (Hg.), Oberhausen. file:///Users/mangold/Downloads/kunststoffe-id-umwelt-konsortialstudie-mikroplastik.pdf ; letzter Abruf 10.05.2025

Bieling, Hans-Jürgen/Coburger, Carla/Klösel, Patrick (2021): Kapitalismusanalysen – Klassische und neue Konzeptionen der Politischen Ökonomie, Frankfurt a.M.

Boockmann, Bernhard/Hochmuth, Uwe/Klee, Günther/Mangold, Michael/Scheu, Tobias (2020): Open Government Data – Ziele, Umsetzung und mögliche künftige Verlaufsformen, Study 442 der Hans-Böckler-Stiftung, Düsseldorf.

BUND (o.J.): Mikroplastik – eine große Gefahr für unsere Umwelt; https://www.bund.net/meere/mikroplastik/ ; letzter Abruf 09.01.2025

Bundeszentrale für politische Bildung (2020): Soziale Situation in Deutschland – Einkommensverteilung. https://www.bpb.de/kurz-knapp/zahlen-und-fakten/soziale-situation-in-deutschland/61769/einkommensverteilung/ ; letzter Abruf 31.12.2024

Etzioni, Amitai (1975/2009): Die aktive Gesellschaft – Eine Theorie gesellschaftlicher und politischer Prozesse, 2. Aufl., Wiesbaden.

Goebel, Jan/Krause, Peter (2024): Einkommensentwicklung und -verteilung, in: Sozialbericht 2024, Kap. 5.3.1; Bonn, S. 203–207.

Goebel, Jan/Krause, Peter (2024): Einkommensschichtung und relative Armut, in: Sozialbericht 2024, Kap. 5.3.2; Bonn, S. 207–209.

Grabka, Markus M. (2021): Ungleichheit der Haushaltsnettoeinkommen – Trends, Treiber, Politikmaßnahmen, in: Wirtschaftsdienst, 101. Jahrgang, 2021, Heft 7, S. 506–515. https://www.wirtschaftsdienst.eu/inhalt/jahr/2021/heft/7/beitrag/ungleichheit-der-haushaltsnettoeinkommen-trends-treiber-politikmassnahmen.html ; letzter Abruf 14.02.2025

Grabka, Markus M. (2022): Löhne, Renten und Haushaltseinkommen sind in den vergangenen 25 Jahren real gestiegen, in: DIW Wochenbericht 23/2022; S. 330–337. https://www.diw.de/documents/publikationen/73/diw_01.c.842401.de/22-23-1.pdf ; letzter Abruf 14.02.2025

Grunwald, Armin (2012): Technikzukünfte als Medium von Zukunftsdebatten und Technikgestaltung, Karlsruhe.

Guterres, Antonio (2024): Neujahrsbotschaft 2025; Vereinte Nationen; UNIS/SGSM/1468 vom 30.12.2024. https://unis.unvienna.org/unis/de/pressrels/2024/unissgsm1468.html ; letzter Abruf 30.12.2024

Habermas, Jürgen (1984): Vorstudien und Ergänzungen zur Theorie des kommunikativen Handelns, Frankfurt a.M.

Habermas, Jürgen (1985): Die Krise des Wohlfahrtsstaates und die Erschöpfung utopischer Energien; in: Jürgen Habermas (Hg.): Die Neue Unübersichtlichkeit, Frankfurt a.M., S. 141–163.

Habermas, Jürgen (1992/2017): Faktizität und Geltung, 6. Aufl. Frankfurt a.M.

Habermas, Jürgen (2022): Ein neuer Strukturwandel der Öffentlichkeit und die deliberative Politik, Berlin.

Hauser, Richard (2008): Das Maß der Armut: Armutsgrenzen im sozialstaatlichen Kontext; in: Ernst-Ulrich Huster/Jürgen Boeckh/Hildegard Moggen-Grotjahn (Hg.): Handbuch Armut und soziale Ausgrenzung, Wiesbaden, S. 94–117.

Helmholtz Klima Initiative (2012/2021): Gibt es wirklich einen Klimawandel? https://www.helmholtz-klima.de/klimafakten/behauptung-schon-ueber-500-forscher-bezweifeln-den-menschengemachten-klimawandel; letzter Abruf 22.12.24

Hochmuth, Uwe/Mangold, Michael (2021): Nachhaltigkeit in der Metropolregion Rhein-Neckar – Ergebnisse einer Befragung, in: Stadtforschung und Statistik, 2/2021, S. 58–66.

Institut der deutschen Wirtschaft (2024): IW-Verteilungsreport 2024: Aktuelle Trends und Herausforderungen für die Verteilungspolitik. https://www.iwkoeln.de/studien/judith-niehues-maximilian-stockhausen-aktuelle-trends-und-herausforderungen-fuer-die-verteilungspolitik.html; letzter Abruf 02.01.2025

Kopernikus Projekt Ariadne Potsdam-Institut für Klimaabfolgen-Forschung (2021): Deutschland auf dem Weg zur Klimaneutralität 2045 – Szenarien und Pfade im Modellvergleich, Potsdam.

Kott, Christina/Bundeszentrale für politische Bildung (2024): Einkommen und Einkommensverteilung; Teil des Sozialberichts 2024 – Kapitel 5.2.1.

https://www.bpb.de/kurz-knapp/zahlen-und-fakten/sozialbericht-2024/553205/einkommen-und-einkommensverteilung/; letzter Abruf 02.01.2025; gesamter Sozialbericht 2024: https://www.bpb.de/kurz-knapp/zahlen-und-fakten/sozialbericht-2024/; letzter Abruf 02.01.2025

Krüger, Uwe (2019): Strukturwandel der Öffentlichkeit: von der Mediendemokratie zur Internetdemokratie, in: Bundeszentrale für politische Bildung (bpb). https://www.bpb.de/themen/wirtschaft/lobbyismus/286817/strukturwandel-der-oeffentlichkeit-von-der-mediendemokratie-zur-internetdemokratie/ ; letzter Abruf 01.02.2025

Nationale Akademie der Wissenschaften Leopoldina (2021): Klimawandel: Ursachen, Folgen und Handlungsmöglichkeiten, Halle (Saale).

Niehues, Judith//Stockhausen, Maximilian (2024): Aktuelle Trends und Herausforderungen für die Verteilungspolitik – IW-Verteilungsreport 2024; IW-Report 49/2024, Köln. https://www.iwkoeln.de/studien/judith-niehues-maximilian-stockhausen-aktuelle-trends-und-herausforderungen-fuer-die-verteilungspolitik.html ; letzter Abruf 02.01.2024

Pieper, Annemarie (2017): Einführung in die Ethik, 7. aktual. Aufl., Tübingen.

Ranciere, Jacques (2024): Es gibt keine Krise der Demokratie, weil es keine wirkliche Demokratie gibt, Interview mit Jaques Ranciere vom 25.06.2024, in: philosophie magazin. https://www.philomag.de/artikel/jacques-ranciere-es-gibt-keine-krise-der-demokratie-weil-es-keine-wirkliche-demokratie ; letzter Abruf 17.01.2025

Rawls, John (1979): Eine Theorie der Gerechtigkeit, Frankfurt a.M.

Sandel, Michael J. (2020): Vom Ende des Gemeinwohls – Wie die Leistungsgesellschaft unsere Demokratie zerreißt, Frankfurt a.M.

Seddig, Nadine/Holz, Gerda/Landes Benjamin (2017: Die subjektive Wahrnehmung von Armut und sozialer Ausgrenzung: Stand der Forschung und Perspektiven für vertiefende Erhebungen (FGW-Studie Vorbeugende Sozialpolitik, 4). Düsseldorf. https://nbn-resolving.org/urn:nbn:de:0168- ssoar-67294-9 ; letzter Abruf 15.02.2025

Spannagel, Dorothee/Brülle, Jan (2025): Weniger Umverteilung – Warum der Sozialstaat schlechter vor Armut schützt, in: WSI Report Nr. 99, Februar 2025. https://www.boeckler.de/fpdf/HBS-009058/p_wsi_report_99_2025.pdf ; letzter Abruf 14.02.2025

Statistisches Bundesamt (2025): G20 verursachen 83 % der globalen fossilen CO_2-Emissionen. https://www.destatis.de/DE/Themen/Laender-Regionen/Internationales/Thema/umwelt-energie/umwelt/G20_CO2.html ; letzter Abruf 09.01.2025

Umweltbundesamt (2024): Erneuerbare Energien in Zahlen. https://www.umweltbundesamt.de/themen/klima-energie/erneuerbare-energien/erneuerbare-energien-in-zahlen#uberblick ; letzter Abruf 09.01.2025

Wachstumsschwäche im neoklassischen Wachstumsmodell

Werner Röger

Einleitung

Seit Anfang der 70er Jahre sind die Wachstumsraten in den Industrieländern kontinuierlich zurückgegangen, abgesehen von einzelnen temporären Ausnahmen, wie z.B. die USA in den 80er und 90er Jahren, während des sogenannten »Tech Booms«. Es gibt eine ausführliche Literatur, welche sich mit dem Rückgang der Wachstumsrate beschäftigt. Gordon (2015) weist darauf hin, dass das Nachkriegswachstum eine historische Besonderheit war, gekennzeichnet von bahnbrechenden Innovationen im Verarbeitenden Gewerbe. Der kontinuierliche Anstieg des Dienstleistungssektors, welcher im Gegensatz zum verarbeitenden Gewerbe ein deutlich niedrigeres Produktivitätswachstum aufweist, ist ein weiterer Grund für den tendenziellen Rückgang der gesamtwirtschaftlichen Wachstumsrate. Diese Entwicklung ist auch unter dem Begriff Baumol Effekt bekannt (siehe Baumol 1967). In jüngster Zeit gab es eine Reihe von Arbeiten, welche einen Rückgang der Forschungsproduktivität konstatieren (Bloom et al. 2020, Philippon, 2022) und diese Entwicklung in Verbindung zum rückläufigen Wachstum der totalen Faktorproduktivität bringen. Das Wachstum der Personen im erwerbsfähigen Alter ist ebenfalls rückläufig aufgrund gesunkener Geburtenraten. Außerdem gibt es einen leicht rückläufigen Trend bei den Arbeitsstunden je Erwerbstätigen. Dabei ist allerdings auch zu berücksichtigen, dass der Anstieg der Partizipationsrate dieser Tendenz teilweise entgegenwirkt. Man kann davon ausgehen, dass diese Trends im Verhalten der Haushalte, sowie die gesamtwirtschaftlichen Technologietrends auch in Zukunft wirksam sein werden und man kann bereits jetzt mit einiger Sicherheit davon ausgehen, dass sich die demographischen Trends noch verstärken werden. Hinzukommen werden zunehmend klimabedingte Wachstumsrisiken. Es gibt eine ganze Anzahl von Studien, welche für die nächsten Jahrzehnte erhebliche Einkommensrückgänge aufgrund klimabedingter Schäden prognostizieren. Z. B. sagen Kotz et al. (2024) voraus, dass innerhalb der nächsten 25 Jahre mit einer klimabedingten Reduktion des Einkommens zwischen 11 % und 29 % zu rechnen ist, im Vergleich zu einem Szenario ohne Klimawandel. Wobei in dieser Studie die Einkommenseinbußen für Europa am unteren Ende liegen. Selbst in diesem Fall muss man aber mit einem durchschnittlichen Rückgang des Wachstums um ca. 0.3 % p. a. gegenüber dem Referenzszenario rechnen.

Als Gegenargument kann angeführt werden, dass durch digitale Innovationen, insbesondere bei KI-Anwendungen, bedeutende Produktivitätsfortschritte zu erwarten sind. Allerdings ist zumindest in Europa in den letzten Jahrzehnten, trotz zunehmender Digitalisierung, keine Trendumkehr beim Produktivitätswachstum festzustellen. Für Europa trifft noch mehr als für die USA der Satz von Solow (1987) zu, dass das Computer-Zeitalter überall zu sehen ist, nur nicht in den Produktivitätsstatistiken. In jüngster Zeit haben KI-Entwicklungen erneut Wachstumshoffnungen geweckt. In einer McKinsey Studie wird von einem Anstieg der jährlichen Wachstumsrate von 3 bis 4 % in den kommenden Jahrzehnten gesprochen. Sehr viel skeptischer ist hingegen der bekannte Wachstumsökonom D. Acemoglu (2024), welcher lediglich von einer KI bedingten Zunahme des Wachstums von ca. 0.5 % über das kommende Jahrzehnt ausgeht (0.05 % p. a.).

Wegen der hier aufgeführten Wachstumsrisiken kann zumindest ein Szenario mit zukünftig sehr niedrigem oder sogar Nullwachstum nicht vollständig ausgeschlossen werden. Daher ist es geboten, sich mit der Frage zu beschäftigen welche Konsequenzen ein weiterer Rückgang des Wachstums hätte. Ohne weiteres wirtschaftliches Wachstum dürften vor allem Verteilungsfragen in den Vordergrund treten. Wie sich zeigen wird, ergibt sich dies auch aus dem neoklassischen Wachstumsmodell. Es stellt sich deshalb auch die Frage nach adäquaten wirtschaftspolitischen Maßnahmen.

In diesem Beitrag werde ich deshalb ein Nullwachstum-Szenario für Deutschland skizzieren. Ausgangspunkt ist die gegenwärtige Trend-Wachstumsrate des technischen Fortschritts in der Bundesrepublik von ca. 0.5 % p. a. und ein Nullwachstum des Arbeitskräftepotentials. Die Referenz für mein Szenario ist eine Prognose des Sachverständigenrates (Grimm et al. 2024) bei der eine mittelfristige Wachstumsrate von ca. 0.5 % vorhergesagt wird. Im Gegensatz zur SVR-Prognose gehe ich davon aus, dass sich das TFP-Wachstum weiter verlangsamt und sich permanent auf 0.25 % p. a. verringern wird und das Arbeitskräftepotential (Bevölkerungswachstum) mit einer Rate von 0.25 % p.a. auch langfristig sinken wird.

Für meine Analyse der Konsequenzen dieser Entwicklung verwende ich das neoklassische Wachstumsmodell, welches als das »Arbeitstier« in der empirischen Wachstumsforschung angesehen werden kann (siehe z.B. Havik et al. 2014). Meiner Kenntnis nach ist das neoklassische Wachstumsmodell bisher allerdings wenig zur Analyse von »Postwachstumsfragen« eingesetzt worden. Ich vermute, dass es bei Postwachstumsökonomen eine gewisse Scheu gibt, dieses Modell zu verwenden, weil sie dieses Modell einer kapitalistischen Marktwirtschaft für ungeeignet halten Postwachstumsszenarien adäquat abzubilden[1]. Ein zweiter Grund könnte darin liegen, dass man bei einer Betrachtung des Wachstumsrückgangs durch die Brille des neoklassischen Wachstumsmodells geneigt sein könnte das Modell vornehmlich dazu zu befragen, welche wachstumsfördernden Maßnahmen zu ergreifen wären, um den Rückgang des BIP-Wachstums aufzuhalten. Ich halte beide Einwände nicht für zutreffend, und werde auf beide Punkte in Kapitel 1 noch genauer eingehen. Es muss allerdings an dieser Stelle darauf hingewiesen werden, dass Standardwachstumsmodelle einen positiven Zusammenhang zwischen Wachstum und allgemeiner Wohlfahrt implizieren und somit Nullwachstum nicht als einen erwünschten Zustand sehen. Sie eignen sich allerdings dennoch dazu, die Konsequenzen von Nullwachstum und hier insbesondere die Auswirkungen auf die Einkommens- und Vermögensverteilung zu beleuchten.

Dieser Beitrag ist folgendermaßen strukturiert: Zunächst gebe ich einen kurzen Überblick über rückläufige Wachstumstrends in den Industrienationen in den letzten Dekaden, sowie über gängige mittelfristige Prognosen. Ich werde anschließend das neoklassische Standardmodell in seinen wesentlichen Grundzügen darstellen. Hierbei geht es auch darum zu zeigen, dass das neoklassische Wachstumsmodell eine Marktwirtschaft mit Nullwachstum als einen geordneten Prozess beschreibt (siehe Solow 2008). In einem zweiten Schritt werde ich zeigen, dass das neoklassische Wachstumsmodell mit wichtigen stilisierten Fakten, den sogenannten Kaldor Facts, übereinstimmt (Kaldor 1961). Im dritten Abschnitt zeige ich anhand des oben skizzierten Szenarios, welche Konsequenzen ein Rückgang des Wachstums

1 Richters und Simoneit (2019) geben einen Überblick über den »Wachstumszwang« welche viele Postwachstumsökonomen insbesondere der neoklassischen Wachstumstheorie zuschreiben.

auf null in modelltheoretischer Sicht hätte. Daraus ergeben sich spezifische Politikempfehlungen welche ich anschließend diskutieren werde.

Wachstumstrends und Prognosen

Betrachtet man den Wachstumstrend in europäischen Ländern und den USA seit den 60er Jahren, so ist aus Abbildung 1 ein nahezu kontinuierlicher Rückgang der Wachstumsraten klar ersichtlich.

Abb. 1: Wachstumstrends in Industrieländern

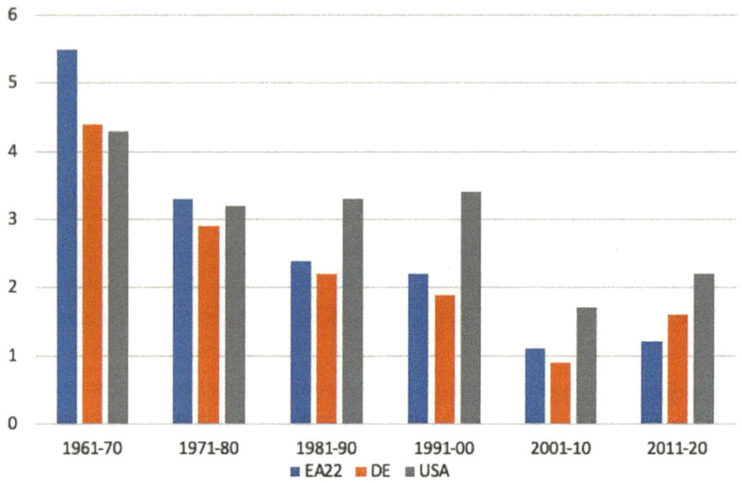

Quelle: AMECO-Datenbank, EU Kommission

Für Deutschland ergibt sich folgendes Bild: Lag das Wachstum in den 60er Jahren noch bei über 4 % so ist es in den folgenden Dekaden kontinuierlich gefallen. Die 10er Jahre scheinen eine gewisse Erholung anzudeuten. Dies kann man auf einen Anstieg des Arbeitsvolumens zurückführen (siehe Abbildung 2). Allerdings sind seit den Krisen in 2020 und 2022 die Wachstumsaussichten deutlich pessimistischer ausgefallen. Dies zeigt sich auch in den mittelfristigen (SVR 2023: 73) und längerfristigen Vorausschätzungen der Wirtschaftsforschungsinstitute (Grimm et al. 2024). Der Sachverständigenrat hat sich in seinem Jahresgutachten 2023 ausführlich mit den mittelfristigen Wachstumsaussichten der Bundesrepublik beschäftigt und geht bis zum Jahr 2028 von einem durchschnittlichen Wachstum von ca. 0.4 % p. a. aus (SVR 2023: 73).

Abb. 2: Zerlegung der Wachstumsrate des Produktionspotenzials in Deutschland, 1970 bis 2070

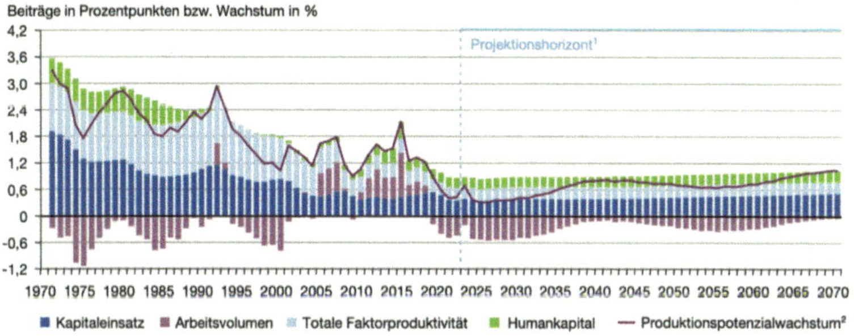

[1] Werte für 2023 und 2024 basieren auf der Kurzfristprognose des SVR Wirtschaft. Ab 2025 Projektion. [2] Das Produktionspotenzialwachstum berechnet sich als Summe der Wachstumsbeiträge der vier Faktoren der Produktionsfunktion: Kapitaleinsatz, Arbeitsvolumen, Totale Faktorproduktivität sowie Humankapital. Deren Beiträge können auch negativ sein.

Quelle: Grimm et al. (2024)

Die Mittelfristprognose des SVR kann aber durchaus als optimistisch betrachtet werden, wenn man den historischen Trend betrachtet, der durch ein stetiges Absinken der Wachstumsrate des technischen Fortschritts (Totale Faktorproduktivität) sowie des Kapitalbeitrags gekennzeichnet ist. Dieser Trend wird in der Prognose nicht fortgeschrieben, sondern es wird angenommen, dass sich deren Wachstumsraten stabilisieren werden.

Das neoklassische Wachstumsmodell

Das neoklassische Wachstumsmodell charakterisiert die Volkswirtschaft durch einen Haushaltssektor und einen Unternehmenssektor. Haushalte treffen Konsum-/Spar- und Arbeitsangebotsentscheidungen, während der Unternehmenssektor gewinnmaximierende Produktions-, Arbeitsnachfrage- und Investitionsentscheidungen unter Berücksichtigung einer gegebenen Produktionstechnologie trifft. Die Technologie verbessert sich kontinuierlich durch technologische Innovationen. Die Entscheidungen der Unternehmen und Haushalte hängen auch von den Marktbedingungen ab. Häufig wird vollständige Konkurrenz auf Güter-, Arbeits- und Kapitalmärkten unterstellt[2]. Die Höhe der Entlohnung der Produktionsfaktoren Arbeit und Kapital orientiert sich an ihrer Grenzproduktivität. Der Umstand, dass das neoklassische Modell häufig für empirische Wachstumsanalysen eingesetzt wird, ist darauf zurückzuführen, dass das Modell einige zentrale stilisierte Fakten des Wachstumsprozesses relativ gut abbilden kann. Vier wichtige stilisierte Fakten zur Entwicklung von Kapital und Arbeit und deren Entlohnung über die Zeit sind in Abbildung 3a und 3b wiedergegeben.

Abb. 3a: Arbeitsstunden und Kapitalstock (EU, Index 1991=1)

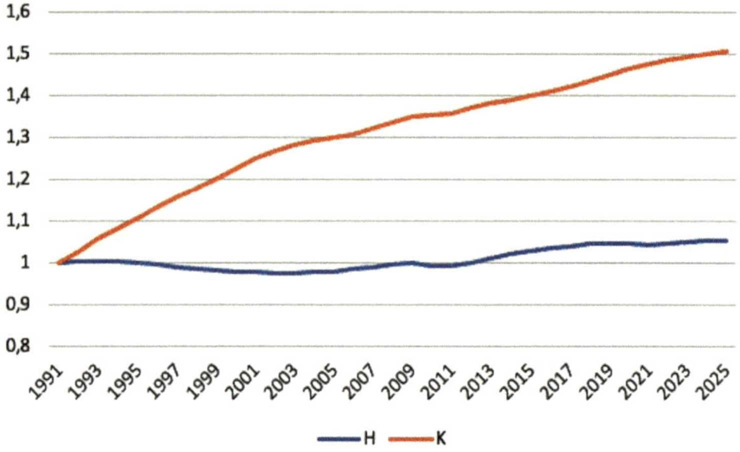

Quelle: AMECO-Datenbank, EU Kommission

H: Gesamte Arbeitsstunden; K: Gesamtwirtschaftlicher Kapitalstock

---

2 Eine Verallgemeinerung des Modells, z. B durch monopolistische Konkurrenz auf Güter und Arbeitsmärkten, würde die wesentlichen Ergebnisse hinsichtlich des Wachstums nicht verändern, sondern würde vornehmlich das Niveau der ökonomischen Aktivität beeinflussen.

Abb. 3b: Reallohn und Kapitalertrag (EU, Index 1991=1)

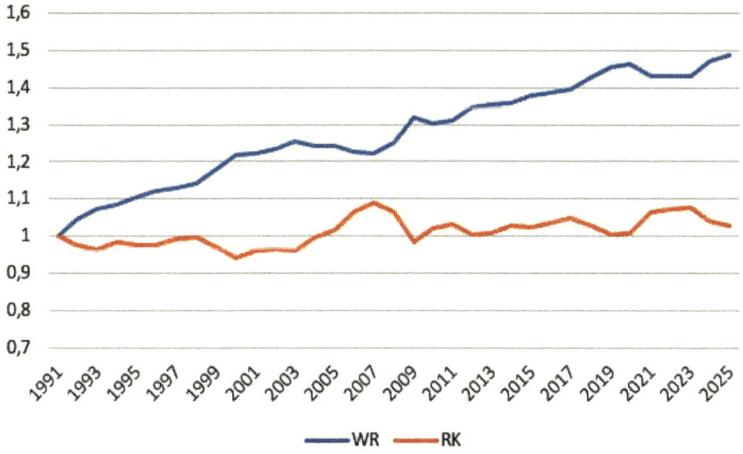

Quelle: AMECO-Datenbank, EU Kommission, DG ECFIN; eigene Berechnung

*WR: Reallohn; RK: Kapitalertrag, WR=Lohnanteil*BIP/Arbeitsstunden; RK=Kapitalanteil*BIP/Kapitalstock.*

Betrachtet man die Produktionsfaktoren Arbeit und Kapital, so ergibt sich häufig der folgende Trendverlauf: Die Arbeitsstunden bleiben nahezu konstant, während der Kapitalbestand wächst (siehe Abbildung 3a). Die Kehrseite dieser Entwicklung ist eine relativ konstante Ertragsrate des Kapitals im Vergleich zur Zunahme des Reallohnes über die Zeit (siehe Abbildung 3b). Die Entwicklung von Stunden und Löhnen ergibt sich im Modell durch ein relativ unelastisches Arbeitsangebot. Dies folgt aus zwei Arbeitsangebotsbedingungen, welche mit Substitutions- und Einkommenseffekt beschreiben werden. Der Einkommenseffekt bezeichnet die Reaktion des Arbeitsangebots auf eine (durch technischen Fortschritt erzeugte) Erhöhung des Einkommens. Diese ermöglicht denselben Konsum mit weniger Arbeit und ist somit diejenige Kraft, welche das Arbeitsangebot bei Einkommenswachstum reduziert. Der Substitutionseffekt wirkt dem entgegen, weil ein höherer Lohn die Freizeit teurer macht. Die relative Konstanz des Arbeitsangebots über die Zeit kann im Modell durch eine Parametrisierung abgebildet werden, bei der sich beide Effekte ausgleichen.

Der Anstieg des Kapitalbestandes bei relativ konstanter Ertragsrate folgt aus einem zinselastischen Angebot an Kapital, bzw. aus einem zinselastischen Sparverhalten der Haushalte (Keynes-Ramsey-Regel). Grundsätzlich erfordert eine positive Ersparnis einen positiven Zinssatz, da im Modell von einer Präferenz für Gegenwartskonsum ausgegangen wird. Die sogenannte intertemporale Substitutionselastizität gibt an, wie stark die Ersparnis auf eine Veränderung des Zinssatzes reagiert. Ist diese genügend hoch, so kann eine erhöhte Investitionsnachfrage durch einen zinsbedingten Anstieg der Ersparnis befriedigt werden. Im neoklassischen Wachstumsmodell wird somit ein Zusammenhang zwischen der Wachstumsrate des Bruttoinlandsprodukts und dem Zinssatz postuliert. Das Modell kann erklären, weshalb der Zinssatz über die Zeit relativ konstant bleibt, während der Kapitalbestand ansteigt. Der Zusammenhang zwischen Zinssatz und Wachstum kann durch die folgende Keynes-Ramsey-Regel angegeben werden in der der Zinssatz r_t bestimmt ist durch die Rate der Zeitpräferenz ρ und die Wachstumsrate des Konsums gc_t

$$r_t = \rho + \sigma_c gc_t$$

Der Parameter σ_c bezeichnet die intertemporale Substitutionselastizität. Für σ_c genügend groß ($\sigma_c \geq 1$) ist das Sparverhalten genügend elastisch um auf eine Erhöhung der Investitionsnachfrage ohne starke Erhöhung des realen Zinssatzes zu reagieren. In jüngster Zeit hat insbesondere Blanchard (2019) auf den positiven Zusammenhang zwischen Zinssatz und der gesamtwirtschaftlichen Wachstumsrate aufmerksam gemacht. Damit sind wir an einem wichtigen Punkt angelangt, wenn es darum geht zu erklären, weshalb das neoklassische Wachstumsmodell auch für Nullwachstumsperioden angewendet werden kann. Aus dem hier abgeleiteten Zusammenhang zwischen Wachstumsrate und Zinssatz ergibt sich nämlich unmittelbar, dass nach dem neoklassischen Modell eine Marktwirtschaft bei Nullwachstum überlebensfähig ist. Denn der Zinssatz ist die Summe aus der Rate der Zeitpräferenz und der Wachstumsrate der Wirtschaft und bleibt deshalb auch bei Nullwachstum positiv. Der Grund hierfür ist, dass auch bei Nullwachstum positive Ersparnisse notwendig sind, um den abgeschriebenen Kapitalbestand zu ersetzen. Somit bleibt der Ertrag auf Kapital positiv. Nur für extrem negative (erwartete) BIP-Wachstumsraten ($gY_t < -\rho/\sigma_C$) wird die Ertragsrate auf Kapital negativ, womit selbst Ersatzinvestitionen nicht mehr lohnend wären. Somit entfällt der erste mögliche Einwand gegen die Verwendung des neoklassischen Wachstumsmodells für ein Postwachstumsszenario.

Nun betrachten wir den zweiten möglichen Einwand, demzufolge wirtschaftspolitische Maßnahmen im neoklassischen Wachstumsmodell dauerhaft höhere Wachstumsraten erzeugen können. Hierzu ist es sinnvoll sich zu fragen, welche längerfristigen Wachstumsprognosen das Modell macht. Aufgrund der Technologieannahmen (abnehmende Grenzerträge der Produktionsfaktoren Arbeit und Kapital) und der Präferenzen der Haushalte (abnehmender Grenznutzen aus Konsum und zunehmendes Grenzleid der Arbeit) wohnt dem neoklassischen Wachstumsmodell eine starke Tendenz zu einem stationären Zustand inne. Kontinuierliches Wachstum ist somit nur durch exogene Faktoren möglich, wie dem Wachstum der Bevölkerung, technologischen Innovationen[3] sowie politisch gesetzten (Steuer-)Anreizen mit dem Ziel einer Erhöhung der Erwerbsquote oder der Investitionen. Ein Anstieg der Bevölkerung erhöht das Angebot an Arbeitskräften und erhöht somit den Arbeitsinput in der Produktion und schafft dadurch auch neue Investitionsmöglichkeiten. Der technische Fortschritt erhöht die Produktivität beider Produktionsfaktoren und erhöht darüber die Nachfrage nach Arbeit und Kapital. Bei einer konstanten Rate von Bevölkerungs- und Technologiewachstum kann somit das BIP mit der Summe der beiden Raten dauerhaft wachsen. Steuerliche Investitionsanreize erhöhen zwar die Nachfrage nach Kapital, dies führt allerdings nicht zu einer dauerhaften Erhöhung der Wachstumsrate, weil die Erhöhung der Kapitalnachfrage auf ein unelastisches Arbeitsangebot trifft. D.h. eine Senkung der Unternehmenssteuer führt zu einem langfristigen Niveaueffekt aber nicht zu einem dauerhaften Wachstumseffekt. Aus dem neoklassische Wachstumsmodell können somit Empfehlungen für Wachstumsimpulse abgeleitet werden, allerdings werden diese im allgemeinen nur zu langfristigen Niveaueffekten und nicht zu Wachstumseffekten führen[4]. Somit ist es selbst im Rahmen des neoklassischen Wachstumsmodells schwierig durch wirtschaftspolitische Maßnahmen Niedrigwachstumstrends dauerhaft umzukehren.

3 Es gibt eine ausführliche neue Literatur welche den technischen Fortschritt endogenisiert. Diese Modelle machen aber keine grundsätzlich unterschiedlichen Aussagen zum Rückgang des Wachstums. Ein Rückgang des Wachstums in endogenen Wachstumsmodellen ergäbe sich aus einem Rückgang der Effizienz in der Wissensproduktion.

4 Es gibt endogene Wachstumsmodelle welche langfristige Wachstumseffekte für wirtschaftspolitische Maßnahmen generieren. Hierfür ist allerdings erforderlich, dass es kein abnehmendes Grenzprodukt für Kapital gibt.

Während das Arbeitsangebot relativ gut messbar ist (Erwerbsbevölkerung, Arbeitsstunden), ist die Rate des technischen Fortschritts nicht direkt beobachtbar. In der empirischen Wachstumsliteratur hat sich das sogenannte Solow Residuum (oder Totale Faktorproduktivität) als Maß für technischen Fortschritt etabliert. Das Solow Residuum ist definiert als Differenz der Wachstumsrate des Outputs (BIP) und den Wachstumsraten der Produktionsinputs (Kapital und Arbeit) multipliziert mit ihren jeweiligen Output Elastizitäten (welche durch deren Faktorpreise gemessen werden können). Wie aus Abbildung 2 ersichtlich ist, zeigt die TFP-Wachstumsrate schon seit längerem einen sinkenden Verlauf, während das Arbeitsangebot über die letzten Dekaden relativ stabil war. Wie oben bereits diskutiert, gehen viele mittelfristige Prognosen von einem Rückgang des Arbeitsangebots in der Zukunft aus.

Ein Nullwachstumsszenario

Wie oben bereits angedeutet, ergibt sich aus den hauptsächlichen Wachstumstreibern des neoklassischen Wachstumsmodells ein mögliches Nullwachstumsszenario, welches durch ein negatives Wachstum des Arbeitsinputs und einen weiteren Rückgang des Wachstums der totalen Faktorproduktivität beschrieben werden kann. Bei dem hier vorgestellten Nullwachstumsszenario gehe ich von Zahlen für Trend TFP und Bevölkerungswachstum[5] aus, wie sie von der EU-Kommission regelmäßig veröffentlicht werden. Demnach ist die TFP-Wachstumsrate inzwischen auf einem Stand von 0.5 % angelangt, verglichen mit einem Trendwachstum von ca. 1 % im Jahre 2012. In den letzten zehn Jahren blieb die Bevölkerung nahezu konstant. Der Zuzug von Flüchtlingen aus der Ukraine ließ die Bevölkerung 2022 und 23 aber um fast 1 % anstiegen. In der mittleren Frist (bis 2028) geht die Kommission dagegen von einem negativen Wachstum von -0.2 % p. a. aus. In meinem Szenario gehe ich von einem langfristigen Rückgang der Bevölkerung im erwerbsfähigen Alter um -0.25 % pro Jahr aus. Für das TFP-Wachstum gehe ich ebenfalls von einer weiteren Verlangsamung aus und nehme an, dass die Rate des technischen Fortschritts langfristig nur noch 0.25 % pro Jahr sein wird.

Die Größenordnung der beiden Schocks sind m.E. nicht unplausibel, sie sind aber auch bewusst so gewählt, um ein Szenario mit einem BIP-Wachs-

5 Genauer gesagt der Bevölkerung im erwerbsfähigen Alter.

tum von null Prozent in dem hier zugrunde gelegten neoklassischen Wachstumsmodell generieren zu können. Abbildung 4 zeigt die Entwicklung der wesentlichen makroökonomischen Aggregate und relativen Preise – in Abweichung von einem Basisszenario mit einer durchschnittlichen Wachstumsrate von 0.5 % – über einen Zeitraum von 100 Jahren wie sie sich unter den genannten Annahmen ergeben.

Abb. 4: Nullwachstumsszenario

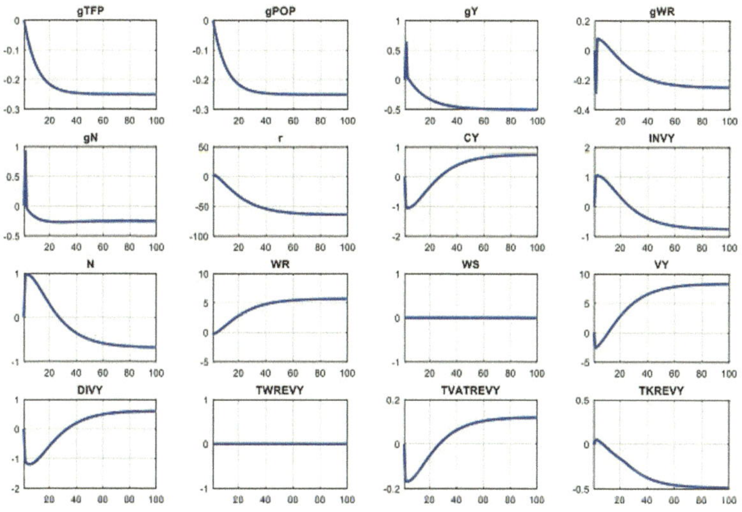

Quelle: Eigene Berechnung

Die Grafiken zeigen die Abweichung der entsprechenden Variablen von einem Baseline Wachstumspfad mit einer langfristigen Wachstumsrate von 0.5 % p.a.

gTFP: TFP Wachstumsrate TFP (PP); gPOP: Bevölkerung Wachstumsrate (PP); gY: BIP Wachstumsrate (PP); Reallohn Wachstumsrate (PP); gN: Beschäftigung Wachstumsrate PP); r: realer Zinssatz (BP); CY: Konsumanteil am BIP (PP); N: Beschäftigungsquote (PP); WR: Reallohn (%); WS: Lohnanteil (PP); VY: Vermögen/BIP (PP); DIVY: Ausgeschüttete Gewinne/BIP (PP); TWREVY: Lohnsteueraufkommen/BIP (PP); TVATREVY: MWSt Aufkommen/BIP (PP); TKREVY: Unternehmenssteueraufkommen/BIP (PP).

PP: Abweichung in Prozentpunkten; BP: Abweichung in Basispunkten; %: prozentuale Abweichung.

In der Wachstumstheorie spielt die Erwartungsbildung von Haushalten und Unternehmen über zukünftige Entwicklungen eine große Rolle, das ergibt sich schon daraus, dass sowohl Spar- als auch Investitionsentscheidungen auf die Zukunft gerichtet sind. Es wird üblicherweise unterstellt, dass die wirtschaftlichen Akteure rationale Erwartungen über die Zukunft unter Ausnutzung aller verfügbaren Informationen bilden. Für dieses Szenario bedeutet dies, dass private Haushalte und Unternehmen davon ausgehen, dass das Wachstum von TFP und Bevölkerung sich über die nächsten Dekaden kontinuierlich verlangsamen und die Wirtschaft permanent in einer Nullwachstumsphase verharren wird. D.h. Haushalte und Unternehmen treffen bereits in der kurzen Frist Entscheidungen (Spar-, Arbeitsangebots- und Investitionsentscheidungen), um den Übergang zu einer Niedrigwachstumsphase optimal zu gestalten. Der Staat verhält sich in diesem Szenario dagegen passiv, insofern als Steuersätze und der staatliche Konsum (in % des BIP) konstant gehalten werden, genauso wie die Schuldenquote. Um das Budget unter diesen Bedingungen langfristig auszugleichen, werden die Transfers an die Haushalte angepasst. Dieses passive staatliche Verhalten ist insofern beabsichtigt, weil sich dadurch zeigt, in welchen Bereichen womöglich Handlungsbedarf des Staates besteht. Im Folgenden werde ich etwas detaillierter auf einige Aspekte der Nullwachstumsphase eingehen, so wie sie sich aus Abbildung 4 ergeben.

Beobachtung 1: *Das BIP-Wachstum geht allmählich gegen Null.* Die Abbildung zeigt den Pfad der beiden Wachstumstreiber Totale Faktorproduktivität und Bevölkerung im erwerbsfähigen Alter. Annahmegemäß sink demnach die TFP-Wachstumsrate von 0.5 % auf 0.35 % in den nächsten 10 Jahren und erreicht nach ca. 30 Jahren ihr neue langfristige Wachstumsrate von 0.25 %. Dieselbe Dynamik wird für die Wachstumsrate der Bevölkerung unterstellt. Etwas zeitverzögert (nach mehr als 40 Jahren) wächst das BIP ebenfalls mit einer Rate von null. Der Umstand, dass die BIP-Wachstumsrate mit Verzögerung sinkt, ist genau darauf zurückzuführen, dass die wirtschaftlichen Akteure durch eine Erhöhung von Spar- und Investitionstätigkeit sowie des Arbeitsangebots, diesem erwarteten technologischen und demographischen Prozess etwas entgegenwirken.

Beobachtung 2: *Der reale Zinssatz sinkt langfristig auf ein niedrigeres Niveau, bleibt aber positiv*. Entsprechend der Keynes-Ramsey-Regel erfordert ein niedrigeres Wachstum weniger Investitionen. Da die Investitionen aber nicht auf null zurückgehen, muss der reale Zinssatz positiv bleiben, um die entsprechende Ersparnis der Haushalte bereitzustellen.

Beobachtung 3: *Konsum und Investitionsanteil divergieren in der kurzen und langen Frist.* In der kurzen Frist sinkt der Konsumanteil (erhöht sich die Sparquote) und die Investitionsquote steigt an. Langfristig geht die Entwicklung jeweils in die andere Richtung. Kurzfristig stimuliert eine erhöhte Sparquote die Investitionen, in der langen Frist schränkt hingegen der Rückgang von Technologie- und Bevölkerungswachstum zunehmend profitable Investitionen ein und es kommt zu einem Anstieg ausgeschütteter Gewinne, welche die Konsumquote erhöhen.

Beobachtung 4: *Alle wichtigen Aggregate wachsen in der langen Frist mit derselben Rate wie das BIP.* Die Tatsache, dass sich der Konsum und Investitionsanteil in der langen Frist stabilisieren, veranschaulicht, dass Konsum und Investitionen ebenfalls mit einer Rate von null wachsen[6]. Identische Wachstumsraten ergeben sich ökonomisch gesprochen daraus, dass bei einem langfristig konstanten realen Zinssatz, sich der Konsum proportional zum Einkommen verhält. Ähnliches gilt für die Investitionen, bzw. den Kapitalstock. Letzterer entwickelt sich bei konstantem Zinssatz proportional zum gesamtwirtschaftlichen Output. Eine konstante Kapitalintensität impliziert eine konstante Investitionsquote.

Beobachtung 5: *Die Kapitalintensität der Produktion steigt langfristig an.* Obwohl der Investitionsanteil am BIP langfristig sinkt, steigt dennoch die Kapitalintensität langfristig an. Dies liegt darin begründet, dass durch den Rückgang des BIP-Wachstums ein größerer Anteil der Investitionen zur Erhöhung der Kapitalintensität und nicht zur Erweiterung der Produktion verwendet werden kann. Bei einem Rückgang der Wachstumsrate um 0.5 % steigt somit der Anteil des Sachvermögens am BIP langfristig um 10 % (d.h. von ca. 400 % auf 440 %).

Beobachtung 6: *Der Lohnanteil (und somit der Kapitalanteil) am Einkommen bleibt konstant.* Der Einkommens- und Substitutionseffekt beim Arbeitsangebot bleibt auch bei Nullwachstum wirksam und stabilisiert die Erwerbsquote, während die Wachstumsrate des Reallohnes entsprechend der TFP-Wachstumsrate fällt. Die unterschiedliche Entwicklung von Arbeit und Kapital sowie deren Entlohnung über die Zeit, welche wir schon in Abbildung 3a und 3b für die letzten Dekaden diskutiert haben, werden sich also im Wesentlichen fortsetzen. D.h. es wird weiterhin einen Anstieg des Reallohnes, wenn auch weniger ausgeprägt, geben, bei konstantem, aber niedrigerem Zinssatz. Der

6 Wichtig hierfür ist, dass der Anteil des staatlichen Konsums am BIP konstant bleibt.

Kapitalbestand wird längerfristig stagnieren und die Arbeitsstunden werden stärker sinken, so dass die Schere zwischen Kapital und Arbeit weiter offenbleibt. Beide Entwicklungen halten den Lohnanteil am BIP konstant.

Beobachtung 7: *Der Anteil des Einkommens der Haushalte aus Sachvermögen (= ausgeschüttete Gewinne) steigt an.* Weil die Investitionsquote aufgrund des geringeren Wachstums zurückgeht, erhöht sich der Anteil der ausgeschütteten Gewinne am Gesamtgewinn der Unternehmen. Daraus folgt unmittelbar, dass sich das Verhältnis zwischen ausgeschütteten Gewinnen und Lohneinkommen erhöht.

Die zwei zentralen Implikationen des Modells für ein Nullwachstumsszenario lauten: Erstens, bei einer Wachstumsrate von null wird die Produktion kapitalintensiver und somit steigt das Verhältnis von Sachvermögen zum Einkommen. Daraus folgt zweitens, dass diejenigen Haushalte welche in der Gegenwart einen höheren Anteil ihres Einkommens aus Sachkapital beziehen, ihren Anteil am Einkommen erhöhen werden. Als nächstes stellen wir deshalb die Frage, welche verteilungspolitischen Optionen sich aus einer niedrigeren Wachstumsrate ergeben.

Wirtschaftspolitische Konsequenzen

Wie wir im letzten Abschnitt festgestellt haben, führt Nullwachstum im neoklassischen Wachstumsmodell nicht zu einem wirtschaftlichen Desaster. Insbesondere sind die grundlegenden Preisbildungsprozesse auf den Kapitalmärkten nicht beeinträchtigt, denn auch bei Nullwachstum ist die Ertragsrate des Kapitals positiv, was eine Voraussetzung dafür ist, dass Ersparnisse bereitgestellt werden, um die benötigten Ersatzinvestitionen zu tätigen. Unternehmen machen weiterhin positive Gewinne, wenn auch die Ertragsrate (gemessen durch den realen Zinssatz) zurückgeht. Weil aber gleichzeitig der Investitionsbedarf sinkt, erhöht sich trotz rückläufiger Ertragsrate der Anteil ausgeschütteter Gewinne am BIP. Das wirft die Frage auf, ob ausgeschüttete Gewinne, welche hier das Ergebnis mangelnder Investitionsmöglichkeiten sind und nicht Resultat wachstumssteigernder Investitionen, stärker umverteilt werden sollten.

An dieser Stelle sollen zwei Optionen diskutiert werden:

Option 1: Erhöhung des Anteils von Lohneinkommensbeziehern am Sachvermögen, z.B. durch Einführung eines kapitalgedeckten Pfeilers der Rentenversicherung (Aufbau eines Aktienfonds).

Option 2: Vermögenssteuer bei gleichzeitiger Senkung der Lohnsteuer.

Option 1 wäre eine Empfehlung, welche im Einklang mit dem neoklassischen Wachstumsmodell stehen würde. Der optimale Übergang zu einer Niedrig-Wachstumsphase ereignet sich in einer (Modell)-Welt ohne Finanzmarktrestriktionen für Haushalte. Um das Konsumwachstum möglichst lange hochzuhalten, erhöhen die Haushalte ihre Sparquote in der kurzen und mittleren Frist. Das Modell beschreibt wie sich ein Haushalt, welcher sein permanentes Einkommen maximieren will, hinsichtlich seines Spar- und Investitionsverhaltens entscheidet. In einer Welt unvollständiger Kapitalmärkte und insbesondere niedriger Kapitalmarktbeteiligung von Lohneinkommensbeziehern wäre es deshalb sinnvoll, durch staatliches Handeln ein solches Verhalten zu imitieren. Dies könnte in der Praxis durch den Aufbau eines Aktienfonds geschehen, so dass auch Arbeitnehmerhaushalte in der Zukunft von einem höheren Anteil ausgeschütteter Gewinne am verfügbaren Einkommen profitieren. Ganz ohne intergenerationelle Verteilungskonflikte würde dies aber nicht zu bewerkstelligen sein, denn letztendlich müsste der Aufbau eines solchen Aktienfonds durch Rentenbeiträge erfolgen, welche der jeweiligen Rentnerkohorte nicht zur Verfügung stehen würden.

Eine Besteuerung des Vermögens (und eine Senkung der Lohnsteuern) wie unter Option 2 vorgesehen, wäre zielführend hinsichtlich einer Verringerung des Anteils ausgeschütteter Gewinne am Gesamteinkommen. Im Gegensatz zu Option 1 führt die Vermögenssteuer allerdings zu einer Erhöhung der Kapitalkosten für Unternehmen welche dem Ziel einer (zumindest im Übergang) höheren Investitionsquote zuwiderläuft. Demzufolge wäre in der Logik des neoklassischen Wachstumsmodells Option 1 der Option 2 vorzuziehen.

Schlussbemerkungen

Betrachtet man die wirtschaftliche Entwicklung in den Industrieländern und insbesondere die in der Bundesrepublik über die letzten Jahrzehnte, dann kann man feststellen, dass die Wachstumsraten kontinuierlich zurückgegangen sind. Dies geht einher mit einem Rückgang des Wachstums jener

Faktoren, welche in der neoklassischen Wachstumstheorie als wesentliche Wachstumstreiber angesehen werden. Schreibt man diese Entwicklung fort, so ist nicht ausgeschlossen, dass positives Wachstum in Zukunft eher eine Ausnahme als die Regel sein wird. In diesem Beitrag wird deshalb ein solches Szenario mit Hilfe des neoklassischen Wachstumsmodells skizziert. Wie bereits R. Solow (siehe Stoll 2008) deutlich machte, prognostiziert das neoklassische Wachstumsmodell keine krisengeschüttelte Entwicklung einer Marktwirtschaft bei Nullwachstum. In dem hier skizzierten Szenario stellen sich Haushalte – im Hinblick auf eine Maximierung ihres permanenten Einkommens – auf ein zukünftig zu erwartendes Nullwachstum mit ihren Spar- und Arbeitsangebotsentscheidungen ein. Aufgrund des Rückgangs von Erweiterungsinvestitionen prognostiziert das Modell einen Anstieg ausgeschütteter Gewinne am verfügbaren Einkommen sowie einen Anstieg des Sachvermögens relativ zum BIP als die wohl gesellschaftspolitisch bedeutsamsten Konsequenzen. Daraus lässt sich die vermögenspolitische Empfehlung ableiten, den Anteil von Lohneinkommensbeziehern am Gesamtvermögen zu erhöhen. In diesem Beitrag werden zwei alternative Strategien diskutiert, und zwar eine stärkere Kapitaldeckung der Rentenversicherung über den Aufbau eines Kapitalfonds und als Alternative eine Vermögenssteuer. Beide Maßnahmen sind geeignet, um den Anteil der Lohneinkommensbezieher am verfügbaren Einkommen zu stabilisieren. Aus Sicht des neoklassischen Modells ist jedoch die erste Option vorzuziehen, weil sie Spar – und Investitionsentscheidungen nicht verzerrt.

Literatur

Acemoglu, Daron (2024): The Simple Macroeconomics of AI, in: Economic Policy, vol 40(121), S. 13–58. https://economics.mit.edu/sites/default/files/2024-04/The%20Simple%20Macroeconomics%20of%20AI.pdf; letzter Abruf 10.05.2025

Baumol, William. J. (1967): Macroeconomics of unbalanced growth. The anatomy of urban crisis, in: The American Economic Review, 57, S. 415–426.

Blanchard, Olivier (2019): Public Debt and low Interest Rates, in: American Economic Review, S. 1197–1229.

Bloom, Nicholas/Jones, Charles/Van Reenen, John/Webb, Michael (2020): Are Ideas Getting Harder to Find? in: American Economic Review, 110 (4), S. 1104–44.

Gordon, Robert (2015): Slower US growth in the long- and medium-run, in: NBER Reporter, National Bureau of Economic Research (NBER), Cambridge, MA, Issue. 1, S. 10–12.

Grimm, Veronika/Kroeger, Thilo/Ochsner, Christian (2024): Wege aus der Wachstumsschwäche, in: Wirtschaftsdienst 104, 3, S. 180–186. https://www.wirtschaftsdienst.eu/inhalt/jahr/2024/heft/3/beitrag/wege-aus-der-wachstumsschwaeche.html ; letzter Abruf 09.01.2025

Havik, Karel et al. (2014): The Production Function Methodology for Calculating Potential Growth Rates and Output Gaps, in: European Commission, Economic Papers 535, Brüssel.

Kaldor, Nicholas (1961): Capital Accumulation and Economic Growth, in: Lutz, Friedrich/Hague, Douglas (Hg.). Capital Accumulation and Economic Growth. MacMillan and Co. Ltd., S. 177–222.

Kotz, Maximilian/Levermann, Anders/Wenz, Leonie (2024): The Economic Commitment of Climate Change, in: Nature 628, S. 551–557.

Philippon, Thomas (2022): Additive Growth, in: NBER Working Paper Nr. 29950.

Richters, Oliver/Siemoneit, Andreas (2019): Wachstumszwang – Eine Übersicht, in: ZOE Discussion Papers No 3.

SVR – Sachverständigenrat zur Begutachtung der gesamtwirtschaftlichen Entwicklung (2023): Wachstumsschwäche überwinden – In die Zukunft investieren, Jahresgutachten 2023/24. https://www.sachverstaendigenrat-wirtschaft.de/fileadmin/dateiablage/gutachten/jg202324/JG202324_Gesamtausgabe.pdf ; letzter Abruf 09.01.2025

Solow, Robert (2008): Fear of Fallowing: The specter of a no-growth world. Interview mit S. Stoll, in: Harper's Magazine, März 2008, S. 88–94.

Solow, Robert (1987): We'd better watch out, in: New York Book Review, July 12, 1987, S. 36.

Der Capability-Ansatz

Eine Alternative zur Weiterentwicklung der Standardökonomik

Jürgen Volkert, Hugo Winters[1]

1. Kritik an der utilitaristisch-neoklassischen Standardökonomik

In den letzten Jahren ist vermehrt Kritik an der utilitaristischen Ökonomik (im Folgenden auch kurz: »Standardökonomik«) geübt worden. So sind sich Ökonomen bereits seit langem der Probleme des Bruttoinlandsprodukts (BIP) als zentraler makroökonomischer Größe bewusst. Grundsätzlich ist das BIP für eine aussagefähige Ermittlung ökonomischen, ökologischen und sozialen menschlichen Wohlergehens und einer darauf aufbauenden Nachhaltigen Entwicklung ungeeignet, wie Ökonomen der Sen-Stiglitz-Fitoussi-Kommission (im Folgenden kurz SSF 2009), betonen. Im Anschluss hieran hat der deutsche Sachverständigenrat zur Begutachtung der Gesamtwirtschaftlichen Entwicklung gemeinsam mit dem französischen Conseil d'Analyse Économique (im Folgenden kurz SVR 2011) in einem Sondergutachten kritisiert, aufgrund seiner begrenzten Aussagekraft werde das BIP allein den Informationsanforderungen einer modernen Demokratie nicht gerecht. Schließlich bestehe eine wachsende Kluft zwischen Größen der Volkswirtschaftlichen Gesamtrechnung (VGR) wie Produktion oder Konsum und der Beurteilung menschlicher Lebensqualität durch die Bevölkerung (SSF 2009; SVR 2011).

Inzwischen zeigt die Forschung, vor allem von Ökonomen und Psychologen, zu dem, was Menschen in ihrem Leben wertschätzen ebenso wie zu deren

1 Martin Leroch und Bernd Villhauer danken wir für die eingehende Lektüre des Beitrags sowie für ihre wertvollen konzeptionellen und inhaltlichen Anregungen. Weiterhin gebührt unser Dank Fabian Helwig und Roshan Mesto für ihre sorgfältige Endredaktion des Textes sowie für ihre hilfreichen Kommentierungen.

Verhaltensweisen »large discrepancies between standard assumptions of economic theory and real-world phenomena« (SSF 2009: 43).

Deutlich wird, dass für die Menschen nicht-materielle Aspekte ihres Wohlergehens ebenso wichtig sind wie materielle (SVR 2011: 9). Notwendig ist daher eine Weiterentwicklung und Erweiterung der Perspektive der Standardökonomik über die Wirtschaftsleistung hinaus. Ziel ist eine Analyse der Lebensqualität, mithilfe derer Bürger und Politik besser verstehen können, was für ein gutes individuelles und kollektives Leben wichtig (SVR 2011: 3) und mit ökonomischer, sozialer und ökologischer Nachhaltigkeit vereinbar ist (SVR 2011; SSF 2009).

Ferner wird kritisiert, die Standardökonomik laufe Gefahr, Ungleichheiten und damit verbundene Gerechtigkeits- und Fairnessfragen zu vernachlässigen. Grundsätzlich können Ungleichheiten durchaus gerecht sein, aber auch mit Ungerechtigkeiten einhergehen. Letztere lösen oftmals negative Emotionen aus, die die Lebensqualität vermindern und den sozialen Zusammenhalt beeinträchtigen können. Unerwünschte Folgen von Ungerechtigkeiten ergeben sich aus negativen Emotionen, die bei unfairer Behandlung durch andere ausgelöst werden und die Sanktionierung des unfairen Verhaltens stimulieren (Akerlof/Shiller 2009). Vor diesem Hintergrund gilt es, Ungleichheiten über verschiedene Dimensionen der Lebensqualität hinweg zu analysieren (SVR 2011; SSF 2009).

Besonders wichtig ist dies für Nachhaltigkeitsstrategien, da Nachhaltige Entwicklung auf intragenerationellen sowie intergenerationellen Gerechtigkeitsannahmen beruht. Die OECD (2020: 25) betont daher, ethische Gerechtigkeitsfragen müssten in der Ökonomik und Wirtschaftspolitik stärkere Beachtung finden. Keinesfalls sei die Standardökonomik eine wertneutrale Wissenschaft. Stattdessen bedürfe es eines informierten, ehrlichen Verständnisses des »inescapably ethical character of economic analysis«, das einen Beitrag leiste zu einer »more sophisticated public debate about the justice (or otherwise) of different economic arrangements and policies«.[2]

Sowohl die Stiglitz-Sen-Fitoussi-Kommission (SSF 2009) als auch die deutsch-französischen Sachverständigenräte (SVR 2011: 12) sehen den Capa-

2 Jüngst haben zudem mehr als dreihundert italienische und internationale Ökonomen sowie Wissenschaftler weiterer Disziplinen ein »Manifesto for a Renaissance in Economics« unterzeichnet, in dem sie ebenfalls für eine Weiterentwicklung der Standardökonomik eintreten (Festival Nazionale de una Economia Civile 2023).

bility-Ansatz (CA)[3] als Alternative für eine solche notwendige Weiterentwicklung der Standardökonomik, um menschliches Wohlergehen und Nachhaltige Entwicklung in Übereinstimmung mit theoretischen Überlegungen besser zu erfassen.[4]

Vor diesem Hintergrund sind die Ziele dieses Beitrags:

- standardökonomische Grundkonzeptionen (Adam Smith und utilitaristisch-neoklassische Ökonomik) zu analysieren, um zu ermitteln, wo die erwähnten Diskrepanzen zwischen ökonomischen Annahmen einerseits und menschlichem Verhalten und Wohlergehen sowie Nachhaltiger Entwicklung andererseits konzeptionell zu verorten sind;
- gesellschafts- und wirtschaftspolitische Konsequenzen dieser Diskrepanzen aufzuzeigen und am Beispiel der Klimaschutzpolitik zu veranschaulichen;
- die Grundlagen des CA ebenso wie dessen potenzielle Beiträge zur Weiterentwicklung der Ökonomik sowie Herausforderungen und Grenzen dieses Ansatzes zu erläutern.

3 In Deutschland wurde der CA den Empfehlungen eines IAW-Gutachtens (Volkert et al. 2003) folgend, bereits im zweiten Armuts- und Reichtumsbericht der Bundesregierung als konzeptioneller Rahmen übernommen (Volkert 2005; Arndt/Volkert 2005; 2011). Damit wurde der CA seinerzeit weltweit das erste Mal von einer Regierung als konzeptionelle Berichterstattungsgrundlage eingesetzt. Bis heute ist der CA Bestandteil der Konzeption gesellschaftlicher Teilhabe als Grundlage der Armuts- und Reichtumsberichterstattung (Bartelheimer et al. 2020). Inzwischen wird der CA in einer ganzen Reihe verschiedenster Länder als Grundlage offizieller Berichterstattung eingesetzt, etwa zur Ungleichheitsberichterstattung in Großbritannien (Burchard/Vizard 2011) oder in Berichten zu multidimensionaler Armut (ophi/UNDP 2024) in 112 Ländern.

4 Im Anschluss an das Gutachten des Sachverständigenrates (SVR 2011) hat die Enquete-Kommission »Wachstum, Wohlstand und Lebensqualität« des deutschen Bundestages (2013) den CA als konzeptionelle Grundlage der Lebensqualitätsmessung empfohlen. Dieser Empfehlung folgt u.a. der Bericht zur Lebensqualität der Bundesregierung (2016).

2. Ethische Grundlagen der Ökonomik für Menschen oder Märkte

2.1 Adam Smith: Ökonomik für Menschen

Die ältere Rezeption der Arbeiten von Adam Smith hob besonders dessen Betonung der positiven Wirkungen des Eigeninteresses hervor. Demnach kann eine »unsichtbare Hand« auf Märkten eigeninteressierte Handlungen von Individuen mit einem für alle positiven Ergebnis vereinbaren. In der Tat steht die Diskussion des Eigeninteresses (teilweise auch der Habgier) auf Märkten in Smiths »Wealth of Nations« (1981/1776) im Vordergrund (Horn 2024).

Über diese und eine Reihe weiterer vorteilhafter Wirkungen des Eigeninteresses hinaus, vermittelt die jüngere Adam Smith-Forschung im Kontext des Gesamtwerks jedoch ein anderes, weitaus differenzierteres Bild. Smith, der »selbst alles andere als ein Anwalt der Reichen war« (Horn 2024: 39), zielt mit seinem »Wealth of Nations« (1981/1776) weniger auf eine Maximierung des Gesamtwohlstandes, sondern vielmehr auf die Beantwortung der Frage, auf welche Weise höherer Wohlstand auch den Schwächsten zugutekommt, wie Horn (2024) in ihrem umfassenden Überblick über die jüngere Adam-Smith-Forschung resümiert.

In seinem ersten Hauptwerk, der »Theory of Moral Sentiments«, betont Smith, über das Eigeninteresse hinaus, eine Vielzahl an Werten, Gefühlen und Motiven, die menschliches Verhalten bestimmen. Zu ihnen gehören zum Beispiel Sympathie, Empathie, Großzügigkeit, Menschlichkeit, Güte, Mitleid, Achtung und Freundschaft (Aßländer 2007). Smith nimmt also an, menschliches Verhalten werde von Motiven und Zielen im eigenen, aber auch im Interesse anderer Menschen bestimmt. Der Mensch erscheint aus dieser Sicht als ein grundlegend soziales Wesen (Wells 2012).

Smith misst der Gerechtigkeit eine besonders große Bedeutung bei. So hat Gerechtigkeit als »höhere Tugend« im Konfliktfall Vorrang vor dem Eigeninteresse. Dementsprechend soll der menschliche Gerechtigkeitssinn potenziell negativen Folgen des Eigeninteresses entgegenwirken, um die Gerechtigkeit zu wahren. Smith entwickelt zur Erklärung hierbei die Denkfigur des »unparteiischen Beobachters«. Sie drückt die Gewissensinstanz eines Menschen aus, die es uns ermöglicht, unser Verhalten wie auch das der anderen in einer weniger von partikularem Eigeninteresse beeinflussten Weise zu beurteilen (Horn 2024: 34). Hierzu trägt auch unsere Fähigkeit zur Empathie bei, die es erlaubt, sich in andere hineinzudenken, um dann mit dem »unparteiischen Beobachter« eigene Entscheidungen selbstkritisch zu kontrollieren und gerecht, im Sinne von »unparteiisch« zu verändern (Horn 2024; Holler/Leroch 2010: 316).

Gerechtigkeit beinhaltet für Smith zunächst menschliche Autonomie im Sinne einer über Marktfreiheiten hinausgehenden persönlichen und gesellschaftlichen Freiheit zu einem selbstbestimmten Leben. Menschliche Autonomie geht einher mit der Fähigkeit zur Reflexion von Fragen jenseits der Sicherung des Existenzminimums. Hierauf aufbauend kann ein Mensch eigene Lebensziele formulieren, sein Leben selbstbestimmt planen und mit mehr Eigenverantwortung führen. So beschreibt Smith, wie persönliche Autonomie, Selbstbestimmung und hinreichender Wohlstand zur Weiterentwicklung der Persönlichkeit in einer kommerziellen Gesellschaft dienen können. Beeinträchtigungen menschlicher Autonomie kritisiert Smith dagegen sehr deutlich: etwa den Zwang einer ungebildeten und ökonomisch abhängigen Arbeiterschaft, monotone oder gesundheitsgefährdende Arbeiten anzunehmen, die kaum Ergebnis menschlicher Autonomie und selbstbestimmter Lebenspläne der Betroffenen sein dürften (Wells 2012). Vielmehr sind diese oft gezwungen, jegliche Arbeit anzunehmen, um zu überleben (Sandel 2013). Da hier die unsichtbare Hand des Marktes versagt, fordert Smith staatliche Eingriffe, vor allem durch öffentliche Bildung, um die Wahlmöglichkeiten vormals ungelernter Arbeiter zu stärken (Wells 2012).

Für Smith muss Gerechtigkeit nicht nur auf Märkten, sondern auch in der Gesellschaft insgesamt gewahrt werden (Aßländer 2007: 64). Dagegen verletzen Diskriminierungen sowie Privilegien den fairen Wettbewerb, während Ungleichbehandlungen die Fairness in der Gesellschaft ebenso wie auf Märkten beeinträchtigen können.

Wie auch die moderne Verhaltensökonomik erkennt bereits Smith, dass der menschliche Gerechtigkeitssinn auf Ungerechtigkeiten mit dem spontanen Wunsch nach Bestrafung mangelnder Fairness reagieren kann. Hierdurch und durch Gewissensbisse als Selbstbestrafung infolge eigener unfairer Handlungen gelinge es, ungerechte Verhaltensweisen einzudämmen. Ebenso zeigen heutige empirische Studien, dass Ungerechtigkeit häufig negative emotionale Reaktionen und den Wunsch auslöst, Ungerechtigkeiten Dritter zu vergelten (Akerlof/Shiller 2009: 22f.). Jedoch ist Ungerechtigkeit immer ein Problem, nicht nur, wenn sie zu Konflikten führt. Gesellschaftlich ebenso problematisch ist es, wenn Betroffene massiver Diskriminierung aufgrund ihrer Machtlosigkeit resignieren, ein negatives Selbstbild entwickeln, sich schämen und ihre Selbstachtung verlieren (Barclay/Skarlicky/Pugh 2005). Smith betont daher die Bedeutung der Gerechtigkeit als entscheidende Voraussetzung für Stabilität und Bestand einer Gesellschaft (Aßländer 2007: 62–65).

Insgesamt erarbeitet Smith ein System, das das Spannungsfeld von Eigeninteresse und Gerechtigkeit mittels diverser moralischer Gefühle und der Gerechtigkeit des unparteiischen Beobachters einhegen soll. So beschreibt Smith eine Reihe von Problemen, die die »unsichtbare Hand« nicht löst. Reichen auch moralische Gefühle nicht aus, um diese Probleme zu überwinden, fordert er staatliche Eingriffe und Gesetze, um die von eigeninteressiertem Handeln gefährdeten Werte, allen voran die Gerechtigkeit, zu schützen (Holler/Leroch 2010).

Für Smith sind Ethik und Moral unbedingte Grundlagen der Ökonomik und politischen Ökonomie (Stremlinger 2017: 73). Eigeninteresse, das, so Smith, anthropologisch dem Selbsterhaltungstrieb dient, ist dabei grundlegend für die persönliche Freiheit, eigene Ziele zu realisieren. Moralische Gefühle, etwa Empathie und gegenseitige Achtung stärken dagegen die Fähigkeit zur Kooperation von Menschen als soziale Wesen. Jedoch ist es vor allem der menschliche Gerechtigkeitssinn, der Kooperation und Zusammenhalt in einer Gemeinschaft ermöglicht, was, wenn notwendig, auch durch staatliche Regulierung zu schützen ist. Grundsätzlich vermittelt Smiths Werk eine lebensnahe mehrdimensionale Vorstellung menschlicher Werte, Motive und moralischer Gefühle. Smiths Gesamtwerk entspricht somit weitgehend den Anforderungen an eine theoretische Grundlage für Fragen menschlichen Wohlergehens sowie nachhaltiger Entwicklung.

Allerdings beruht Smiths Konzeption auf höchst anspruchsvollen Prämissen. Da ethische Werte und Moral im Zweifel durch staatliche Gesetze zu schützen sind, erfordert dies in der Realität eine Regierungsführung, die unparteiisch und fähig ist, Gesetze im Sinne von Gerechtigkeit und moralischen Gefühlen wirksam zu verankern. Jedoch ist diese Prämisse angesichts nationaler und globaler Governance-Lücken oftmals nicht gegeben. So führen Korruption und Lobbying in zahlreichen Ländern zu fehlenden oder unzureichend durchsetzbaren rechtlichen Rahmenbedingungen (Scherer/Palazzo 2008). Hierdurch wird der rechtliche Ordnungsrahmen beeinträchtigt und der Konzeption Adam Smiths eine entscheidende Voraussetzung entzogen. Wie auch in der Realität der Globalisierung sind jedoch utilitaristische Kosten-Nutzen-Analysen auch dann weiterhin möglich. Dem von Jeremy Bentham begründeten Utilitarismus kommt daher angesichts der weit verbreiteten Governance-Lücken besondere Bedeutung zu, wie im Folgenden diskutiert wird.

2.2 Utilitarismus und utilitaristische Ökonomik für Märkte

Jeremy Bentham postuliert als Begründer des Utilitarismus folgende Kernthese, die für alle Menschen gelten soll: »Die Natur hat die Menschheit unter die Herrschaft zweier souveräner Gebieter – Leid und Freude – gestellt« (Bentham 2013: 55). Menschliches Wohlergehen soll demnach ausschließlich davon abhängen, wieviel Freude und wieviel Leid eine Person empfindet. Ziel einer Gesellschaft ist es nach Bentham, dass jede und jeder anstrebt, das eigene Glück, verstanden als Differenz von Freude und Leid, zu maximieren. Auf diese Weise soll der letztlich entscheidende *Gesamtnutzen* der Gesellschaft maximiert werden. Diese Position geht bei Bentham mit einer starken Betonung des Eigeninteresses einher, das für ihn als wichtigste Triebfeder menschlichen Handelns den Weg zum Glück beschreibt (Dierksmeier 2016a: 14). Anders als Smith sieht Bentham Gesetze dagegen kritisch, beschränkten diese doch die Verfolgung von Eigeninteressen (Dierksmeier 2016b: 215).

Handlungen oder Handlungsregeln sollen im Utilitarismus den folgenden Prinzipien genügen (Osmani 2009: 16–17; Höffe 2013: 11):

1. Konsequenzenprinzip: Allein die Folgen einer Regel oder einer Handlung entscheiden darüber, ob sie richtig oder falsch ist.
2. Nutzenprinzip: Gemessen werden die Folgen einer Handlung an ihrem Nutzen. Nutzen wird von Bentham als Glück/Freude (»hedonistisches Prinzip«), von utilitaristischen Ökonomen dagegen, wie nachstehend erläutert, mit ökonomischen Maßen definiert.
3. Sozialprinzip: Ziel ist es nicht, das Wohlergehen einzelner Individuen, Gruppen, Klassen oder Schichten zu maximieren, sondern ein Nutzenmaximum der Gesellschaft insgesamt im Sinne einer ungewichteten Summe aller Individualnutzen zu erreichen.

Für Ökonomen des 19. Jahrhunderts erschwerten die von Bentham betonte Subjektivität der Intensität des Glücks, aber auch dessen mangelnde interpersonelle Vergleichbarkeit sowie Probleme der Messung des Glücks dessen mathematische Optimierung. Daher ersetzte Stanley Jevons (1871/1911: 11–14) das Glück als Nutzenindikator durch den Güterkonsum eines Haushalts, also durch eine objektive, quantitativ leicht messbare, vergleichbare und zu einer Gesamtsumme addierbare Größe. Später haben andere Ökonomen weitere ökonomische Größen als Nutzenindikatoren vorgeschlagen. In der heutigen

Standardökonomik wird daher die Nutzenmaximierung in einer Volkswirtschaft als Maximierung ökonomischer Größen wie etwa Gesamtgüterkonsum, Gesamteinkommen, BIP oder Zahlungsbereitschaft operationalisiert (Dierksmeier 2016: 14).

Die deutsch-französischen Sachverständigenräte verwerfen die Operationalisierung des Nutzens der Standardökonomik durch eine ökonomische Größe, etwa das BIP, als Maßstab menschlichen Wohlergehens. Schließlich werde »schon lange von Volkswirten anerkannt, dass das BIP nicht dazu dienen soll, die menschliche Wohlfahrt zu messen« (SVR 2011: 4), da dieses die Mehrdimensionalität menschlichen Wohlergehens ignoriere. So werde ein gestiegenes BIP oftmals nicht als höhere Lebensqualität wahrgenommen (SVR 2011: 3) und die Korrelation von Glück und BIP/Kopf sei zwar positiv, »aber alles andere als sehr ausgeprägt« (SVR 2011: 66).

Zugleich lehnen die Sachverständigen Benthams subjektive Wohlfahrtsmaße (Glück, Zufriedenheit) zur Erfassung menschlichen Wohlergehens ab. Gründe hierfür sind beispielsweise deren mangelnde interpersonelle und intertemporale Vergleichbarkeit sowie mögliche individuelle Fehleinschätzungen, z.B. als Folge politischer Beeinflussung (SVR 2011: 65–68) oder durch eine psychologische Anpassung an schlechte Lebensverhältnisse (Sen 2000: 80). Vor allem aber verwerfen sie solche Maße, weil diese von einem umfassenden Wohlfahrtsmaß wie dem Glück Rückschlüsse auf die konstituierenden Elemente der Lebensqualität zögen. Dies beruhe jedoch auf sehr restriktiven, nicht zu rechtfertigenden Identifikationsannahmen: etwa, dass das subjektive Wohlergehen durch direkte Beobachtung ermittelt und für jedes Individuum bestimmt werden könne (SVR 2011: 65–66). Vorzuziehen seien Ansätze, die, wie etwa der CA, von diversen Bestimmungsfaktoren individuellen Wohlergehens ausgehen (SVR 2011: 65–68).

Außerdem wird bereits seit langem am Utilitarismus kritisiert, er vernachlässige die Gerechtigkeit der Prozesse, die der Nutzenmaximierung zugrunde liegen, soweit diese den Gesamtnutzen nicht berühren. So bleibt offen, ob für die Maximierung des Gesamtnutzens menschliche Autonomie, Rechte und Freiheiten einzelner Individuen oder Gruppen respektiert oder eingeschränkt werden. Schließlich sind nach dem utilitaristischen Konsequenzenprinzip allein die Folgen einer Handlung entscheidend, ungeachtet der Legitimität der eingesetzten Mittel. Beispielsweise ignoriert der Utilitarismus Menschen- und Arbeitsrechtsverletzungen von Minderheiten (Sandel 2013: 55; Höffe 2013; Sen 2000: 80), sofern diese der Gesamtheit einer Gesellschaft in der Summe zu höherem Nutzen oder Einkommen verhelfen.[5] Zudem bewertet die utilitaristische Ökonomik Unternehmensmaßnahmen zum Schutz von Arbeitsrechten als Kostenfaktoren, die es grundsätzlich zu minimieren gilt.

Ähnliche Probleme ergeben sich, wenn die Standardökonomik bei der Verfolgung von politischen Zielen nur auf das angestrebte Resultat – etwa eine effiziente Reduzierung des Ausstoßes klimaschädlicher Gase in der Gesellschaft fokussiert, dabei jedoch die Autonomie der Gesellschaftsmitglieder eingeschränkt wird. Empirisch zeigt sich, dass Beeinträchtigungen menschlicher Autonomie nicht selten als ungerecht empfunden werden und Empörung sowie heftige Ablehnung triggern: etwa wenn die Abkehr von einer vertrauten materialistischen Konsumkultur zugunsten nachhaltiger Lebensstile (weniger Fleischkonsum, E-Mobilität etc.) vorgeschlagen wird, was von Teilen der Bevölkerung als Eingriff in die persönliche Autonomie und Selbstbestimmung abgelehnt wird. Außerdem kann ein hohes Maß an kurzfristigen gesellschaftspolitischen Änderungen Angst vor einem Verlust der Kontrolle und damit vor Einbußen an Autonomie, Handlungsfähigkeit und Selbstbestimmung über das eigene Leben erzeugen. Hierauf reagieren einige Betroffene ebenfalls mit hochemotionaler Ablehnung sowie politischer Polarisierung und Radikalisierung. Beispiele für solche Ängste vor einem Kontrollverlust sind Kontroversen über Tempo und Ausgestaltung einer notwendigen Klimaschutzpolitik (Mau et al. 2024; Volkert 2025), über Fluchtmigration (Mau et al. 2024) sowie über gesellschaftliche und wirtschaftliche Unsicherheit als Folge ökonomischer Globalisierung (Rodrik 2021).

Weitere potenzielle Ungerechtigkeiten und gesellschaftliche Kontroversen können von dem, etwas missverständlich benannten, utilitaristischen »Sozialprinzip« verursacht werden. Es verlangt, die *Gesamtsumme* des *Nutzens* einer *Gesellschaft* zu maximieren, was zur Überwindung von Knappheit zielführend sein kann. Jedoch kann eine solche Gesamtnutzenmaximierung mit deutlichen Nutzeneinbußen gesellschaftlicher Verlierer verbunden sein, sofern deren Verluste notwendige Folgen der Gesamtnutzenmaximierung für alle Gesellschaftsmitglieder insgesamt sind. Da der Utilitarismus allein die Maximierung der gesamtgesellschaftlichen Nutzensumme verfolgt, werden Verteilungsergebnisse auch dann als ökonomisch optimal bewertet, wenn sie von der Bevölkerung mehrheitlich als ungerecht empfunden werden (Höffe 2013; Sen 2000: 80).

---

5 Jeremy Bentham selbst hat Natur- und in der Folge Menschenrechte als »Unsinn auf Stelzen« bezeichnet (Sandel 2013: 51).

Die Indifferenz der utilitaristischen Ökonomik gegenüber Verteilungs- und Gerechtigkeitsfragen verdeutlicht das Kaldor-Hicks-Kriterium. Demnach ist eine Veränderung optimal, wenn Nutzen oder Einkommen insgesamt zunehmen, also die Gewinner in der Summe mehr gewinnen als die Verlierer verlieren (Beckerman 2017: 67). In Standardlehrbüchern wird damit u.a. die Vorteilhaftigkeit ökonomischer Globalisierung etwa wie folgt begründet: »...there are still gains from trade in the sense that the winners could compensate the losers and everyone would be better off.« (Krugman/Obstfeld/Melitz 2015: 142) Eine solche *potenziell* pareto-optimale Veränderung reicht für die Identifikation des Nutzenmaximums aus, wenngleich es Verlierer gibt, sofern diese von den Gewinnern entschädigt werden *könnten*. Handelt es sich bei den Verlierern aber etwa um gering qualifizierte Niedrigverdiener und bei den Gewinnern um Kapiteleigner oder hochqualifizierte Gutverdiener, so können die Verlierer dies als unfair empfinden und mit emotionalen politischen Protesten reagieren.

Grundsätzlich wird die wachsende Ungleichheit in einigen offenen Volkswirtschaften seitens der Standardökonomik gut erklärt; jedoch zeigt sich empirisch auch, dass regressiv wirkende Globalisierungsstrategien einer Regierung von den betroffenen Wählern bestraft werden, indem diese in Wahlen signifikant häufiger populistische Parteien unterstützen (Rodrik 2021: 134). Schließlich würde eine effiziente, *pareto-optimierende und gerechte* Lösung (Beckerman 2017: 67) erfordern, die Verlierer *tatsächlich* zu entschädigen.

Insgesamt wird deutlich, dass die Kritik an der Standardökonomik Adam Smiths Theorie weit weniger betrifft als den Utilitarismus als normative Grundlage utilitaristisch-neoklassischer Ökonomik. Probleme des Utilitarismus zeigen sich unter anderem in den gesellschaftlichen Herausforderungen der Klimapolitik, die im Folgenden exemplarisch erörtert werden.

3. Standardökonomische Vernachlässigung von Verteilungsgerechtigkeit als Ursache von Konflikten und Realisierungsproblemen in der Klimaschutzpolitik

Im Folgenden veranschaulichen wir an einem Beispiel, wie sich ein an utilitaristisch-standardökonomischen Mustern ausgerichtetes Denken in der Praxis auswirken kann, wenn beispielsweise gesellschaftlich verankerte Gerechtigkeitsvorstellungen bei der Gestaltung von Politik nicht hinreichend erfasst und aufgegriffen werden. Dies lässt sich an der Politik zur Bekämpfung des

Klimawandels zeigen, die in den letzten Jahren in Deutschland betrieben worden ist.[6]

Dass der Klimawandel eine entschlossene Transformationspolitik erforderlich macht, ist in der deutschen Öffentlichkeit im Grundsatz weitgehend unstrittig.[7] Einschlägige Befragungen zeigen, dass Klimaschutz von deutlichen Mehrheiten weiterhin als notwendig angesehen und befürwortet wird, auch wenn die *relative* Bedeutung des Themas aufgrund der verstärkten Konkurrenz anderer akuter Krisen und Bedrohungen zuletzt abgenommen hat.[8]

Bereits heute übersteigen die prognostizierten Schäden des Klimawandels in den nächsten 26 Jahren die Kosten einer Begrenzung der Erderwärmung auf 2°C um ein Vielfaches (Kotz/Levermann/Wenz 2024). Erhebliche Einbußen durch unzureichende Vermeidungsstrategien zeigen auch Bilal und Känzig (2024). Insofern ist Klimaschutz nicht nur intergenerationell gerecht, sondern auch gesamtwirtschaftlich nutzenmaximierend. Seine Kosten sind insgesamt erheblich geringer als die der klimapolitischen Untätigkeit.

Bemerkenswert ist weiterhin, dass eine Politik gegen den Klimawandel zumindest grundsätzlich auch dann befürwortet wird, wenn der drohende Schaden vorwiegend künftige Generationen trifft. Offenbar sind Menschen – entgegen den Vorstellungen eines streng auf Eigeninteressen fixierten Utilitarismus – am Wohlergehen künftiger Generationen interessiert.[9] Daneben lösen die schon deutlichen sichtbaren, mitunter katastrophalen Folgen des Klimawandels auch ein Gefühl eigener Betroffenheit aus. Unterstützung erfährt eine Politik zum Schutz des Klimas also nicht nur aus intergenerationaler Solidarität.

---

6 Das Beispiel ist auch insofern ein eng begrenztes, als der Klimaschutz ein globales und auch nur global zu lösendes Problem ist. Gleichwohl werden die vielfältigen Implikationen dieser Tatsache hier ausgeblendet. Stattdessen wird vorausgesetzt, dass Deutschland zu einer globalen Klimawende selbstverständlich beitragen muss – in der Erwartung, dass dies grundsätzlich auch andere Akteure tun.

7 Siehe etwa Holzmann/Wolf (2023: 14): 87 % der Befragten sind zumindest etwas besorgt, 54 % sehr oder äußerst besorgt über den Klimawandel. Eine Energiewende befürworten fast 70 %, eine Verkehrswende immerhin noch über 55 % der Befragten.

8 Siehe Wolf/Ebersbach/Huttarsch (2023: 9). Bei der Frage, welches die zwei wichtigsten Themen seien, wird der Komplex Klima/Umwelt am zweithäufigsten genannt, seltener als der Ukrainekrieg, häufiger als Inflation, Migration und andere.

9 Zum Beispiel wurde auf der Grundlage des CA in einer repräsentativen Studie für Deutschland gezeigt, dass das Wohlergehen künftiger Generationen zu den drei am höchsten wertgeschätzten unter dreizehn Dimensionen eines guten Lebens zählt, die Menschen in Deutschland am wichtigsten sind (Seckler/Volkert 2021: 4).

Ungeachtet dieser grundsätzlichen Zustimmung werden aber konkrete Klimaschutzmaßnahmen der Regierung oft entschieden kritisch gesehen; dies gilt nicht nur für die Auseinandersetzungen um das Gebäudeenergiegesetz, sondern auch etwa in Bezug auf den CO_2-Preis (Holzmann/Wolf 2023: 65). Es ließe sich zur Erklärung vermuten, dass schmerzhafte Maßnahmen zum Klimaschutz abgelehnt werden, weil die Erwartung besteht, Klimaschutz sei auch ohne Kosten und Einschränkungen möglich oder wirke sogar generell wohlstandsfördernd. Wenngleich eine solche Vorstellung im politischen Raum mitunter suggeriert wird,[10] glaubt eine klare Mehrheit jedoch nicht an sie.[11] Stattdessen verweisen empirische Studien sehr deutlich auf eine andere Erklärung: demnach beruht die Kritik an der Klimapolitik nicht auf einer generellen Ablehnung von Belastungen und deren Auswirkungen auf die individuelle Lebensführung. Hauptgrund für die Kritik ist vielmehr die Wahrnehmung oder Befürchtung, es gehe bei der Verteilung von Lasten und Einschränkungen nicht gerecht zu. So antworten im Kontext einer Studie der Bertelsmann Stiftung auf die Frage, ob sie die bisherigen Schritte zur Energiewende als gerecht ansehen, nur 21 % der Teilnehmenden mit ja, während 57 % sie verneinen – die übrigen sind unentschieden (Holzmann/Wolf 2023: 44). Gemeint ist dabei in erster Linie eine ungerechte Verteilung von Lasten nach Einkommensgruppen. Die sehr markante These, dass Verkehrs- bzw. Energiewende bei gegebener Lastenverteilung der sozialen Spaltung Vorschub leisten, wird jeweils von mehr als der Hälfte der Antwortenden bejaht, nur rund ein Viertel ist nicht dieser Ansicht (ebd. 48f.). In einer anderen Studie[12] befürchten 41 Prozent der Befragten generell negative Wirkungen des Klimaschutzes auf die Gerechtigkeit in Deutschland, nur 23 Prozent erwarten positive. Pessimistische Einschätzungen überwiegen damit noch etwas mehr als bei den erwarteten Auswirkungen des Klimaschutzes auf Arbeitsplätze oder den Wirtschaftsstandort. Der wahrgenommene Gerechtigkeitsmangel untergräbt zunehmend die Unterstützung der Klimapolitik, erzeugt Argwohn gegenüber ihren Akteuren und gefährdet so die Durchsetzbarkeit von

10 So etwa Bundeskanzler Scholz im Interview mit der Neuen Berliner Redaktionsgesellschaft im März 2023: »Wegen der hohen Investitionen in den Klimaschutz wird Deutschland für einige Zeit Wachstumsraten erzielen können, wie zuletzt in den 1950er und 1960er Jahren geschehen.« (zitiert nach t-online)

11 Siehe beispielhaft Holzmann/Wolf (2023: 57). Auf einer Skala zur Bewertung der Energiewende von +3: kostengünstig bis -3: teuer votieren über drei Viertel der Befragten im negativen Bereich.

12 Hagemeyer/Faus/Bernhard 2024: 20.

Maßnahmen, mit denen die Regierung versucht, den von einer Mehrheit grundsätzlich befürworteten Klimaschutz zu erreichen.

Dies ist insofern bemerkenswert, als die generell ungleiche Verteilung von Einkommen und Vermögen in Deutschland zwar mehrheitlich kritisch gesehen wird, »sich daraus aber nicht unbedingt das Gefühl politischen Handlungsbedarfs ergibt« (Mau/Lux/Westheuser 2024: 82). Vielmehr scheint eine Mehrheit auch der nicht privilegierten Menschen bereit zu sein, diese Form der Ungleichheit hinzunehmen. Dies liegt einerseits daran, dass sie als zwangsläufige Begleiterscheinung eines generell befürworteten marktwirtschaftlichen Systems angesehen wird, indem sie die Wirtschaftssubjekte »zu wertvollen Anstrengungen anstachelt« (ebd. 85). Zum anderen werden die Wohlstandsunterschiede zumindest bis zu einem gewissen Punkt auch als verdient angesehen. Beide Motive korrespondieren mit der Standardökonomik. Eine weitere empirisch gestützte Erklärung finden die Autoren darin, dass die Menschen mit ihrer jeweiligen eigenen Wohlstandsposition auch dann zufrieden sind, wenn diese sich im unteren Bereich der Skala befindet (ebd. 82). Beim Umgang mit dem Klimawandel herrscht augenscheinlich eine andere und anspruchsvollere gesellschaftliche Vorstellung von Gerechtigkeit. Wenn Klimaschutz Wohlstandeinbußen und damit gegebenenfalls eine Einschränkung von Entfaltungsmöglichkeiten nach sich zieht, so sollen diese Kosten nach der Vorstellung der allermeisten Menschen nach Leistungsfähigkeit verteilt werden. Dabei sollen ärmere Bevölkerungsgruppen weitgehend geschont werden, so dass der Klimaschutz deren Handlungsspielräume nicht (weiter) verkleinert. In der Befragung zum Nachhaltigkeitsbarometer sagen zwei Drittel der Befragten, sie fänden es »gerecht, wenn bei der Aufteilung der Kosten der Energiewende vor allem Haushalte mit niedrigem Einkommen entlastet« würden. Die Zustimmung zu einem solchen Ansatz ist damit weitaus stärker als die zu einer verursachungsgerechten oder einer gleichmäßigen Aufteilung der Lasten auf alle Bürgerinnen und Bürger (Wolf/Ebersbach/Huttarsch 2023: 53). Auffällig ist daran, dass eine derart klare Mehrheit nicht allein auf denjenigen basieren kann, die von einer solchen Lastenverteilung nach Einkommen profitieren würden. Vielmehr dürfte vielen der Befürworter klar sein, dass eine Umsetzung ihres Votums sie selbst belasten würde.[13] Insofern liegen dieser Zustimmung tatsächlich Gerechtigkeitsvorstellungen zugrunde. Wenn also finanzielle Lasten durch Klimaschutz hinzunehmen sind, so sollen diese nicht

13 ...auch wenn die in der Befragung genutzte Formulierung das nicht explizit sagt.

alle gleichermaßen ärmer machen, sondern vorrangig oder sogar ausschließlich die Reicheren nach Maßgabe ihrer ökonomischen Spielräume. Es gilt als ungerecht, wenn diejenigen von Einschränkungen betroffen werden, deren Spielräume ohnehin relativ eng sind. Eine solche Position kann im Übrigen auch damit begründet werden, dass sie Verletzungen der Klimagerechtigkeit entgegenwirkt. Solche liegen darin, dass Ärmere im Allgemeinen stärker von den schon unabwendbaren Folgen des Klimawandels betroffen sind, während Reichere kraft ihres Wohlstands und Lebensstils zu seinem Entstehen besonders viel beigetragen haben (Chancel/Bothe/Voituriez 2023).[14]

Die in den zitierten Umfragen erkennbaren Vorstellungen von Verteilungsgerechtigkeit in der Klimapolitik sind politisch aufzugreifen, damit eine Klimaschutzpolitik, deren Ziele im existenziellen Interesse der Gesamtgesellschaft liegen, nicht an mangelnder gesellschaftlicher Akzeptanz scheitert. Bislang ist das jedoch in der deutschen Politik zum Klimaschutz nur sehr eingeschränkt geschehen. So wirkt zum Beispiel die Verteuerung von Wärmeenergie und Treibstoff durch den CO_2 Preis regressiv im Verhältnis zum Einkommen, da ärmere Haushalte im Allgemeinen einen größeren Teil ihres Einkommens für die betroffenen Produkte aufwenden. Es ist deshalb konsistent mit den schon zitierten Mehrheitsantworten, dass der CO_2 Preis als Instrument der Klimaschutzpolitik – ungeachtet seiner Effizienzvorteile – mehrheitlich abgelehnt wird. Als gerecht sehen das Instrument in seiner jetzigen Form nur gut 20 Prozent der Befragten an (Holzmann/Wolf 2023: 64).

Welche instrumentellen Ansätze geeignet wären, das Problem zu lösen, kann hier nur kursorisch erörtert werden. Der Vorschlag eines Klimageldes, bei dem das Aufkommen aus dem CO_2 Preis oder der CO_2 Steuer in Form einer Pauschalzahlung an alle davon Belasteten zurückflösse, käme den vorherrschenden Gerechtigkeitsvorstellungen schon bedeutend näher, indem ein regressives Verteilungsmuster entlang der Einkommensskala vermieden würde.[15] Interessanterweise findet in der zitierten Befragung allerdings auch das pauschale Klimageld nur die Unterstützung von knapp 40 % der Teilnehmen-

14 Solche Überlegungen spielen bei der globalen Debatte zum Klimaschutz eine große Rolle, sie lassen sich aber durchaus auch innerstaatlich anwenden.

15 Da generell ein höheres Einkommen auch mit einem höheren Energiekonsum einhergeht, bewirkt eine CO_2-Belastung mit pauschalierter Rückzahlung, dass reichere Haushalte effektiv belastet werden, ärmere hingegen per Saldo entlastet. Allerdings gilt das eben nur generell, nicht aber in jeden Einzelfall.

den. Beliebter und mehrheitsfähig ist eine Variante, bei der nur ärmere Menschen eine Rückerstattung erhielten (Holzmann/Wolf 2023: 67).

Hier zeigt sich, wie konsequent und geradezu radikal die beim Klimaschutz durchgängig mehrheitlich vertretene Gerechtigkeitsidee ist. Somit erscheinen »verteilungsblinde« Ansätze zur Bekämpfung des Klimawandels kaum erfolgversprechend. Vielmehr gilt es, wirksame Maßnahmen zu einem Gesamtkonzept zu bündeln, das bei der Verteilung von Lasten hohen Gerechtigkeitsanforderungen genügt. Im Mittelpunkt steht dabei der Anspruch, eine Überforderung ärmerer Menschen zu vermeiden – was zwangsläufig eine überproportionale Belastung wohlhabenderer Schichten impliziert.

4. Der CA als Grundlage einer Weiterentwicklung der neoklassischen Standardökonomik

4.1 Anforderungen an eine Weiterentwicklung der Standardökonomik

Wie im Vorstehenden erläutert wurde, verlangt eine Weiterentwicklung der neoklassischen Standardökonomik zumindest Antworten auf folgende Fragen:

a) Wie kann die Ökonomik die Mehrdimensionalität von menschlichem Wohlergehen und Lebensqualität künftig angemessen berücksichtigen, um realitätsnahe Aussagen über Lebensqualität und Nachhaltige Entwicklung treffen zu können?
b) Wie kann eine Ökonomik der Zukunft menschliche Autonomie, Menschenwürde sowie Menschen- und Arbeitsrechte in angemessener Weise konzeptionell einbeziehen und schützen?
c) Wie lässt sich Fairness auf Märkten zu einer umfassenden ökonomischen Perspektive erweitern, die gesellschaftliche, soziale und wirtschaftliche Diskriminierungen und Privilegierungen gleichermaßen in den Blick nimmt und vermindert?
d) Wie lässt sich dabei eine konzeptionelle Grundlage für intra- und intergenerationell gerechte Nachhaltige Entwicklung entwickeln?

Im Folgenden wird erörtert, wie der CA Beiträge zur Beantwortung dieser Fragen leisten kann. Zudem diskutieren wir Herausforderungen und Grenzen des Ansatzes im Rahmen einer Weiterentwicklung der Ökonomik. Zunächst erklären wir das Konzept der Wahlfreiheit im CA, dessen Mehrdimensionalität Antworten auf die obige Frage a) verspricht. Zur Beantwortung von Frage b) wird erörtert, wie der CA mittels der »Prozessfreiheit« Gerechtigkeit ins Zentrum stellt, dabei Autonomie, Handlungsfähigkeit, Kontrolle sowie Menschen- und Arbeitsrechte konzeptionell integriert und zugleich Frage c) nach einer Einbeziehung der Verteilungsgerechtigkeit adressiert. Insgesamt zeigt Kapitel 4, weshalb der CA mit Blick auf Frage d) als eine konzeptionelle Grundlage nachhaltiger Entwicklung vorgeschlagen wird. Zudem werden derzeitige Herausforderungen des CA aufgezeigt.

4.2 Wahlfreiheit (Opportunity Freedom) als Grundlage von mehrdimensionalem Wohlergehen und Lebensqualität

In kritischer Auseinandersetzung mit der utilitaristischen Wohlfahrtstheorie hat Amartya Sen den CA als (ökonomische) Konzeption entwickelt, die über ökonomisch-finanziellen Nutzen hinausgeht. Hierzu erweitert er die Wahlfreiheit auf Märkten zur Freiheit jedes Menschen, ein Leben nach eigenen Vorstellungen führen zu können.

So bezeichnet der Begriff »Capability« die reale Freiheit einer Person, ein Leben nach eigenen Vorstellungen führen zu können, das sie mit guten Gründen wertschätzt (Sen 2000: 29; Robeyns 2017a: 39). Capabilities (synonym »Verwirklichungschancen«) umfassen all das, was ein Mensch in seinem Leben tun oder sein kann, und was ihm für ein gutes Leben persönlich wichtig ist. Über Einkommens- und Konsummaximierung hinaus finden dadurch nichtmaterielle Dimensionen menschlichen Wohlergehens angemessene Beachtung. Beispielsweise können Capabilities die Möglichkeiten einschließen, ein langes, gesundes Leben zu führen, genug Zeit für sich selbst und für soziale Beziehungen zu haben, eine Arbeit nach eigenen Werten und Lebensplänen auszuüben, am Leben in der Gesellschaft teilzuhaben und dieses mitzubestimmen, naturverbunden zu leben, Selbstachtung zu besitzen, von anderen respektiert zu werden oder, in Anlehnung an Adam Smith, sich ohne Scham in der Öffentlichkeit zu zeigen. Dabei entscheidet jeder Mensch nach eigenen persönlichen Werten und Lebensplänen, welche Capabilities ihm für ein gutes Leben wichtig sind. Die Gesamtheit aller Capabilities, die eine Person erreichen kann, bildet ihr Capability-Set (Sen 2009).

Auf dieser Grundlage entwickelt der CA ein Lebensqualitätsverständnis, das den Vorstellungen der Menschen umfassend entspricht (Nussbaum/Sen 1993) und in dieser Hinsicht der Kritik an der Standardökonomik Rechnung trägt. Dies verdeutlicht ein Grundanliegen Sens (2000), wie bereits Adam Smith eine Ökonomie zu fundieren, die in differenzierter Weise auf die Verschiedenheit von Menschen und die Multidimensionalität menschlichen Wohlergehens eingeht.

Einkommen, Vermögen und materielle Güter werden im CA als Mittel zum Erreichen menschlichen Wohlergehens betrachtet, aber nicht mit menschlichem Wohlergehen gleichgesetzt. Der CA betont, dass ökonomische Mittel, wie Abbildung 1 zeigt, erst in einem Umwandlungsprozess mit diversen Faktoren in menschliches Wohlergehen (Capability Set) transformiert werden. Dieser Prozess (Robeyns 2005: 45–47) ist durch persönliche Umwandlungsfaktoren (z.B. Bildungsstand, Gesundheit, Alter, Naturverbundenheit ...), und soziale Faktoren (z.B. Zugang zu Bildung, Gesundheitsversorgung, Beschäftigung, Geschlechterrollen, soziale Beziehungen, politische Netzwerke etc.) geprägt.

Ferner bestimmen ökologische Umwandlungsfaktoren, z.B. Regulatoren des ökologischen Gleichgewichts (Artenvielfalt, Schadstoffabbau etc.), Ökosystemdienstleistungen (Nahrung, Wasser, Rohstoffe etc.) sowie kulturelle, religiöse oder ästhetische Funktionen der Natur die Transformation ökonomischer Mittel in menschliches Wohlergehen (Volkert 2016: 411). Daher erreichen Menschen ein unterschiedliches Maß an Wohlergehen, wenn sie sich, bei gleichen ökonomischen Mitteln, zumindest hinsichtlich einzelner Umwandlungsfaktoren unterscheiden.

Hat eine Person ihre ökonomischen Mittel in ein Wohlergehen nach ihren Vorstellungen umgewandelt, so wählt sie aus ihrem Capability-Set jene Verwirklichungschancen aus, die sie realisieren wird. Die realisierten Capabilities (»Functionings«) werden subjektiv bewertet, woraus sich, je nach individueller Bewertung ein unterschiedlich ausgeprägtes subjektives Wohlergehen (z.B. Glück) ergibt. Ökonomische Mittel wie Einkommen oder Güterausstattung ebenso wie subjektives Wohlergehen, das stark von individuellen Bewertungen abhängt, unterscheiden sich demnach konzeptionell vom Capability Set als Maßstab menschlichen Wohlergehens. In der Abbildung wird auch deutlich, wie weit Einkommen und Glück konzeptionell auseinander liegen; es überrascht daher nicht, dass diese Größen nur schwach korreliert sind (SVR 2011: 66). Da Menschen höchst unterschiedliche Vorstellungen von einem guten Leben haben, unterscheiden sich die Capability-Sets, die von verschiedenen Gesellschaftsmitgliedern wertgeschätzt werden, teilweise erheblich (Sen 2009; Volkert 2020).

Abb. 1: Wahlfreiheit und Prozessfreiheit im Capability-Ansatz

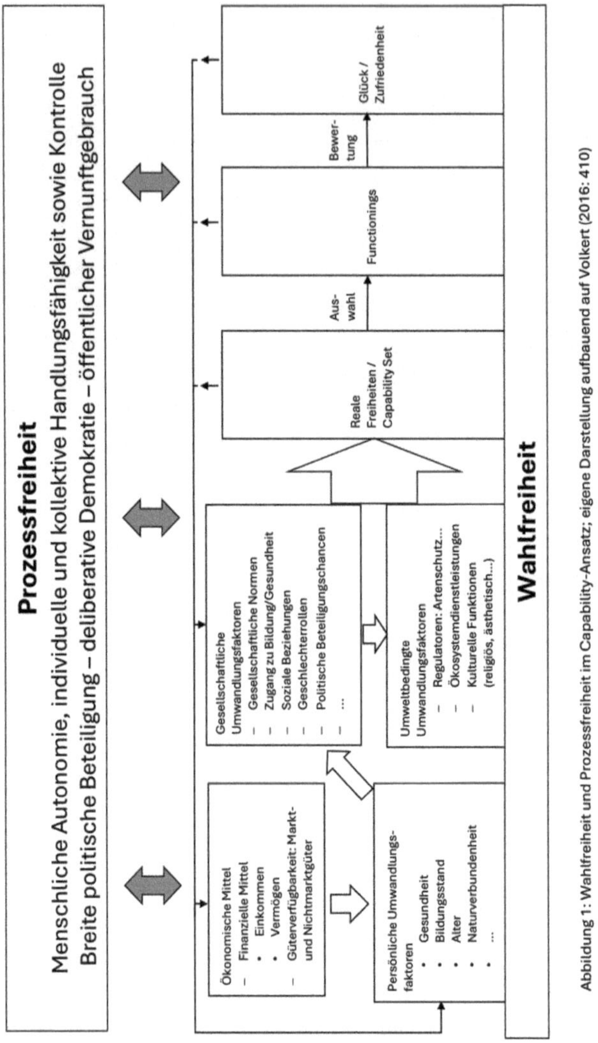

Quelle: Eigene Darstellung aufbauend auf Volkert (2016: 410)

Auf der Grundlage des CA hat das United Nations Development Programme (UNDP) den Human Development-Ansatz entwickelt. Analog zum CA verstehen die Vereinten Nationen »Human Development« als die »[...] expansion of people's freedoms and capabilities to lead the lives that they value and have reason to value. It is about expanding choices« (UNDP 2011: 2). Die vom CA wie auch von den Vereinten Nationen betonte Multidimensionalität menschlichen Wohlergehens zeigt sich u.a. in den 17 Zielen für Nachhaltige Entwicklung der Vereinten Nationen (Sustainable Development Solutions Network 2024).

Die multidimensionale Konzeption menschlichen Wohlergehens im CA ermöglicht zum Beispiel ein umfassenderes Verständnis der Konsequenzen nachhaltiger Suffizienzstrategien als die Standardökonomik. Da der CA auch nicht-monetäre Dimensionen des Wohlergehens berücksichtigt, wird es möglich, die mit einer standardökonomischen Fokussierung auf Produktion, Einkommen oder Konsum verbundenen, nicht-monetären Opportunitätskosten zu erkennen, die in der Standardökonomik meist definitionsgemäß ausgeschlossen werden. Diese Form der Opportunitätskosten beinhaltet etwa den Verlust an Lebensqualität durch weniger freie Zeit für sich oder für Familie und Freunde, mangelnden Respekt der eigenen Würde, den Verzicht auf Naturerlebnisse und Naturverbundenheit und vieles mehr. Sofern derartiger entgangener Nutzen von Fall zu Fall als größer eingeschätzt wird als der einer höheren Produktion, kann die Verfolgung von Suffizienzstrategien durchaus auch zu einem Gewinn an menschlichem Wohlergehen führen (Robeyns 2017b; Volkert 2025).

4.3 Prozessfreiheit (Process Freedom) als Grundlage von Gerechtigkeit und Menschenrechten in deliberativen Demokratien

4.3.1 Autonomie, Handlungsfähigkeit und Menschenrechte

Über die Wahlfreiheit hinaus kommt der Prozessfreiheit eine zentrale Rolle im CA zu (Sen 2009). Prozessfreiheit beinhaltet hier die Autonomie, die Menschen auf der Grundlage persönlicher Werte bei der Entscheidung über eigene Lebensziele und in gesellschaftlichen Prozessen haben, die ihr Leben betreffen (Ibrahim/Alkire 2007: 391–394). Im CA ist außerdem die Handlungsfähigkeit (»Agency«) ein konstitutiver Teil der Prozessfreiheit. Individuelle und kollektive Handlungsfähigkeit erlauben es, allein oder gemeinsam mit anderen Veränderungen zu erreichen, um Hindernisse überwinden und eigene Lebenspläne weiterverfolgen zu können. Autonomie und Handlungsfähigkeit sind Voraussetzungen für eine zumindest hinreichende Kontrolle über wesentliche Aspekte des eigenen Lebens (Ibrahim und Alkire 2007: 388–394). Sie ermöglichen es, Ungerechtigkeiten durch wahrgenommene Einschränkungen von Autonomie und Ängste vor Kontrollverlust sowie daraus folgende Konflikte, etwa Herausforderungen des Klimaschutzes,[16] konzeptionell zu analysieren und zu adressieren.

Die konzeptionelle Berücksichtigung menschlicher Autonomie bietet ferner die Grundlage für zahlreiche auf dem CA aufbauende tiefergehende Analysen von Menschen- und Arbeitsrechten (Vizard 2021), die in der utilitaristischen Ökonomik vernachlässigt werden. Beispielsweise ermöglicht der CA ein Verständnis von menschlicher Autonomie und Menschenrechten, mit dem Unternehmen ihre menschen- und arbeitsrechtlichen Sorgfaltspflichten, auch in ihren Lieferketten, erkennen, Verstöße ahnden und ihren Pflichten durch Empowerment-Strategien zielführend gerecht werden können (Ibrahim und Alkire 2007; Koos 2022).

Ziele menschlicher Handlungsfähigkeit umfassen, nach Sen (2009) Eigeninteresse und Sympathie, aber auch, etwa motiviert durch die Sorge um intra- und intergenerationelle Gerechtigkeit, (Selbst-)Verpflichtungen (»obligations«) und Commitments zugunsten anderer. Persönliche Commitments können sich auch auf unbekannte Menschen oder Arten in anderen Weltregionen sowie auf künftige, unbekannte Generationen beziehen, die auf der standardökonomischen Grundlage von Eigeninteresse und Sympathie allein nicht berücksichtigt würden. Für Sen erzeugen menschliche Handlungsfähigkeit und Macht gegenüber anderen menschlichen und nicht-menschlichen Stakeholdern zugleich Verantwortung. Damit entwickelt der CA ein Konzept von Verantwortung, auch für Nachhaltige Entwicklung, an dem es der Standardökonomik mangelt (Sen 2009; Robeyns, 2017a).

4.3.2 Verteilungsgerechtigkeit und Fairness in deliberativen Demokratien

Fairnessfragen spielen bei Amartya Sen (2009) eine zentrale Rolle. Er übernimmt Adam Smiths Denkfigur des unparteiischen Beobachters zur Analyse von Gerechtigkeitsfragen. Zudem ist sich Sen, wie auch Smith, des menschlichen Wunsches nach der Bestrafung von Ungerechtigkeiten und der hieraus folgenden Konsequenzen bewusst. Nicht zuletzt richtet er in Übereinstimmung mit Smith sein Augenmerk vor allem auf die Frage, wie auch die Armutsbevölkerung in gerechter Weise an der gesellschaftlichen und wirtschaftlichen Entwicklung teilhaben kann (Sen 2009). Daher bilden Armutsfragen einen zentralen Forschungsschwerpunkt im Capability-Ansatz, wobei die Mehrdimensionalität des Wohlergehens sich auch im Konzept der Multidimensionalen Armut widerspiegelt (ophi/UNDP 2024).

---

16 Siehe Kapitel 2.

Um dem Gerechtigkeitsverständnis in einer Gesellschaft unterschiedlichster Bürgerinnen und Bürger zu entsprechen, ist für Sen eine breite Einbeziehung der Bevölkerung in deliberativen Demokratien notwendig, um Fairness, Autonomie und Gerechtigkeit zu gewährleisten. So sollen sich Bürger in der Diskussion mit anderen über ihre Lebensziele, Gerechtigkeitsvorstellungen und Eigeninteressen verständigen können. Dabei lassen sich Werte, Autonomiespielräume, Einschränkungen sowie Erwartungen anderer besser erkennen und Werte sowie Haltungen (selbst-)kritisch hinterfragen und verstehen; dies erleichtert eine Verständigung auf für alle Beteiligten akzeptable Positionen (Seckler/Volkert 2021; Neuhäuser 2013). Auf diese Weise kann etwa eine Verständigung über eine mehrheitlich als legitim angesehene Klimaschutzpolitik ebenso wie über mehrheitlich akzeptable Verteilungswirkungen eines Klimageldes möglich werden (Poelsma et al. 2024). Eine solche Regierungsführung, die auf der breiten Diskussion der Bürger im Sinne eines »government by discussion« (Sen 2009) beruht, kann frühzeitig Konfliktpotenziale und Ungerechtigkeitsempfinden als Folge von Verhaltenszumutungen, Kontrollverlusten oder unfair empfundener Verteilungswirkungen identifizieren (Mau et al. 2024). Damit lassen sich Konflikte früher diskutieren und in Verständigungsprozesse einbinden, wodurch Eskalationen vermieden werden.

Eine konzeptionelle Stärke des CA liegt somit darin, die Bedeutung der Prozessfreiheit in deliberativen Demokratien zu begründen und durch Erweiterung der Motivationsannahmen über standardökonomische Prämissen hinaus gerechtigkeitsbasierte Nachhaltigkeitsstrategien umfassend fundieren zu können. Allerdings ist die Gewährleistung von Gerechtigkeit im gesellschaftlichen Ordnungsrahmen einer deliberativen Demokratie bei Sen ebenso wie bei Smith zwar theoretisch konsistent, aber aus empirischer Sicht heutzutage mit erheblichen Herausforderungen konfrontiert, wie nachfolgend skizziert wird.

4.3.3 CA: Herausforderungen, Grenzen und weiterer Forschungsbedarf

Das liberale Demokratieverständnis des CA beruht auf der Prämisse eines Grundkonsenses aller Beteiligten in Gesellschaft und Wirtschaft, Werte, Autonomie und Handlungsfähigkeit anderer Menschen zu respektieren und in faire politische Diskussionen einzubeziehen, um zu akzeptablen, demokratisch legitimierten Entscheidungen zu gelangen (Habermas 2022; Nida-Rümelin 2020). Werden dagegen Verfahren und Ergebnisse utilitaristischer Nutzenmaximierung auf Märkten zumindest von Teilen der Bevölkerung als ungerecht wahrgenommen, weil sie mit Einschränkungen der eigenen

Autonomie, der Gefahr von Kontrollverlusten oder als unfair empfundenen Verteilungsergebnissen einher gehen, so kann dieser Grundkonsens erodieren.

In diesen Fällen nimmt das Vertrauen in die meisten, vor allem in unbekannte, Menschen ab. Ein »generalisiertes Vertrauen« ist jedoch Voraussetzung für konstruktive Diskussionen unter Bürgerinnen und Bürgern, aber auch für »institutionelles Vertrauen« der Wählenden in die von ihnen gewählten Politiker, die sie meist persönlich nicht kennen, und für das Vertrauen in die gesellschaftspolitischen Institutionen (Delhey/Verbatye 2016). Defizite an generalisiertem und institutionellem Vertrauen werden sodann teilweise durch »partikulares Vertrauen« innerhalb einzelner Gruppen ersetzt. Diese beruhen meist auf gemeinsam geteilten Werten und Haltungen, die das Vertrauen und den Zusammenhalt innerhalb der Gruppe stärken. Allerdings werden Menschen außerhalb der Gruppe sowie gruppenübergreifende gesellschaftliche Normen häufig abgelehnt, was zu gesellschaftlichen Konflikten und Polarisierung führen kann. Aufgrund von Ungerechtigkeiten erodiert somit das Sozialkapital und der Zusammenhalt einer Gesellschaft, was Demokratie wie auch Marktwirtschaft gefährdet (Algan 2019; Zmerli 2016).

Insofern genügt es nicht, im CA eine deliberative Demokratie nur theoretisch zu unterstellen. Vielmehr sollte sich die CA-Forschung stärker mit realen Voraussetzungen und Gefahren für deliberative Demokratien beschäftigen. Dies ist umso wesentlicher, als, etwa für Deutschland, empirisch gezeigt wurde, dass zwar manche von Sens Verhaltensannahmen hinsichtlich deliberativer Demokratien empirisch Bestätigung finden, andere dagegen nicht. Es bedarf daher weiterer Analysen, um der Theorie des CA, aufbauend auf Empowerment-Konzeptionen gegen Einschränkungen von Autonomie und Handlungsfähigkeit, zu noch höherer gesellschaftspolitischer Relevanz zu verhelfen (Seckler/Volkert 2021).

Eine andere Herausforderung, an der im CA konzeptionell gearbeitet wird, ist das Zusammenspiel von Individuen, Gruppen und Institutionen. Dabei wird nicht nur zu individueller, sondern auch zu kollektiver Handlungsfähigkeit von Gruppen geforscht. Hinzu kommen erste neuere Ansätze zur Unternehmensverantwortung (Ng 2024) und zu den Einflüssen von Unternehmen auf menschliches Wohlergehen und Entwicklung (Strotmann/Volkert/Schmidt 2019).

Aus der Perspektive starker Nachhaltigkeit wurde die anthropozentrische Ausrichtung des CA lange Zeit als Problem angesehen. Neuere Capability-Forschung, etwa zu Tierrechten (Nussbaum 2023) oder zu Ökosystemen als juristische Personen im politischen Prozess (Kramm 2020), geht über diese Grenze hinaus, wenngleich auf diesem Gebiet nach wie vor weiterer Forschungsbedarf besteht.

Grundsätzlich ist der CA keine geschlossene Theorie, aus der sich CA-spezifische Maßnahmen für bestimmte Probleme ableiten lassen. Vielmehr bietet der CA einen ethisch informierten, umfassenden konzeptionellen Rahmen für gesellschaftliche und ökonomische Analysen. Dies ermöglicht transdisziplinäre Forschung und Kooperationen, wie sie im CA-Kontext etwa zwischen Ökonomen, Sozialwissenschaftlern sowie Natur- und Geisteswissenschaftlern verbreitet sind und zur Grundlage für interdisziplinär fundierte Strategien aus einer gemeinsamen Perspektive werden.

5. Fazit

Insgesamt zeigt sich, dass Adam Smiths ökonomische Theorie prinzipiell anschlussfähig an die Nachhaltigkeitswissenschaften ist. Die derzeitige Kritik an der Ökonomik betrifft in erster Linie die utilitaristisch-neoklassische Standardökonomik. Grundsätzlich vernachlässigt die utilitaristische Perspektive Gerechtigkeitsaspekte wie menschliche Autonomie, Handlungsfähigkeit und Kontrolle über das eigene Leben sowie die Gerechtigkeit der Verteilung gesamtnutzenmaximaler Ergebnisse. Jedoch lösen gerade wahrgenommene Bedrohungen der eigenen Autonomie und Handlungsfähigkeit sowie Ängste vor einem Kontrollverlust über das eigene Leben sowie befürchtete Verteilungsungerechtigkeiten – etwa in der Klimaschutzpolitik – hoch emotionale politische Polarisierungstendenzen aus. Dies ist nicht nur ein Problem für die ökonomisch effiziente Bereitstellung eines globalen öffentlichen Gutes wie Klimaschutz, sondern auch für ökonomisch effiziente Freihandels- und Migrationsstrategien (Margalit 2019; Rodrik 2021; Mau et al. 2024).

Insofern ist eine konzeptionelle Ergänzung der Standardökonomik um Konzeptionen der prozeduralen wie auch der Verteilungsgerechtigkeit geboten. Als Ansatz für eine solche Stärkung der Standardökonomik verfügt der CA über eine hinreichend gehaltvolle, umfassende ethische Informationsbasis (Sen 2000), die die prozedurale Gerechtigkeit (Autonomie, Handlungsfähigkeit, Kontrolle) und die Verteilungsgerechtigkeit konzeptionell einbezieht. Auf diese Weise lässt sich die Anschlussfähigkeit der Ökonomik an sozial und ökologisch sowie intra- und intergenerationell gerechte Nachhaltigkeitserfordernisse erreichen (Volkert 2025); zugleich kann es hiermit gelingen, die weitere Gefährdung ökonomisch effizienter Strategien durch politische Polarisierungstendenzen einzudämmen. Jedoch bedeutet die Einbeziehung von Gerechtigkeitskonzepten in die Ökonomik keinesfalls, dass die Ökonomik oder die Ökonomen über Gerechtigkeit entscheiden sollen. Schließlich begründet nicht zuletzt Sen (2009) eingehend, warum Gerechtigkeitsfragen in demokratischen Entscheidungsprozessen diskutiert und beantwortet werden sollen.

Literatur

Akerlof, George A./Shiller, Robert J. (2009): Animal Spirits. How human psychology drives the economy, and why it matters for global capitalism, Princeton.

Arndt, Christian/Volkert, Jürgen (2006): Amartya Sens Capability-Approach – Ein neues Konzept der deutschen Armuts- und Reichtumsberichterstattung, in: Vierteljahreshefte zur Wirtschaftsforschung 75(1), S. 7–29.

Arndt, Christian/Volkert, Jürgen (2011): The Capability Approach as a Framework for Official German Poverty and Wealth Reporting, in: Journal of Human Development and Capabilities 12(3), S. 311–337.

Aßländer, Michael S. (2007): Adam Smith zur Einführung, Hamburg.

Barclay, Laurie J./Skarlicki, Daniel P./Pugh, Douglas (2005): Exploring the Role of Emotions in Injustice Perceptions and Retaliation, in: Journal of Applied Psychology 90(4), S. 629–643.

Bartelheimer, Peter/Behrisch, Birgit/Daßler, Henning/Dobslaw, Gudrun (2020): Teilhabe – eine Begriffsbestimmung, Wiesbaden.

Beckerman, Winfred (2011): Economics as Applied Ethics. Fact and Value in Economic Policy, London.

Bentham, Jeremy (2013): Eine Einführung in die Prinzipien der Moral und der Gesetzgebung, in: Höffe, Otfried (Hg.), Einführung in die utilitaristische Ethik, Tübingen. 5. Auflage, S. 55–82.

Bundesregierung (2005): Zweiter Armuts- und Reichtumsbericht, Drucksache 15/5015, Deutscher Bundestag, Berlin.

Burchardt, Tania/Vizard, Polly (2011): Operationalizing the Capability Approach as a Basis for Inequality and Human Rights Monitoring in Twenty First Century Britain, in: Journal of Human Development and Capabilities 12(1), S. 91–119.

Buttke, Livia/Rössel, Hannes/Ebinger, Frank (2022): Risikoanalyse nach den Anforderungen des Deutschen Lieferkettensorgfaltspflichtengesetzes, in: Ökologisches Wirtschaften – Fachzeitschrift 37 (3), S. 27–30.

Chancel, Lucas/Bothe, Philipp/Voituriez, Tancrede (2023): Climate Inequality Report 2023, World Inequality Lab Study 2023/1. https://wid.world/www-site/uploads/2023/01/CBV2023-ClimateInequalityReport-3.pdf; letzter Abruf 9.05.2025

Dierksmeier, Claus (2016a): Reframing economic ethics, Palgrave.

Dierksmeier, Claus (2016b): Qualitative Freiheit. Selbstbestimmung in weltbürgerlicher Verantwortung, Bielefeld.

Enquete-Kommission des Deutschen Bundestages (2013): Wachstum, Wohlstand und Lebensqualität. Schlussbericht, Berlin.

Festival Nazionale de una Economia Civile (2023): Manifesto for a Renaissance in Economics. https://www.festivalnazionaleeconomiacivile.it/manifesto-for-a-renaissance-in-economics/; letzter Abruf 9.05.2025

Hagemeyer, Lennart/Faus, Rainer/Bernhard, Lukas (2024): Vertrauensfrage Klimaschutz, Friedrich Ebert Stiftung, Bonn.

Höffe, Otfried (Hg.) (2013): Einführung in die utilitaristische Ethik, 5. Aufl., Basel/Tübingen.

Holler, Manfred J./Leroch, Martin (2010): Efficiency and justice revisited, in: European Journal of Political Economy 26, S. 311–319.

Holzmann, Sara/Wolf, Ingo (2023): Klimapolitik und soziale Gerechtigkeit, Bertelsmann Stiftung, Gütersloh.

Horn, Karen (2024): Die jüngere Adam-Smith-Forschung rollt die Interpretation des schottischen Gelehrten neu auf: Ein Survey, in: Klump, Rainer (Hg.), Adam Smith @ 300. Studien zur Entwicklung der ökonomischen Theorie XLII, Schriften des Vereins für Socialpolitik, Band 115/XLII, Berlin, S. 13–84.

Ibrahim, Solava/Alkire, Sabina (2007): Agency and Empowerment. A proposal for internationally comparable indicators, in: Oxford Development Studies 35 (4), S. 379–403.

Jevons, William Stanley (1871/1911): Theory of Political Economy, 4. Aufl., Palgrave.

Koos, Stefan (2022): The German Supply Chain Due Diligence Act 2021 and its Impact on Globally Operating German Companies, in: Advances in Social Science, Education and Humanities Research, 659, S. 111–115.

Kotz, Maximilian/Levermann, Aders/Wenz, Leonie (2024): The economic commitment of climate change. Nature 628, S. 551–557.

Kramm, Matthias (2020): When a river becomes a person, in: Journal of Human Development and Capabilities 21(4), S. 307–319.

Krugman, Paul R./Obstfeld, Maurice/Melitz Marc (2015): International Economics. Theory and Policy, Harlow u.a.

Mau, Steffen/Lux, Thomas/Westheuser, Linus (2024): Triggerpunkte. Konsens und Konflikt in der Gegenwartsgesellschaft, 6. Aufl., Berlin.

Margalit, Yotam (2019): Economic insecurity and the causes of populism, reconsidered, in: Journal of Economic Perspectives 33(4), S. 70–152.

Neuhäuser, Christian (2013): Amartya Sen zur Einführung, Hamburg.

Ng, Raphael (2024): Formal Organizational Groups, Corporate Moral Agency and Group Capabilities, Kalkutta: Paper präsentiert auf der Human Development and Capability Konferenz vom 24.-26. September.

Nussbaum, Martha/Sen, Amartya (Hg.) (1993): The Quality of Life, Oxford.

Nussbaum, Martha (2023): Justice for Animals. Our Collective Responsibility, New York u.a.

OECD (2020): Beyond Growth: Towards a New Economic Approach, New Approaches to Economic Challenges, Paris.

Ophi/UNDP (2024): Oxford Poverty and Human Development Initiative; New York/Oxford: United Nations Development Programme 2024: Global Multidimensional Poverty Index. Poverty amid Conflict, New York und Oxford. https://hdr.undp.org/content/2024-global-multidimensional-poverty-index-mpi#/indicies/MPI ; letzter Abruf 10.05.2025

Osmani, Sidiq R. (2009): The Sen System of Social Evaluation, in: K. Basu/R. Kanbur (Hg.), Arguments for a better world. Essays in Honor of Amartya Sen. Vol. I: Ethics, Welfare and Measurement, Oxford.

Poelsma, Felix/Moser, Stephanie/Wymann von Dach, Susanne/Breu, Thomas (2024): The added value of including citizen perspectives in a transition management process towards climate neutrality, in: Gaia 33(3), S. 295–305.

Robeyns, Ingrid (2017a): Wellbeing, Freedom and Social Justice. The Capability Approach Re-Examined, Open Book Publishers.

Robeyns, Ingrid (2017b): Freedom and Responsibility – Sustainability through a Capabilities Lens, Centre for Understanding of Sustainable Prosperity (April), cusp.ac.uk/essay/m1-4.

Rodrik, Dani (2021): Why does globalization fuel populism? Economics, Culture, and the Rise of Right-Wing Populism, in: Annual Review of Economics 13, S. 133–170.

Scherer, Andreas/Palazzo, Guido (2008): Globalization and Corporate Social Responsibility, in:, Crane, Andrew et al. (Hg.), The Oxford handbook of corporate social responsibility, Oxford, S. 413–431.

Seckler, Matthias/Volkert, Jürgen (2021): The Capability Approach: A promising foundation for sustainable development? in: Ecological Economics, 183, May, https://doi.org/10.1016/j.ecolecon.2021.106951

Sen, Amartya (2000): Ökonomie für den Menschen. Wege zu Gerechtigkeit und Solidarität in der Marktwirtschaft, München.

Sen, Amartya Kumar (2008): Identity and Violence. The Illusion of Destiny, London.

Sen, Amartya (2009): The Idea of Justice, London.

Smith, A. (1981/1776): An Inquiry into the Nature and Causes of the Wealth of Nations (WN) (= Glasgow Edition, Band 2), Indianapolis.

SSF – Stiglitz, Joseph E./Sen, Amartya K./Fitoussi, Jean Paul (2009): Report by the Commission on the Measurement of Economic Performance and Social Progress https://ec.europa.eu/eurostat/documents/8131721/8131772/Stiglitz-Sen-Fitoussi-Commission-report.pdf ; letzter Abruf 3.1.2025

Stremlinger, Gerhard (2017): Adam Smith. Wohlstand und Moral. Eine Biographie, München.

SVR – Sachverständigenrat zur Begutachtung der Gesamtwirtschaftlichen Entwicklung/Conseil d'Analyse Économique (2011): Wirtschaftsleistung, Lebensqualität und Nachhaltigkeit: Ein umfassendes Indikatorensystem (deutsche Übersetzung), Expertise im Auftrag des Deutsch-Französischen Ministerrates, Paris/Wiesbaden.

Vizard, Polly (2021): The Capability Approach and Human Rights, in: Enrica Chiappero-Martinetti/Siddiqur Osmani/Mozaffar Quizilbash (Hg.), The Cambridge Handbook of the Capability Approach, Cambridge, S. 624–642.

Volkert, Jürgen et al. (2003): Operationalisierung der Armuts- und Reichtumsberichterstattung. Grundkonzeption zur Orientierung der Armuts- und Reichtumsberichterstattung der deutschen Bundesregierung an Amartya Sens Capability Ansatz, Gutachten im Auftrag des Bundesministerium für Gesundheit und Soziale Sicherung, Institut für Angewandte Wirtschaftsforschung (IAW), Tübingen.

Volkert, Jürgen (Hg.) (2005): Armut und Reichtum an Verwirklichungschancen. Amartya Sen's Capability-Konzept als Grundlage der Armuts- und Reichtumsberichterstattung, Wiesbaden.

Volkert, Jürgen (2016): Gerechtes Wirtschaften aus der Perspektive von Amartya Sens Capability-Ansatz, in: Rechtsphilosophie: Zeitschrift für Grundlagen des Rechts 4, S. 403–424.

Volkert, Jürgen (2020): Der Capability-Ansatz als konzeptioneller Rahmen zur Analyse der Verwirklichungschancen Geflüchteter, in: Schirovsky, Hanna/Schmidtke, Julia/Volkert, Jürgen (Hg.), Nicht nur über, auch mit Geflüchteten reden. Verwirklichungschancen, Einschränkungen und Integration aus der Sicht Geflüchteter, Tübingen, S. 59–86.

Volkert, Jürgen (2025): Grundwerte Nachhaltiger Entwicklung: Voraussetzungen und Konflikte intra- und intergenerationeller Gerechtigkeit, in: Jantzen, Petra/Vogel, Thomas/von Wirth, Timo (Hg.), Transformation gestalten: Kompetenzen für eine enkeltaugliche Welt, München.

Wells, Thomas (2012): Adam Smith on Morality and Self-Interest, in: Handbook of the Moral Philosophy of Business Ethics, Dordrecht, S. 281–296.

Wolf, Ingo/Ebersbach, Benita/Huttarsch, Jean Henri (2023): Soziales Nachhaltigkeitsbarometer der Energie- und Verkehrswende 2023, Potsdam-Institut für Klimafolgenforschung, Potsdam.

Jenseits des Wachstums
Wissenschaftliche und ästhetische Zukunftsszenarien einer ökologischen Gesellschaft

Christiane Heibach

Wachstumskritik im ökologischen Denken

Das ökologische Denken[1] beginnt mit einer grundsätzlichen Kritik am Paradigma des Wachstums. Der 1972 erschienene Club of Rome-Bericht *The Limits to Growth* bringt dies deutlich zum Ausdruck, wenn er auf der Basis von Berechnungen, die (erstmals) mithilfe eines computerbasierten »Weltmodells« (»World 3«) erfolgt waren, Folgendes feststellt: »Wenn die gegenwärtige Zunahme der Weltbevölkerung, der Industrialisierung, der Umweltverschmutzung, der Nahrungsmittelproduktion und der Ausbeutung von natürlichen Rohstoffen unverändert anhält, werden die absoluten Wachstumsgrenzen auf der Erde im Laufe der nächsten hundert Jahre erreicht.« (Meadows et al. 1972: 17) Der Bericht geht dabei von einem exponentiellen Bevölkerungswachstum aus, das weiteren exponentiellen Ressourcenverbrauch zur Folge hat. Doch er beschränkt sich nicht auf ein mit zahlenbasierten Hochrechnungen begründetes Plädoyer für Geburteneindämmung, Umweltschutz und bewusstem Umgang mit Ressourcen, sondern fordert zu einem ganz grundsätzlichen Paradigmenwechsel auf: »den Übergang vom Wachstum zum Gleichgewicht.«

1 Gemeint ist das ökologische Denken, wie es sich Ende der 1960er/Anfang der 1970er Jahre zunehmend in der öffentlichen gesellschaftlichen Diskussion zu etablieren beginnt. Natürlich gibt es auch vorher schon Überlegungen zu Ressourcenknappheit und – ganz allgemein – zur »Beziehung des Organismus zur umgebenden Außenwelt«. Letzteres ist eine Definition des Biologen Ernst Haeckel, der »Ökologie« als zunächst rein strukturell verstandenen Begriff Mitte des 19. Jahrhunderts in den Naturwissenschaften etabliert (Haeckel 2010 [1866]: 92). Zur Geschichte der ökologischen Bewegungen und des ökologischen Denkens vgl. u.a. Uekötter 2007; Radkau 2011.

(Ebd.) Damit stellt er eine klare Opposition auf, die auf grundsätzlich unterschiedliche Wirklichkeitsmodelle referiert. Der Atomphysiker Fritjof Capra spricht ein Jahrzehnt später in seinem vielrezipierten Bestseller *Wendezeit. Bausteine für ein neues Weltbild* von der Konfrontation des linearen Denkens der Newtonschen Welt mit dem vernetzten Denken komplexer Systeme: »Rationales Denken verläuft linear, während das ökologische Bewußtsein aus einer intuitiven Erkenntnis nicht-linearer Systeme entsteht. [...] Ökosysteme existieren dadurch, daß sie sich in einem dynamischen Gleichgewicht halten, welches auf Zyklen und kontinuierlichen Schwankungen beruht, also auf nichtlinearen Prozessen. Lineares Geschehen – beispielsweise unbegrenztes wirtschaftliches und technologisches Wachstum oder, um ein spezifisches Beispiel zu geben, die Lagerung von radioaktiven Abfällen über riesige Zeitspannen hinweg – wird zwangsläufig das natürliche Gleichgewicht stören und früher oder später schweren Schaden anrichten.« (Capra 1984: 39) In seinem 1978 erstmals erschienenen Buch *Unsere Welt – ein vernetztes System* beschreibt der österreichische Biochemiker Frederic Vester (der 1993 Mitglied des Club of Rome werden wird), dieses »Denken in offenen komplexen Systemen« als »neues Verständnis der Wirklichkeit« (Vester 2002: 8), das »zu einem Verständnis komplexer Systeme und ihres Verhaltens« (ebd.: 12) führen soll. Hierfür wird – auch schon im Club of Rome-Bericht – das Modell des kybernetischen Regelkreises angewendet, das auf die Untersuchung der Wechselwirkungen von »fünf wichtigen Trends mit weltweiter Wirkung« abzielt: »der beschleunigten Industrialisierung; dem rapiden Bevölkerungswachstum; der weltweiten Unterernährung; der Ausbeutung der Rohstoffreserven und der Zerstörung des Lebensraumes.« (Meadows et al. 1972: 15) Deren Zusammenhänge werden als (negative oder positive) Feedbackkreise modelliert, die entweder ausgleichend oder verstärkend wirken.[2] Vester unterscheidet daher in der Konsequenz quantitatives von qualitativem Wachstum: Letzteres begnügt sich mit dem im System Vorhanden und versucht, diesem immer wieder neue Strukturen und Funktionen abzugewinnen, anstatt – wie im quantitativen Denken – bestehende Bestände zwanghaft vermehren zu wollen, was zwangsläufig zu Ungleichgewichten im System führt, die über kurz oder lang dessen Kollaps zur Folge haben werden.

2 Zur Beziehung des Club of Rome zum kybernetischen Denken vgl. Seefried 2015: 248ff.

Das Modell des komplexen Systems ist in seiner Bedeutung für das ökologische Denken kaum zu überschätzen.[3] Nicht nur, dass es neue Formen der computerbasierten Prognostik implementiert, sondern es öffnet das Tor zu einem Denken, das nicht mehr notwendigerweise anthropozentrisch erfolgt. Systemisches Denken ermöglicht – in philosophischen Termini gesprochen – eine Ablösung vom Denken in Wesenheiten, sprich: eine Verabschiedung ontologischer Differenzierungen und Hierarchisierungen. In einem System gibt es nur Elemente und deren Funktionen innerhalb von Prozessen. Zwar werden diese in den genannten Konzeptionen noch in Bezug auf Menschen und deren Handlungsmacht konzipiert und gedacht, aber schon das berühmte Gaia-Modell von James Lovelock und Lynn Margulis, das kurz nach dem Club of Rome-Bericht erstmals vorgestellt wird (vgl. Lovelock/Margulis 1974a), macht deutlich, dass aus der darin eingenommenen biologischen Perspektive dem Menschen keine Sonderstellung zukommt. Das wird unterstrichen durch die vielsagend-metaphorische (und zudem das New Age-Denken befeuernde) Benennung des komplexen Ökosystems Erde als »Gaia«. Diese – nicht unumstrittene – Namensgebung ist in ihren mythologischen Implikationen durchaus gewollt, denn die Erde ist als ein »System aus *environment* und Organismen selbst als eine lebendige Entität zu betrachten, die kraft emergenter Eigenschaften das Leben in einem Gleichgewicht mit seinen Lebensbedingungen hält.« (Friedrich et al. 2018a: 11) Für den Physiker Lovelock und die Biologin Margulis ist der Mensch nur eine Entität unter vielen im großen, dynamischen System »Gaia«. Jeder Organismus, und sei er noch so klein, ist Teil des lebenden Ganzen – auch Mikroorganismen stehen daher beispielsweise in direktem Bezug zur Atmosphäre, da sie die Beschaffenheiten des Bodens beeinflussen (vgl. Lovelock/Margulis 1974a: 6).

»Gaia« ist als paradigmatisches kybernetisch-lebendes System modelliert: »We believe that Gaia is a complex entity involving the earth's atmosphere, bio sphere, oceans and soil. The totality constitutes a feedback or cybernetic system which seeks an optimal physical and chemical environment for the biota [...].« (Margulis/Lovelock 1974b: 473) Die Verflechtung von ökologischem und systemisch-kybernetischem Denken führt konsequenterweise zur Arbeit mit

3 Es könnten noch zahlreiche weitere Beispiele angeführt werden – von Buckminster Fullers berühmter Metapher des »Raumschiffs Erde« (Fuller 1998) bis zu *Biosphere 2*, dem 1991 durchgeführten (und gescheiterten) Versuch, ein sich selbst reproduzierendes Ökosystem als komplexes (allerdings weitgehend geschlossenes) System zu simulieren (vgl. Heibach 2021).

Computersimulationsmodellen für die ökologische Prognostik, da die Komplexität der Zusammenhänge nicht mehr mit analogen Mitteln berechenbar zu sein scheint.[4] Der Prognostik werden komplexitätsreduzierte Modelle an die Seite gestellt, die ihre Hochrechnungen plausibler machen sollen: James Lovelocks berühmt gewordene Computersimulation *Daisyworld*, in der Feedbackprozesse zwischen Atmosphäre und Biosphäre anschaulich gemacht werden, kann hierfür exemplarisch angeführt werden.[5]

Die Prognostik und ihre Modelle dienen klaren Zielen: Auf der Basis vorhandener zahlenmäßig abgebildeter Ist-Zustände sollen nach bestimmten Parametern Hochrechnungen erfolgen, die eine Zukunftsvorhersage in einem vorgegebenen Zeitrahmen ermöglichen. Diesem Verfahren haftet eine inhärente Paradoxie an: Wenn sich eine Prognose nicht erfüllt, wird ihr Unglaubwürdigkeit unterstellt (obwohl es sein kann, dass die auf Basis der Vorhersage getroffenen Maßnahmen genau zu dieser Nichterfüllung beigetragen haben); erfüllt sie sich, dann hat sie offensichtlich ihr Ziel verfehlt, rechtzeitig die Ergreifung von Maßnahmen auszulösen. In jedem Fall kann (und wird vermutlich auch) ihr Versagen unterstellt werden.

Erkenntnistheoretisch gesehen beruhen Prognosen auf existierenden Zahlen und Ist-Zuständen, weshalb ihnen Realitätscharakter zugeschrieben wird, genauso wie sie – trotz aller Einschränkungen – Wahrheitsansprüche erheben müssen, um wirksam zu werden. Demgegenüber stehen Szenarien, die sich in einer Grauzone zwischen Imagination und Fiktion bewegen, die

4 Dass gerade in der Atmosphärenforschung und Meteorologie die Wurzeln von Computersimulationen und prognostischen Berechnungen liegen, zeigt Gabriele Gramelsberger (2010: 105ff.).

5 *Daisyworld*, entwickelt 1983, besteht aus einem Planeten, auf dem nur schwarze und weiße Gänseblümchen existieren, deren Wechselwirkung mit der immer stärker werdenden Sonneneinstrahlung demonstriert wird. Erst haben die schwarzen Gänseblümchen einen evolutionären Vorteil, weil sie die Sonnenstrahlen besser abwehren können. Da sie sich nun exponentiell vermehren, erhitzt sich ihr Planet entsprechend schnell. Ab einem gewissen Zeitpunkt kommt die zunehmende Hitze den weißen Gänseblümchen zugute, da sie durch den Albedoeffekt die Hitze absorbieren und so zur Abkühlung des Planeten beitragen. Erst also dominiert das positive Feedback der schwarzen Gänseblümchen, um dann vom negativen Feedback der weißen Gänseblümchen korrigiert zu werden. Vgl. Lovelock 1991: 62ff. *Daisyworld* wiederum macht Anleihen bei *World3*, das die Gruppe um Dennis Meadows für die Hochrechnungen in *The Limits to Growth* nutzte und das auf den Systemmodellen des Kybernetikers Jay Forrester beruhte. Lovelocks Gänseblümchenwelt inspirierte wiederum eines der ersten Öko-Computerspiele, *SimEarth – The Living Planet* (1991). Vgl. Schrape 2018: 128ff.

durch den Begriff der Spekulation markiert ist. Durch sie werden eingefahrene Denkmuster entlarvt und herausgefordert. Gedankenexperimente in der Philosophie verfolgen ähnliche Ziele, doch die spekulativen Szenarien der Sozial- und Kulturwissenschaften sind radikaler, denn sie hinterfragen – insbesondere in Bezug auf die ökologischen Krisen – nicht nur Bestehendes, sondern entwerfen Alternativen, die sowohl erkenntnistheoretische Revolten anstreben, als auch Brücken zu Handlungsoptionen bauen wollen. Ihre Autor:innen stellen mit diesen Herangehensweisen gleichzeitig die grundlegende Distanznahme der Wissenschaften auf den Prüfstand.

In der Folge werden zunächst zwei Beispiele für solches spekulatives Denken in den Wissenschaften vorgestellt und in Bezug auf ihr Instrumentarium analysiert. Sie stammen von zwei der wichtigsten Stimmen in der Diskussion um die aktuelle Situation in der ökologischen Krise: vom Soziologen Bruno Latour und der Biologin und Philosophin Donna Haraway.

Wissenschaftsspekulation I: Die Cenosotone (Bruno Latour)

»Die Alarmglocken haben geläutet, und man hat sie eine nach der anderen abgestellt. Man hat die Augen geöffnet, man hat gesehen, man hat gewußt, man ist mit fest geschlossenen Augen weitergestürmt.« (Latour 2017: 26) So beschreibt Bruno Latour in seinem Buch *Kampf um Gaia*[6] die Ignoranz der Menschheit gegenüber dem Klimawandel und den ökologischen Brandfragen unserer Zeit. Dass wir uns in einer existenzbedrohenden Lage befinden, ist für ihn völlig evident, und so sieht er sich dazu veranlasst, die distanzierte Position eines beobachtenden Analytikers grundlegend in Frage zu stellen und stattdessen für einen Paradigmenwechsel in den Wissenschaften einzutreten:

> »An die Stelle eines prinzipiellen Unterschieds zwischen der Welt der Tatsachen und der der Werte – eines Unterschieds, den nie ignorieren durfte, wer als rational gelten wollte – tritt offenbar eine kontinuierliche Kette von

6 Das Buch stellt eine erweiterte und überarbeitete Version von Latours 2013 an der Universität von Edinburgh gehaltenen sechs Gifford Lectures dar. Es kursieren daher in der Forschungsliteratur unterschiedliche Versionen, da die Originalvorlesungen eine Zeitlang auf Latours Homepage verfügbar waren, bevor er die überarbeiteten Versionen als Buch publizierte. Die folgenden Ausführungen beziehen sich auf die deutsche Übersetzung der erweiterten Buchversion, die 2015 auf Französisch, 2016 auf Englisch und 2017 auf Deutsch erschien.

> Handlungen, die von Tatsachen ausgehen, die sich zu Alarmsignalen entwickeln und sich zu Entscheidungen zuspitzen, und zwar in beide Richtungen.« (Ebd.: 89)

Gleichzeitig diagnostiziert er einen Zustand des ›Zu spät-Seins‹, der mehr ist als nur eine Erkenntnis über die womöglich schon vergebliche, aber nichtsdestoweniger vorhandene Dringlichkeit des Handelns: Denn der menschlichen Zeitrechnung mit der Idee schneller Maßnahmen mit unmittelbarer Wirkmacht stehen die sich scheinbar langsam vollziehenden, aber ab einem gewissen Zeitpunkt irreversiblen und somit unkontrollierbaren Veränderungen im ökologischen System gegenüber:

> »[...] und das ist kein allmählicher Wandel, das sind katastrophale Veränderungen, sobald die Umkippunkte, diese neuen Säulen des Herkules, hinter uns liegen. Das genügt, uns gründlich zu verwirren. [...] Praktisch sind wir alle Konterrevolutionäre: Wir versuchen, die Folgen einer Revolution zu minimieren, die sich ohne uns, gegen uns und zugleich durch uns vollzogen hat.« (Ebd.: 74)

Und weiter heißt es:

> »Es könnte erfreulich sein, in einer solchen Epoche zu leben, wenn es uns möglich wäre, dieser Tragödie von einem fernen, geschichtslosen Ufer aus zuzusehen. Aber inzwischen gibt es keine Zuschauer mehr, weil es kein Ufer mehr gibt, das nicht in das Drama der Erdgeschichte einbezogen wäre. Da es keine Logenplätze mehr gibt, ist mit der Sicherheit des Betrachters auch das Gefühl des Erhabenen entschwunden.« (Ebd.: 74/75)

Schon fast resignativ entwickelt Latour in *Kampf um Gaia* sein Plädoyer für eine neue Art von Wissenschaft, die das Anthropozän zum Anlass nimmt, um sich den Forderungen des »NEUEN KLIMAREGIMES« [sic!], wie er es nennt, zu stellen, damit neue gedankliche und handlungspraktische Wege beschritten werden können:

> »Mit diesem Begriff [also dem NEUEN KLIMAREGIME] fasse ich die gegenwärtige Situation zusammen, in der der physische Rahmen, den die MODERNEN als gesichert erachtet hatten, der Boden, auf dem ihre Geschichte sich immer abgespielt hatte, ins Wanken geraten ist. Als würde eine Bühne lebendig und versuchte, am dramatischen Geschehen mitzuwirken. Von die-

> sem Augenblick an ändert sich an der Art und Weise, Geschichten zu erzählen, von Grund auf alles, so daß in die Politik Einzug hält, was jüngst noch zur Natur gehörte – einer Figur, die damit zu einem Tag für Tag weniger entzifferbaren Rätsel wird.« (Ebd.: 16)

Diese Zitatenfolge soll deutlich machen, dass Latour zu den prominentesten Verfechtern der Forderung nach einer engagierten Wissenschaft gehört, die die Bedingungen ihrer Möglichkeit angesichts der gegenwärtigen ökologischen Krise zu hinterfragen hat. Das betrifft aus seiner Sicht vor allem das Konzept der Natur, das – wie er es schon in *Wir sind nie modern gewesen* (Latour 2008) ausgeführt hat – ein durch und durch artifizielles Konstrukt dessen ist, was er »die MODERNE« oder »die MODERNEN« nennt. Daher verwendet er die Schreibung in Versalien, um den Charakter dieser Begriffe als »Denkfiguren« hervorzuheben (Latour 2017: 257): So ist die MODERNE gekennzeichnet durch eine Scheintrennung von Natur und Kultur, die bis in die Gegenwart hinein enorm wirkungsmächtig ist und sich angesichts der Klimakrise als fatal verfehltes Raster sowohl der Weltwahrnehmung als auch der Einschätzung bezüglich der Bedeutung des Menschen erweist.

Um diese Falle nicht nur zu entlarven, sondern zu einem alternativen Denken fortzuschreiten, greift Latour zu einem spekulativen Szenario, das er selber als »Science Fiction« bezeichnet, »die ein wenig an die Fernsehserie *Games of Thrones* erinnern wird.« (Ebd.: 258) Darin geht es um »eine Karte der Territorien [...], die von Völkern besetzt sind, die im Streit miteinander liegen« (ebd.) und die sich vom Dualismus Natur/Kultur zu entfernen haben, um zu einer neuen Diplomatie zu finden. Genauer gesagt geht es um ein Volk, das Latour »Cenosotone« tauft, als Akronym von *Cedont-Nous-Sommes-Tous-Nés* (»Das-woraus-wir-alle-entsprungen-sind«) (ebd.: 271) und das die höchste Autorität, die Natur, ersetzen soll, um der dualistischen Falle der MODERNEN zu entgehen. Dieses fiktive Volk dient Latour als Gedankenexperiment, der ›Natur‹ neue Konturen zu geben, und ihre Widersprüchlichkeit, die wir ihr durch unsere artifiziellen Modelle (von Zivilisation, Kultur, Technologie etc.) genommen haben, wiederherzustellen. In der Folge entwickelt Latour davon ausgehend verschiedene Überlegungen einer Neujustierung von Relationen mit dem Ziel, die Falle des Dualismus von »natürlich« vs. »(menschen)gemacht« zu umschiffen. Denn diese Falle impliziert nicht nur eine künstliche Trennung zwischen eigentlich Untrennbarem (Natur – Kultur, Innen – Außen, Handelnde – Nicht-Handelnde etc.), sondern auch eine (nach Latour ungerechtfertigte und gefährliche) Ausgrenzung: Alles, was wir als »natürlich« klassifizieren, fällt aus unseren institutionalisierten Entscheidungs- und Handlungssystemen, wie z.B. der Gesetzgebung, heraus oder wird – wie im Fall der Naturwissenschaften – objektifiziert.

»Wie kann man von der ERDE sprechen, *ohne sie als ein integrales Ganzes zu behandeln*, ohne ihr eine Kohärenz zuzurechnen, die sie nicht hat und zugleich auch ohne ihr das Leben abzusprechen, indem man die Organismen, die die dünne Hülle der kritischen Zonen am Leben erhalten, zu trägen, passiven Elementen eines physikalisch-chemischen Systems herabsetzt?« (Ebd.: 152, Hervorhebungen im Text) So skizziert Latour Lovelocks Gaia-Konzept, das er weiterdenken will. Hierzu führt er das Volk der Cenosotone als Alternative zum NATUR-Begriff ein: Jenes entzieht sich im Gegensatz zu diesem jeglicher dualistischer Kategorisierungen, unterläuft aber auch holistische Interpretationen (die das Gaia-Modell immer wieder evoziert). Die Cenosotone sind inhärent widersprüchlich: »Für seine Adepten ist Cenosotone durch sechs Eigenschaften ausgezeichnet: es ist *äußerlich*, *einheitlich*, *unbelebt* und seine Dekrete sind *unbestreitbar*; sein Volk ist *universell*, und die Epoche, in der es situiert ist, zeitlich unbegrenzt. Abgesehen davon behaupten sie auch, Cenosotone sei *innerlich*, *vielfältig*, *lebendig* und *umstritten*, sein Volk sei auf *einige wenige* beschränkt und lebe in einer Epoche, von der alle anderen durch eine *radikale Revolution* getrennt sind.« (Ebd.: 273, Hervorhebungen im Text) In dieser Form versucht Latour, Lovelocks und Margulis' Gaia zu entmystifizieren und in die Praxeologie konkreten ökologischen Denkens und Handelns zu überführen – mit Konsequenzen, die deutlich machen, wie schwierig es ist, sich vom anthropozentrischen Denken zu verabschieden. Es geht um Rechtsprechung, um Rederechte sowie um Gehör für Entitäten, die nicht-menschlich und – zumindest zum Teil – nicht belebt sind. Das alles wird gedacht vor dem Hintergrund von Lovelocks und Margulis' Erkenntnis, dass es keine »Umwelt« im Sinne eines Anderen, vom Menschen Abgetrennten mehr gibt: »Da alle lebenden Akteure unablässig ihre Absichten verfolgen, wobei sie die ihrer Nachbarn weitestmöglich modifizieren, läßt sich die Umwelt, an die der Organismus sich anpaßt, unmöglich von dem Punkt unterscheiden, an dem sein Handeln einsetzt.« (Ebd.: 177)

Wie sehr Latour hier um eine konsequente wissenschaftliche Umsetzung dieser Erkenntnis ringt, die nicht nur bei der Theorie stehenbleibt, sondern den Übergang zu Handlungsoptionen sucht, zeigt seine Narration vom Volk der Cenosotone eindrücklich, denn all diese Gedanken bewegen ihn schon lange (vgl. Latour 2001); dass er aber nach einem derart spekulativen Szenario sucht, um sie plastisch zu machen, ist in diesem Kontext neu.[7] Fraglich bleibt, ob dieser Versuch einer Konkretion seiner Forderungen gelingt, denn trotz der Cenosotone verbleiben seine komplexen Ausführungen im Bereich eines abstrakten Gedankenkonzepts.[8] Donna Haraway – eine weitere Vertreterin einer engagierten Wissenschaft – spricht in diesem Zusammenhang (wie auch Latour) zwar von SF im Sinne von *science fiction*, meint aber, genau wie dieser, damit keine fiktionale Welten der Zukunftsutopien oder -dystopien, wie sie in der Populärkultur so präsent sind. Sie versteht darunter vielmehr eine Kombination aus »Wissenschaft und spekulative[r] Fabulation«, die über eine Phantasiewelt weit hinausgeht (Haraway 2018: 62).

Wissenschaftsspekulation II
Vom Anthropozän über das Kapitalozän zum Chthuluzän (Donna Haraway)

Wie Bruno Latour sieht auch Donna Haraway spekulative Szenarien als wichtiges epistemologisches Instrument an, mit dessen Hilfe wir alte Denkmuster überwinden und uns zu Handlungsoptionen vorarbeiten können. Sie beschäftigt sich ebenfalls seit langem mit der Frage nach den Bedingungen einer neuen Positionierung des Menschen im Netzwerk der belebten und unbelebten Natur. Geht Latour jedoch primär von der Wissenschaft aus und sucht Scharniere zwischen kritischer Theoriereflexion und neuen Denkzugängen als Basis für den Menschen dezentrierende Handlungsräume, so denkt Haraway aus dem Handeln heraus und öffnet reflexive Räume, die eine menschliche De-Zentrierung *voraussetzen*. Das zeigt sich zentral am Begriff des Anthropozäns: Latour hält an diesem fest, weil er darauf verweist, dass es nicht den einen *anthropos* geben kann, sondern dass wir uns mit einer Vielfalt an Perspek-

7 Allerdings wird dieser Aspekt seines Denkens wenig bis gar nicht reflektiert: Selbst die ansonsten sehr luzide und umfassende Diskussion von Latours Gaia-Vorlesungen in Friedrich et al. 2018b erwähnt die Cenosotone mit keinem Wort.

8 Was es aber für Latour offensichtlich nicht ist, sonst hätte er »Cenosotone« in Versalien gesetzt. Ebenfalls weitgehend ignoriert wird in der Diskussion um Latours Thesen, dass er den Künsten eine große Macht der Veranschaulichung zuschreibt und er verschiedene performative Projekte zu diesem Thema angestoßen hat. Dazu gehören ein Hörspiel (*Kosmokoloss*, 2013 in Zusammenarbeit mit dem Bayerischen Rundfunk realisiert), eine Ballettaufführung sowie eine Serie von Theateraufführungen unter dem Titel *Gaia Global Circus* (seit 2010). Vgl. Latour 2017: 13ff.

tiven und (Natur)Autoritäten auseinandersetzen müssen, die divergente Interessen vertreten, aber gerade deshalb miteinander interagieren müssen (vgl. Latour 2017: 210/11). Haraway dagegen lehnt den Begriff vor allem aus zweierlei Gründen ab: Zum einen sieht sie in ihm die (erneute) Repräsentation einer maskulin verbrämten Menschheitsgeschichte »mit nur einem wirklichen Weltenmacher, dem [männlichen] Helden« (Haraway 2018: 59), zum anderen verweist *anthropos* nach wie vor auf den individuellen Menschen als Dreh- und Angelpunkt des Denkens und Handelns, wo doch viel komplexere Prozesse am Werk sind. Haraway schlägt daher als Gegenbegriff zum Anthropozän das »Kapitalozän« vor (vgl. ebd.: 70ff.), das analog zum Anthropozän die Zerstörungskraft des Ressourcenabbaus bezeichnet, diese aber als Effekt vielfältiger Transformationen kennzeichnet:

> »Sicher müssen wir von den Handelsnetzwerken des Zuckers und der Edelmetalle erzählen, von der Plantagenwirtschaft, vom Genozid an indigenen Völkern und von der Sklaverei mit ihren Arbeitsinnovationen, ihren Umsiedlungen und Rekompositionen von Lebewesen und Dingen; davon, wie sie menschliche und nicht-menschliche ArbeiterInnen jeglicher Art aufgewirbelt haben.« (Ebd.: 71)

Damit plädiert sie für vielperspektivische Blicke auf vernetzte Systeme und Prozesse, die sie in ihrem Kernbegriff, dem »Chthuluzän«, als epistemologische Herausforderung an die Gegenwart zusammenführt. Mit diesem Begriff, der sich vom Namen einer Spinnenart ableitet, bezeichnet sie ein »Anderswo«, »ein Anderswann, das war, ist und immer noch sein könnte.« (Ebd.: 49) Also: Eine Epoche, die durch Gegenwärtigkeit, rhizomartige Verflechtungen und schwankend-vage Positionsbestimmungen gekennzeichnet ist, in der sich Ort und Zeit verbinden, denn Chthuluzän ist auch eine Verbindung aus *khthón* (χθών), »Erde«, »Erdboden«, und *kainos* (καινός), das für Neues, Ungewöhnliches, Unerwartetes steht. Haraway verwendet diesen Betriff im Sinne einer unbedingten Gegenwart als »Zeit des Anfangens«, »des Weitermachens«, als »Zeit der Frische« (ebd.: S. 10). Diese Zeitbestimmungen implizieren Vergangenes und Zukünftiges, führen beide aber in einem Jetzt zusammen, das keinen Aufschub, kein Vertagen duldet. Das Chthuluzän bezeichnet »einen Zeitort des Lernens, um die Idee eines responsablen (response-able) gemeinsamen Lebens und Sterbens auf einer beschädigten Erde nicht aufzugeben.« (Ebd.) Statt »Gaia« oder, wie bei Latour, GAIA, schlägt Haraway den weniger mythologisch vorbelasteten Begriff »Terra« vor. Das daraus abgeleitete »Terrapolis«

ist »ein n-dimensionaler Nischenraum für ein artenübergreifendes Mit-Werden«, »offen, weltlich, unbestimmt und polytemporal« (ebd.: 21).

Die der Erde zugehörenden Entitäten, die »Chthonischen«, sind – so lädt Haraway ein, sie sich vorzustellen – mit reichlich Tastorganen wie Tentakeln, Fühlern und Fingern versehene Wesen, die sich vom »in den Himmel starrenden Homo« naturgemäß abgewandt haben, da sie dem Erdboden verhaftet sind (ebd.: 10). Sind die chthonischen Götter aus der antiken Mythologie doppelt codiert als Unterweltwesen wie der Totengott Hades einerseits, als fruchtbarkeits- und lebensspendend wie Demeter andererseits, so haftet Haraways chthonischen Lebewesen kein solcher Dualismus an. Sie verkörpern vielmehr das Fädenspinnen, das Viellinige, das Gestalt- und Positionenvariable und damit auch die vielschichtige Erzählung, die Haraway wiederum mit dem Kürzel SF mehrfach kodiert – als »string figures«, als »science fact«, als »so far« und – vor allem – als »spekulative Fabulation« (und/oder »spekulativen Feminismus«) (ebd.: 11, 49). Diese Bedeutungsvielfalt von SF ist eine Art *mise en abyme* ihres eigenen Theorievorhabens, denn all diese Praktiken des Fädenspinnens, der Wissenschaftsfaktizität, der Gegenwärtigkeit des Denkens und Handelns und der spekulativen Fabulation verfolgt sie in ihren Ausführungen. Gerade letztere dient nicht nur als Verbindungslinie für Wissenschaftler:innen, die offensichtlich in spekulativen, aber radikal gegenwartsbezogenen Szenarien die Möglichkeit sehen, Engagement und wissenschaftliche Faktizität zusammenzubringen, sondern sie führt – nachgerade zwangsläufig – zu materialisierten und medialisierten Formen spekulativen Fabulierens, wie sie uns in der gegenwärtigen ökologischen Kunst begegnen.

Das Chthuluzän selbst ist spekulative Fabulation und damit epistemologische Zumutung im besten Sinne, denn es geht um die Dezentrierung des Menschen im ökologischen Denken, das nun nicht mehr als kybernetisches Systemdenken, sondern als offenes Netzwerkdenken erfolgt – oder, um es mit Haraway zu sagen, als »Fadenspiel«, ohne zentralisierte (und damit als ›richtig‹ markierte) Position. Es geht um Vielfalt der Erzählungen, meist – in der Folge des Buches – mit zahlreichen Bezügen zu *science facts* über die verschiedensten Lebewesen und spekulativen Fabulationen im künstlerischen Aktivismus, der die Komplexität des vorgeschlagenen Denkens materialisiert und versinnlicht.

Spekulative Szenarien als *aisthesis* I: *Crochet Coral Reef*

Kunst, so könnte man sagen, ist immer in irgendeiner Form *aisthesis*, sprich: Versinnlichung. Selbst Konzeptkunst, die sich dem Kunstwerk als materiellem Produkt eines schöpferischen Prozesses entzieht, resultiert in Wahrnehmbarem, und sei es in der auf irgendeine Weise erzählten Geschichte dahinter. Eines der wesentlichen Probleme des Klimawandels besteht in seiner *Anaisthesis*,[9] weil er keinen wahrnehmbaren Phänomencharakter aufweist, sondern letztlich eine, auf verschiedenen messbaren Parametern beruhende Langzeitentwicklung darstellt. Daher zeigt er sich der materiellen Welt nur in Symptomen, z.B. als überwältigende Naturgewalten (Wirbelstürme, Feuersbrünste, Überschwemmungen, Erdbeben, Pandemien, Artensterben...), die zunächst einmal lokal begrenzt zu sein scheinen. Ihre schweren Folgen werden durch entsprechend schnelle und umfangreiche Hilfen gemildert; ebenso können durch bestimmte Maßnahmen neue Katastrophen in Zukunft verhindert werden – beides suggeriert zumindest die (womöglich hybrisgeleitete) Vorstellung von der Handlungsmacht des *anthropos*. So weit, so übersichtlich: Der Club of Rome-Bericht zeigt in dieser Hinsicht auch paradigmatisch, wie komplexe Zusammenhänge durch Regelkreise geordnet und damit scheinbar kontrolliert steuerbar werden.

Die SF-Erzählungen von Bruno Latour und Donna Haraway allerdings sind in ihrem Tenor deutlich beunruhigender, denn sie entlarven alle menschlichen Kontrollphantasien als verfehlt angesichts ihrer (lokalen, temporalen, perspektivischen...) Begrenztheit. Stattdessen fordern sie Komplexitätsinduktion, *response-ability*, Artgenossenschaft zwischen den Spezies. Natürlich kann dies aus der traditionell-westlich-rationalistischen Perspektive eines anthropozentrischen (i.e. männlich- und menschlichkeitszentrierten) Denkens schnell und oberflächlich als krude Phantasterei abgetan werden. Doch dem ist schlichtweg nicht so, denn der Boden, auf dem sowohl Bruno Latour als auch Donna Haraway sich bewegen, ist nach wie vor ein wissenschaftlicher. Doch wie soll auf der Basis dieser stets mitschwingenden Aufforderungen zur nachgerade hamletischen Selbsthinterfragung überhaupt noch ein Handeln möglich sein? Neben der *aisthesis*, der Versinnlichung des Nicht-Wahrnehmbaren, also dem *Anaisthetischen*, ist dies die zweite Dimension, in der die

9 Der Begriff »anaisthesis« bekommt hier unwillkürlich eine doppelte Bedeutung – die der Nichtwahrnehmbarkeit genauso wie die der Betäubung angesichts der scheinbar unkontrollierbaren Komplexität der mit dem Klimawandel korrelierten Ereignisse.

Künste zur Anlaufstelle solcher Fragen werden. Als ›künstlerische Praxeologie‹ entwickelt beispielsweise ökologisch engagierte Kunst[10] zahlreiche Strategien der Vergegenwärtigung multiperspektivischer Problemlagen. Welche Formen dies annehmen kann, möchte ich an zwei Beispielen demonstrieren.

Das *Crochet Coral Reef*[11] der in Australien beheimateten Schwestern Christine und Margaret Wertheim ist ein kooperatives Langzeitprojekt, mit dem die beiden Initiatorinnen seit 2005 auf das Sterben des *Great Barrier Reefs* aufmerksam machen. In Form von handgehäkelten Korallen, deren mathematisch errechnete hyperbolische Formen der fraktalen Struktur der Korallen entsprechen, werden die Farbenpracht, die unglaubliche Formenvielfalt und die Fragilität des Korallenriffs und seiner Bewohner auf mehreren Ebenen erfahr- und erlebbar gemacht. Zum einen werden die verschiedenen Riffelemente, mal mehr, mal weniger umfangreich im Museumsraum in Ausstellungen präsentiert und veranschaulichen eindrucksvoll die Formen- und Farbenvielfalt des Originalriffs. Zum zweiten wird das Riff ständig erweitert – und zwar in partizipativ-kollektiver Handarbeit: Das Museum Frieder Burda in Baden-Baden, das das *Crochet Coral Reef* 2022 ausstellte, veröffentlichte im Vorfeld auf seiner Webseite einen Aufruf zur Beteiligung am Häkeln neuer Riffelemente, aus dem über 40.000 Korallensegmente entstanden, die von mehr als 4.000 Häklerinnen und Häklern erschaffen wurden. Neben dem »Kernriff« existieren inzwischen 52 solche »Satellitenriffe«, die unter Beteiligung Freiwilliger entstanden sind. Dass es sich bei den Häkelnden meist um Frauen handelt, ist kein Zufall: Solcherlei Fadenarbeit (im Sinne Haraways) ist meist weiblich konnotiert und wird dementsprechend gesellschaftlich als triviale Freizeitbeschäftigung marginalisiert. Indem das Häkeln zur zentralen Tätigkeit von *Crochet Coral Reef* erhoben wird – was im übrigen wissenschaftlich begründet ist, da Häkeln und die häkelbaren Materialien höchste Flexibilität für die Erstellung der notwendigen hyperbolischen (nicht-

10 »Ökologisch engagierte Kunst« ist keine Genrebezeichnung, sondern hat in diesem Zusammenhang rein heuristische Funktion. Tatsächlich gibt es – nicht zuletzt aufgrund der inzwischen schon fast unüberschaubaren Zahl an Kunstprojekten, die sich des Klimawandels und ökologischer Problemlagen annehmen – inzwischen Bezeichnungen, wie z.B. »EcoArt«, die aber ebenfalls keinen Genrestatus haben, sondern Sammelbegriffe für unterschiedlichste ästhetische Herangehensweisen an ökologische Themen sind. Der Vielfalt an Projekten zollt auch die Forschungsliteratur seit einiger Zeit entsprechende Aufmerksamkeit, z.B. Hahn/Fischer-Lichte 2015; Davis/Turpin 2015; Demos 2016; Reiss 2019, um nur einige zu nennen.

11 Vgl. die Projektwebseite http://crochetcoralreef.org (2.2.2025).

euklidischen) Formen ermöglichen[12] – wird es zu einer Demonstration weiblich konnotierter Sorgearbeit. Nicht von ungefähr stellen sich die Wertheim-Schwestern explizit in die historische Linie der von Mierle Laderman Ukeles Ende der 1960er Jahre begründeten *Maintenance Art*.[13]

Der Akt des Häkelns evoziert dabei für die freiwillig Beteiligten eine ganz eigene synästhetische Erfahrung und Annäherung an die Struktur, Haptik und Materialität des Korallenriffs (auch wenn die Häkelfäden sich natürlich stofflich von den Korallen signifikant unterscheiden). Die Varianz der Materialien ist ein wesentlicher Aspekt der *aisthesis* des Projekts. Christine Wertheimer schreibt dazu:

> »Zu den Freuden der Mitwirkung am *Häkelkorallenriff* gehört, leibhaftig zu erleben, wie viel *Materie* ausmacht, wie viel die Materialien, mit denen man arbeitet, zu den Eigenschaften des entstandenen Objekts beitragen. [...] Bei Anwendung derselben Formel – gleiche Zunahme der Maschenzahl, gleicher Stich und gleiche Nadelgröße –, ergeben zwei *unterschiedliche* Garnarten, sagen wir, handgesponnene Wolle und Sojagarn, zwei völlig anders aussehende und sich anfühlende Sorten. Sogar die Anwendung derselben Formel auf Plarn (zerschnittene Plastiktüten) und Acrylgarn (selbst eine Art Plastik) bewirkt überraschend Unterschiedliches. Das Gebilde aus Plarn [Plastik + Garn = Plarn, C.H.] wird steifer sein als das aus Acryl. Ebenso beeinflusst die Straffheit des Häkelns das Endresultat: Je straffer der Stich,

---

12 Margaret Wertheim bezieht sich hier auf die Mathematikerin Daina Taimina, die als passionierte Handarbeiterin das Häkeln für die mathematische Veranschaulichung der Hyperbolik im universitären Mathematikstudium nutzte. Häkeln vermittelt eine »überlegene geometrische Freiheit«, weil »beim Häkeln die ausführende Person stets an derselben Stelle arbeitet und deshalb freier jede gewünschte Richtung einschlagen kann, was das Häkeln zu einem von Natur aus eher skulpturalen Medium macht.« (M. Wertheim 2022: 89) Interessanterweise untermauert Margaret Wertheim dies mit der Feststellung, dass im Gegensatz zum linearen, aber technisch schwierigeren Stricken das Häkeln aufgrund dieser Dreidimensionalität maschinell bisher nicht replizierbar ist.

13 Vgl. M. & C. Wertheim 2022: 39. Die US-amerikanische Künstlerin Mierle Laderman Ukeles begründete mit ihrem *Manifesto for Maintenance Art, 1969!* einen neuen Blick auf (meist) weibliche häusliche Care-Arbeit, die als selbstverständlich hingenommen wird und demnach (größtenteils bis heute) nicht dem Prinzip der monetären Entlohnung unterliegt. In ihren zahlreichen Performances macht sie in der Folge aber auch auf (gesellschaftlich niedrigstehende) infrastrukturelle Care-Arbeit beispielsweise von Müllarbeiter:innen und Reinigungskräften aufmerksam.

desto steifer die Form und desto zahlreichere Rüschen werden selbsttragende Gewölbe zustande bringen. Hier sehen wir konkret, wie sich die Eigenschaften der Materialien – einschließlich Hakengröße und Stichdichte – auswirken.« (C. Wertheim 2022: 63, Hervorhebungen im Text)

Die Medialität dieses Projektes besteht jedoch nicht nur in dieser spezifischen materiellen Sensibilisierung, die – so Christine Wertheim weiter – Ausdruck eines umfassenden Handlungswissens ist und zudem auf die Traditionen des Webens und Texturen-Erzeugens verweist, die die Grundlage für die Informationstechnologien unserer Gegenwart bilden (die Lochkarten für die automatischen Webstühle im 19. Jahrhundert)[14]. Sie verweisen auch auf den Informationsaustausch über dieses taktil-materielle Wissen und auf die weibliche Konnotation von Handarbeit i.S. von Weben, Stricken, Sticken, Häkeln und Nähen. Und sie koppeln dieses mit dem naturwissenschaftlichen Wissen über hyperbolische Formen und Strukturen der Natur, die schon im 19. Jahrhundert zu bemerkenswerten künstlerischen Expressionen geführt haben – die Serie *Kunstformen der Natur* (1899–1904) von Ernst Haeckel ist davon nur die Bekannteste.

Neben diesen schon für sich gesehen komplex miteinander verwobenen Dimensionen des Sinnlich-Materiellen, des Geometrisch-Wissenschaftlichen und Kollektiv-Sozialen weist *Crochet Coral Reef* auch eine praxeologisch-historische sowie eine ökonomische Ebene auf. So gehört es zum Projekt, auch alte und neue Handwerkstechniken in das Projekt zu integrieren, wie beispielsweise die traditionelle japanische Shiburi-Technik des Stoffdrucks, oder upcyclte Plastikfasern aus der indischen Kooperative »reCharkha« (»re« für »wieder«, »Charkha« heißt auf Sanskrit »Webstuhl«) zu verwenden. Diese soziale Initiative recycelt Plastikmüll und transformiert diesen zu Fäden, die dann mit verschiedenen tradierten Handwerkstechniken von Ortsansässigen, meist Frauen, zu textilen Produkten verarbeitet werden. Auf diese Weise wird die Arbeit des Müllsammelns und -reinigens in den Fokus gerückt; zudem entstehen in einem aufwändigen Prozess daraus neue Produkte, die Zeugnis von erworbenen handwerklichen und technischen Fähigkeiten ablegen und weibliche Arbeit aufwerten (vgl. Deshpande 2022).

---

14 Vgl. zu diesen Zusammenhängen auch die Studie von Birgit Schneider (2007).

Das Projekt ist in seiner Langzeitdauer, seiner Kooperativität, seiner Wissenschaftsbezogenheit,[15] der eindringlich multisensorischen und multimedialen *aisthesis* und des chthonischen Charakters seiner Motive (das Ökosystem der Korallenriffe mit all seinen Lebewesen als paradigmatisch erdbezogen) ein Paradebeispiel für Donna Haraways Chthuluzän:

> »Das *Häkelkorallenriff* ist sym-chthonisch. Es ist für die Multispezies-Kritter [Haraways Begriff für alle Arten von Lebewesen auf Terra, C.H.], einschließlich des Menschen, der tiefen und weiterbestehenden Erde. Das *Häkelkorallenriff* ist greifbares, polymorphes, erschreckendes und inspirierendes Stichwerk, gefertigt mit Fasern und Strängen aller Art, geflochten von Zehntausenden in Dutzenden Nationen, die zusammenkommen, um in Spielbecken Fürsorge, Schönheit und Respons-Abilität zu sticheln. Dieser SF-Weltling wird ermöglicht durch Margaret und Christine Wertheims ungeheuerliche, chthonische Symbiose aus Wissenschaft, Mathematik, Kunst, Aktivismus, fraulichen Faserkünsten, Umweltschutz, Fabulation und schierer Liebe zu den Krittern von Terra.« (Haraway 2022: 10)

Spekulative Szenarien als *aisthesis* II: *Ecosystems of Excess*

Ein zweites Beispiel mit einer anderen Schwerpunktsetzung, wenn auch mit ähnlichen ästhetischen Mitteln, soll die Komplexität des Feldes weiter ausleuchten. Die türkisch-US-amerikanische Künstlerin Pinar Yoldaş arbeitet seit 2014 an ihrem Installationsprojekt *Ecosystems of Excess*.[16] Darin entwickelt sie auf der Basis wissenschaftlicher Daten Lebewesen, die in den plastikverseuchten Meeren ihren adäquaten Lebensraum finden, da sie sich evolutionär an die Kontamination durch Plastikpartikel angepasst haben. Anlass für das Projekt war der »Great Pacific Garbage Patch«, ein Müllstrudel aus mehreren Millionen Tonnen Kunststoffmüll im Nordpazifik, der räumlich die Größe Mitteleuropas hat. Ihr Szenario baut auf der Annahme auf, dass – wie James Lovelock und Lynn Margulis schon in ihrer Gaia-Hypothese betonen – das Leben seinen Ausgang in den Mikroorganismen nimmt. Die Evolution wird demnach über kurz oder lang neue Organe und mit diesen neue Lebewesen

---

15 Die Wertheim-Schwestern leiten ein eigenes Institut in Los Angeles, das *Institute for Figuring*.

16 Vgl. die Projektwebseite https://pinaryoldas.info/Ecosystem-of-Excess-2014 (2.2.2025), die die Quelle für alle folgenden Informationen darstellt.

hervorbringen, die Plastik als Nahrungsbasis verstoffwechseln können. Yoldaş denkt diese Option zu einem spekulativen Szenario weiter, das sie »Plastisphäre« (»plastisphere«) nennt. Diese ist als Unterwasserwelt gekennzeichnet durch plastivore Lebewesen und deren Organe, die in den typischen zylindrischen Aufbewahrungsbehältern biologischer Wunderkammern schwimmend präsentiert werden. Ihre Funktionen werden durch ihre Kennzeichnung deutlich: »petronephros« (Plastikpartikel verarbeitende Nieren), »p-plastosceptor« (Sinnesorgan zur Detektion von Plastik, vgl. Abb. 1), »stomaximus« (der besonders resistente plastikverdauende Magen) – allein die Namen unterstreichen eine gewisse, dem Projekt eigene zynische Ironie, die sich in den imaginierten Lebewesen der Plastisphäre fortsetzt.

Abb. 1: Das Sinnesorgan zur Plastik-Detektion

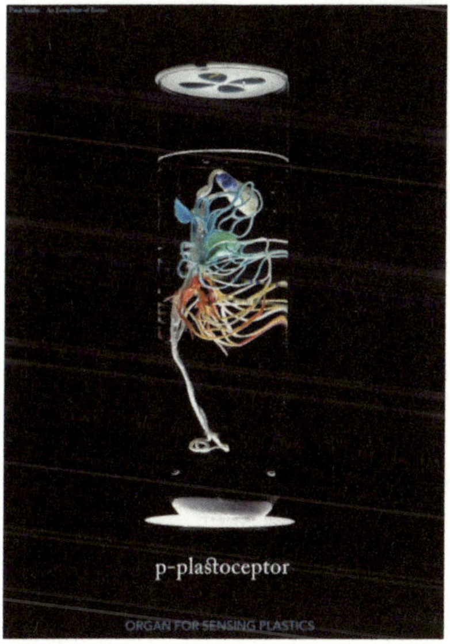

Quelle: © Pinar Yoldaş

Zu diesen zählen Tiefsee-Insekten, die ihre Eier auf harten Untergrund ablegen müssen und daher Plastik bevorzugen, weshalb sie auch Eigenschaften des Plastiks, wie z.B. Farben, aufnehmen (solche Insekten gibt es laut Pinar

Yoldaş tatsächlich; sie sind nur noch nicht so plastikaffin). Die pazifische Ballonschildkröte (Abb. 2) ist vielleicht das (im doppelten Sinne) plastischste Lebewesen der Plastisphäre: Nachweislich gehören Schildkröten zu den gefährdetsten Arten durch die Plastikverschmutzung der Ozeane; sie zieht es aus bisher unbekannten Gründen besonders zu bunten Ballons. Die pazifische Ballonschildkröte hat nun dank der Evolution die vielen Ballons zu einem Panzer transformiert, den sie nach Bedarf aufblasen kann. Dieser versetzt sie in die Lage, die durch die Erhöhung des Meeresspiegels verlängerten Schwimmzeiten gut zu überstehen, weshalb er einen evolutionären Vorteil darstellt.

Abb. 2: Die pazifische Ballonschildkröte

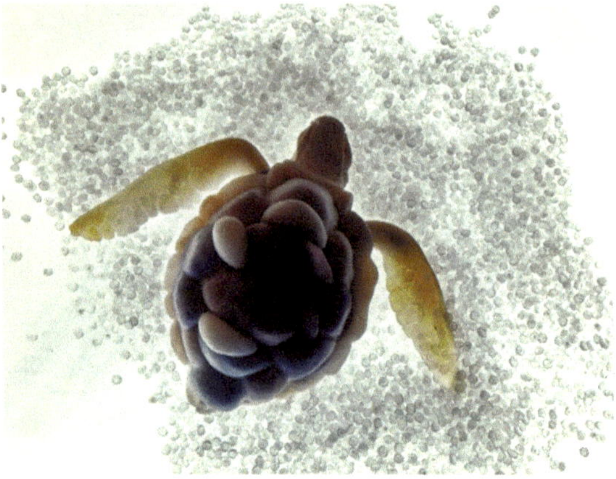

Quelle: © Pinar Yoldaş[17]

Das spekulative Szenario der Plastisphäre nähert sich der Latour'schen Frage nach der Verflechtung von Natur und Kultur aus einer provokanten Perspektive: Statt den Menschen in eine Handlungsverpflichtung zu nehmen, spricht sie der Evolution der Mikroorganismen und Meereslebewesen ihr höchstes Vertrauen aus: Die Verschmelzung von Natur und Kultur findet in Gestalt neuer Lebewesen statt, die sich keinen Deut um menschliche Gefährdungslagen scheren. Mit ihrer Installation denkt Yoldaş wissenschaftliche Erkenntnisse weiter in die Zukunft und führt uns mit ihrer Aisthetisierung

17 Mein Dank geht an Dr. Pinar Yoldaş für die Abdruckgenehmigung der beiden Bilder.

spekulativer Organe und Organismen vor Augen, dass wir die eigentlich vulnerable Spezies sind, dass wir letztlich – egal wie man es dreht und wendet – primär um unser eigenes Überleben kämpfen. Damit wiederum fordert sie auch – bewusst oder unbewusst – die Wissenschaftsspekulation heraus: Denn den Überlegungen anthropologischer Dezentrierung, wie sie Latour und Haraway vornehmen, liegt letztlich das Bewusstsein über die eigene Gefährdung zugrunde: In der (fraglos echten) Sorge um andere Spezies schwingt immer auch die Sorge um den Menschen mit, denn eine komplette anthropologische Dezentrierung zu denken, ist uns vermutlich nicht gegeben. Angesichts dessen müssen wir Folgendes konstatieren (aber deswegen noch lange nicht hinnehmen): Selbstverständlich gibt es Artensterben, gibt es großräumige Verseuchungen der Erde mit ungeheurer Zerstörungskraft für Flora und Fauna, gibt es Feuer und Überschwemmungen – doch Fakt ist, dass die Welt auch ohne Menschen existieren kann und es aller Wahrscheinlichkeit nach mit Sicherheit wird. Auch diese Option ist schon in ein wissenschaftsbasiertes spekulatives Szenario überführt worden: *Die Welt ohne uns* (Weisman 2012).

Fazit: (Quantitatives) Wachstum als relevante Denkkategorie?

Ökologisches Denken ist seit den 1960er Jahren einen weiten Weg gegangen und hat sich vielfältig diversifiziert, allein schon aufgrund der Tatsache, dass es in alle gesellschaftlichen Bereiche vorgedrungen ist. Der Dringlichkeit der Probleme steht die Trägheit des Menschen und seiner Institutionen, Systeme, Kulturen entgegen – und das schon seit Jahrzehnten, wenn nicht sogar seit Jahrhunderten. Liest man die ökologiebewegte Literatur der 1980er Jahre, so werden dort die gleichen Probleme benannt, die heute noch in genau der gleichen Dringlichkeit existieren. Ein wesentlicher Unterschied mag allerdings sein, dass die ökologischen Krisen angesichts erdrückender wissenschaftlicher Daten und symptomatischer Evidenzen durch zunehmende extreme Wetterereignisse inzwischen auch als solche anerkannt werden und nicht mehr als Spintisiererei nonkonformer Jungaktivist:innen abgekanzelt werden können.[18] Dennoch bleiben genügend Restzweifel an den Evidenzen, die auch

18 Ob diese Diagnose allerdings angesichts der zahlreichen Erfolge rechtspopulistischer, ökologisch im besten Falle indifferenter, wenn nicht gar feindlicher Parteien noch lange Gültigkeit beanspruchen kann, ist – leider – fraglich.

von der Prognostik nicht ausgeräumt werden können. Bruno Latour und Donna Haraway (und mit ihnen zahlreiche weitere, oft in den Naturwissenschaften sozialisierte Wissenschaftler:innen) entwerfen daher spekulative Szenarien, um auf die Vielschichtigkeit, die Komplexität, die Multiperspektivik, die Verflochtenheit der einzelnen Problemlagen aufmerksam zu machen unter der Prämisse, dass es nicht mehr um den Menschen allein geht. Im Gegensatz zur Prognostik, die die existierenden Parameter perpetuiert und hochrechnet, können spekulative Herangehensweisen ein anderes Denken propagieren, und im Gegensatz zu den abstrakten Statistiken, Graphen und Diagrammen der Prognostik können aisthetische spekulative Szenarien das Erleben evozieren und durch Partizipation das Engagement Vieler initiieren. Dabei geht es – wenn überhaupt – allein um Fragen *qualitativen* Wachstums im Sinne Frederic Vesters: die Umformung und Wiederverwertung von Material in Mikroökonomien, das Imaginieren von neuen Netzwerken und Allianzen zwischen Spezies sowie das Re-Flektieren von Bestehendem im Sinne von Sorge und *response-ability* – all dies lässt sich *nicht* mit der Kategorie des quantitativen Wachstums verbinden. Denn Wachstum als quantitative Größe rückt umso mehr in den Hintergrund, je weniger relevant das Systemdenken im kybernetischen Sinne wird. Die konfrontative Gegenüberstellung, die noch der Club of Rome-Bericht vornahm, verliert seine Brisanz, wenn andere Denkmodelle leitend werden.

Eine letzte Reflexion sei in diesem Zusammenhang erlaubt, die zeigen soll, wie sehr spekulative Szenarien dem linearen Denken in Wachstumskategorien entgegenstehen: Es entbehrt nämlich in diesem Zusammenhang nicht einer gewissen Ironie, dass der Begriff der Spekulation in der Ökonomie eine wichtige Rolle spielt, dort aber – im Verhältnis zum hier Vorgestellten – einer invertierten Logik folgt.

Der linksliberale Ökonom John Kenneth Galbraith identifiziert Spekulation dann, »wenn sich die Fantasie der Öffentlichkeit an etwas scheinbar Neuem auf dem Gebiet des Handels oder der Finanzen entzündet.« (Galbraith 2010: 42)[19] Spekulation baut in diesem Sinne auf einer Illusion auf, also auf etwas, von dem man glaubt, es gäbe es, das sich aber irgendwann zwangsläufig als materiell inexistent erweist. Für Galbraith ist Spekulation deswegen immer ein Akt des Ignorierens tatsächlicher Gegebenheiten. Er identifiziert in seinem Buch daher auch bestimmte Muster der ökonomischen Spekulation –

19 Das Buch, das auf Deutsch *Eine kurze Geschichte der Spekulation* heißt, ist im Original 1990 unter dem Titel *A Short History of Financial Euphoria* erschienen.

vom Tulpenhandel in den Niederlanden des 17. Jahrhunderts bis zu den »junk bonds« des Aktiencrashs von 1987 – letztere waren hochverzinste, weil hochrisikobehaftete Obligationen, deren Bezeichnung als »Schrottanleihen« schon Bände sprach, die Anleger aber nicht davon abhielt, sich ködern zu lassen und an sie zu glauben. Die Gier nach unverhältnismäßiger Gewinnmaximierung (respektive: kurzfristigem und quantitativ maximalem Wachstum) treibt derartige spekulative Szenarien so lange an, bis sie in sich zusammenfallen und maximale Zerstörung hinterlassen.

Spekulation im ökonomischen Sinne ist daher negativ besetzt und inhärent mit irrationalem Verhalten verbunden. Demgegenüber verstehen Donna Haraway und Bruno Latour Spekulation im Bereich von Kunst und Wissenschaft als Instrument der Vergegenwärtigung des Nicht-Wahrnehmbaren des Klimawandels durch dessen Transformation in ein Wahrnehmbares, oft unmittelbar Erfahrbares, Gegenwärtiges. In der Koppelung mit konkreten Handlungsaufforderungen ähnelt das spekulative Szenario der ökonomischen Spekulation, ist aber deutlich konkreter, weil die Unsicherheit nicht auf einer Phantastik der Gegebenheiten aufbaut, sondern auf dem Glauben an die Wirksamkeit der präsentierten Handlungsoptionen. An der Faktizität der ökologischen Gegebenheiten kann es – im Gegensatz zur Finanzspekulation – keinen Zweifel geben, wohl aber an der Wirksamkeit von Handlungen. Genau in dieser Verbindung besteht das Spekulative in Wissenschaft und Kunst: Die Situationen sind real, die Handlungsoptionen bewegen sich aber im Feld des Unwägbaren – zum einen, weil unklar bleibt, ob sie die gewünschte Wirkung zeitigen, zum anderen, weil in der Gegenwärtigkeit kaum abschätzbar ist, wie nachhaltig sie zur Gestaltung einer ökologisch stabileren Welt beitragen. Insofern liegt hier eine Umkehr der ökonomischen Spekulation vor: Basiert diese auf einer Wertfiktion, baut jene (die ökologische Spekulation) auf der Faktizität ökologischer Gegebenheiten auf. Erzeugt diese reale Handlungen mit (scheinbar) kalkulierbarer Wirksamkeit (z.B. Wertsteigerung von Aktien durch Kaufverhalten), weiß man in jener kaum je, worauf die Handlungen hinauslaufen. Die Motivationen beider sind – das ist evident – fundamental entgegengesetzt: Individuelle Gier und Gewinnmaximierung stehen dem Versuch einer gemeinschaftlichen, menschliche und nicht-menschliche Akteure umfassenden Fürsorge gegenüber. Ob unter all diesen Prämissen und Denkbewegungen die Kategorie des (quantitativen) Wachstums überhaupt noch akzeptabel, geschweige denn erstrebenswert sein kann, muss ernsthaft bezweifelt werden.

Literatur

Capra, Fritjof ([7]1984): Wendezeit. Bausteine für ein neues Weltbild, Bern u.a. (orig.: 1982).

Davis, Heather/Turpin, Etienne (Hg.) (2015): Art in the Anthropocene: Encounters Among Aesthetics, Politics, Environments and Epistemologies, London.

Demos, T. J. (2016): Decolonizing Nature: Contemporary Art and the Politics of Ecology, Berlin.

Deshpande, Amita (2022): reCharkha EcoSocial: Plastik upcyceln in Indien, in: Kittelmann u.a.: Wert und Wandel der Korallen, S. 102–107.

Friedrich, Alexander et al. (2018a): Einleitung, in: Dies.: Ökologien der Erde, S. 9–19.

Friedrich, Alexander et al. (2018b): Ökologien der Erde: Zur Wissensgeschichte und Aktualität der Gaia-Hypothese, Lüneburg.

Fuller, Buckminster (1998): Raumschiff Erde (1969), in: Ders.: Bedienungsanleitung für das Raumschiff Erde und andere Schriften, Dresden, S. 45–66.

Galbraith, John Kenneth (2010): Eine kurze Geschichte der Spekulation. Aus dem Amerikanischen von Wolfgang Rhiel, Frankfurt (orig. 1990).

Gramelsberger, Gabriele (2010): Computerexperimente. Zum Wandel der Wissenschaft im Zeitalter des Computers, Bielefeld.

Haeckel, Ernst (2010 [1866]): Ökologie und Chorologie, in: Hoßfeld, Uwe (Hg.): Absolute Haeckel, Freiburg, S. 92–95.

Hahn, Daniela/Fischer-Lichte, Erika (Hg.) (2015): Ökologie und die Künste, Paderborn.

Haraway, Donna J. (2018): Unruhig bleiben. Die Verwandtschaft der Arten im Chthuluzän, Frankfurt a.M.

Haraway Donna J. (2022): Sym-chthonische tentakuläre Weltlinge: Eine SF-Story für das Häkelkorallenriff, in: Kittelmann u.a.: Wert und Wandel der Korallen, S. 18/19.

Heibach, Christiane (2021): Zwischen Kapitalismus, Kybernetik und Katastrophe: Zur Epistemologie der Klimakapsel, in: Büttner, Urs/Müller, Dorit (Hg.): Künstliches Klima. Zur Imaginationsgeschichte des Climate Engineering, München, S. 166–180.

Kittelmann, Udo/Wertheim, Margaret/Wertheim, Christine (Hg.) (2022): Margaret und Christine Wertheim: Wert und Wandel der Korallen, Ausstellungs-Katalog: Museum Frieder Burda, Baden-Baden.

Latour, Bruno (2001): Das Parlament der Dinge, Berlin (orig.: 1999).

Latour, Bruno (2008): Wir sind nie modern gewesen. Versuch einer symmetrischen Anthropologie, Frankfurt a.M. (orig.: 1991).
Latour, Bruno (2017): Kampf um Gaia. Acht Vorträge über das Neue Klimaregime, Berlin.
Lovelock, James (1991): Das Gaia-Prinzip: Die Biographie unseres Planeten, Zürich/München (orig.: 1988).
Lovelock, James E./Margulis, Lynn (1974a): Atmospheric Homeostasis by and for the Biosphere: the Gaia Hypothesis, in: Tellus, 26: 1–2, S. 2–10, doi: 10.3402/tellusa.v26i1-2.9731.
Lovelock, James E./Margulis, Lynn (1974b): Biological Modulation of the Earth's Atmosphere, in: Icarus 21, S. 471–489.
Meadows, Dennis et al. (1972): Die Grenzen des Wachstums. Bericht des Club of Rome zur Lage der Menschheit, Stuttgart.
Radkau, Joachim (2011): Die Ära der Ökologie. Eine Weltgeschichte, München.
Reiss, Julie H. (Hg.) (2019): Art, Theory and Practice in the Anthropocene, Wilmington.
Schneider, Birgit (2007): Textiles Prozessieren: Eine Mediengeschichte der Lochkartenweberei, Zürich/Berlin.
Schrape, Niklas (2018): Spiel mit Gaia, in: Friedrich u.a.: Ökologien der Erde, S. 123–151.
Seefried, Elke (2015): Zukünfte. Aufstieg und Krise der Zukunftsforschung 1945 – 1980, Berlin/Boston.
Uekötter, Frank (2007): Umweltgeschichte im 19. und 20. Jahrhundert, München.
Vester, Frederic ([11]2002): Unsere Welt – ein vernetztes System, München (orig.: 1983).
Weisman, Alan ([7]2012): Die Welt ohne uns. Reise über eine unbevölkerte Erde, München (orig.: 2007).
Wertheim, Christine & Margaret (o.J.): Crochet Coral Reef, https://crochetcoralreef.org ; letzter Abruf 2.2.2025
Wertheim, Christine (2022): Materie, Form und Technologie Materialität zählt, in: Kittelmann u.a.: Wert und Wandel der Korallen, S. 63–69.
Wertheim, Margaret (2022): Wegweiser durch den hyperbolischen Raum, in: Kittelmann u.a.: Wert und Wandel der Korallen, S. 80–89.
Wertheim, Margaret und Christine (2022): Wartungsarbeit. Das gehäkelte Korallenriff als Sorge, in: Kittelmann u.a., Wert und Wandel der Korallen, S. 38–47.

Yoldaş, Pinar (seit 2014): An Ecosystem of Excess, https://pinaryoldas.info/Ecosystem-of-Excess-2014 ; letzter Abruf 2.2.2025

Sozialstaat in der Polykrise – Kollaps oder radikale Umgestaltung?

Joachim Spangenberg

Wachstumsschwäche der Wirtschaft, soziale Schieflagen und ihre Folgen für demokratische Prozesse sowie Klima- und Umweltkrisen wechseln sich seit Jahren als Top-Themen der politischen Debatte ab. Viel zu selten wird aber danach gefragt, wie sie zusammenhängen, welche wirtschaftlichen Folgen die Umweltkrise hat und wie sich das auf den Sozialstaat auswirkt. Auch deswegen bleiben die Krisenlösungen partial und ineffektiv.

Ignorierte Herausforderungen: Es wird teuer

Das Bruttoinlandsprodukt (BIP) steigt seit Jahrzehnten an, aber von Dekade zu Dekade weniger – trotz der verzweifelten Bemühungen von Bundesregierungen aller Couleur, das Wachstum zu steigern. Auch das vielbeschworene »grüne Wachstum« stellt sich nicht ein. Die aktuellen Schätzungen liegen bei 1 % pro Jahr oder weniger, kalkuliert unter der Annahme, dass die Einnahme- und Ausgabenstrukturen weitgehend gleich bleiben (Kurz 2024). Das werden sie jedoch nicht, denn die Einnahmen werden sinken und die Ausgaben steigen, wie wir im Folgenden zeigen. Geplante Ausgabensteigerungen betreffen Rüstung und Infrastruktur, ungeplante aber unvermeidliche sind Folgen der Umweltkrise.

In der Bundesrepublik überstiegen die wirtschaftlichen Verluste aufgrund von Klimaextremen in den letzten drei Jahren jeweils 50 Milliarden Euro. In einem Szenario mit starker Erwärmung, das infolge der US-Politik immer wahrscheinlicher wird, würden die wirtschaftlichen Verluste allein durch Überschwemmungen an den Küsten mehr als 1 Billion Euro pro Jahr betragen (Hildebrand 2024). Auch kurzfristig verursachen Umweltbelastungen hohe Kosten für die Gesellschaft u. a. durch umweltbedingte Gesundheits- und Materialschäden, Ernteausfälle oder Schäden an Ökosystemen. Im Jahr 2021 betrugen die Umweltkosten allein durch die Treibhausgas- und Luftschadstoff-Emissionen in den Bereichen Straßenverkehr, Strom- und Wärmeerzeugung laut Umweltbundesamt (2024) mindestens 241 Milliarden Euro.

In Großbritannien könnte, so die Warnung britischer Experten, die Zerstörung der Natur und der Verlust der biologischen Vielfalt für den Rest des Jahrzehnts einen größeren wirtschaftlichen Einbruch auslösen als die globale Finanzkrise 2008 und die Covid-Pandemie (Green Finance Institute/Oxford University Environmental Change Institute/University of Reading/UNEP-WCMC/National Institute of Economic and Social Research 2024). Der Bericht warnt vor den steigenden finanziellen Kosten, die durch Umweltverschmutzung, Schädigung der Wassersysteme, Bodenerosion und Bedrohung durch Krankheiten entstehen. Ein weiterer Zusammenbruch der natürlichen Umwelt Großbritanniens könne bis zu den 2030er-Jahren zu einem Verlust von 12 % des BIP führen. Die anhaltende Zerstörung natürlicher Lebensräume in städtischen und ländlichen Gebieten wäre vergleichbar mit der Finanzkrise von 2008, die das britische BIP um etwa 5 % schmälerte, während die Covid-Pandemie das Land im Jahr 2020 11 % seines BIP kostete. Die Analyse zeigt, dass Naturrisiken für die Wirtschaft ebenso schädlich sind wie Klimarisiken. Doch während die wirtschaftlichen Kosten des Klimawandels zunehmend akzeptiert würden, so der Bericht, stellten die Risiken der Naturzerstörung Kosten dar, die bei finanziellen und unternehmerischen Entscheidungen nicht ausreichend berücksichtigt würden. Dies führe dazu, dass die Wirtschaft und der Finanzsektor einschließlich Finanzdienstleistungen – und damit die Wirtschaft im Allgemeinen – ungeschützt blieben, während die Risiken unkontrolliert weiter stiegen.

Weltwirtschaftsstagnation plausibel

Weltweit werden die wirtschaftlichen Schäden durch die Erderwärmung, die durch vereinbarte Emissionsziele bereits heute »locked in« sind, also in den nächsten Jahren gesichert auf Gesellschaften weltweit zukommen werden, bis zum Jahr 2050 auf 38.000 Milliarden US-Dollar geschätzt, was 19 % der Weltwirtschaft entspricht (Kotz et al. 2024). Die Berechnungen sind eher konservativ angelegt und beinhalten hauptsächlich Schäden durch Erwärmung, erhöhten Niederschlag und Temperaturschwankungen, während Wetterextreme wie Stürme oder Waldbrände schwerer statistisch zu modellieren und deshalb nicht enthalten sind. Die Berechnungen berücksichtigen außerdem Adaptionen an Extremwetter durch Staaten und Unternehmen, wobei sicher ist, dass ärmere Nationen weniger Adaptionsleistung aufbringen können. Die prognostizierten Schäden fallen noch einmal 50 % höher aus, wenn man »further climatic components« mit einbezieht, und noch höher, wenn man Biodiversitätsverluste und Chemikalienverschmutzung (einschließlich Plastik) dazu nimmt (Kotz et al. 2024). Am stärksten betroffen von der projizierten Wertvernichtung sind Afrika und Südasien, die Effekte werden sich allerdings auf alle Wirtschaftsleistungen sämtlicher Länder weltweit auswirken. Nicht berücksichtigt sind die Ausgaben für Küstenschutz, Rückverlagerung von Deichen und teilweiser Aufgabe von Städten und Siedlungen, die durch den schneller als erwartet steigenden Meeresspiegel erforderlich werden (Taberna et al. 2023). Der Meeresspiegel wird weiter steigen, durch thermische Ausdehnung des Wassers, Trocknung der Kontinente und Abschmelzen der Kryosphäre. Modelle zeigen, dass wir an einem Kipppunkt stehen, an dem ein sehr kleiner Anstieg der Temperatur des Ozeanwassers zu einem sehr großen Anstieg des Eisverlusts führen kann – ein irreversibler, sich selbst beschleunigender Prozess (Armstrong McKay et al. 2022). Das Abschmelzen des Eises in Grönland und weiten Teilen der Antarktis sowie von allen Gebirgsgletschern außerhalb des Himalaya ist nicht mehr zu stoppen; die Erderhitzung lässt sich nicht aufhalten: Gegen 2030 wird die 1,5 °C-Schwelle dauerhaft überschritten sein, und weitere irreversible Entwicklungen – von denen einige bereits eingetreten sind – sind dann nicht mehr nur möglich, sondern wahrscheinlich (Kemp et al. 2023). Die wirtschaftlichen Folgen lassen sich kaum quantifizieren – viele Millionen Menschen leben in Küstenstädten, die durch den Anstieg des Meeresspiegels gefährdet sind, von New York über Mumbai bis Schanghai, und mehr als ein Drittel der Weltbevölkerung lebt in einer Entfernung von weniger als 100 km von der Küste. Eine Inlandsverlagerung von Siedlungs- und Industriegebieten würde die Flächenkonkurrenz verschärfen und die Ernährungssicherheit gefährden.

Wasser ist auch in anderer Hinsicht ein globales Problem – die Weltkommission für Wasserwirtschaft der OECD berichtet, dass die weltweiten Süßwasservorräte insbesondere in Gebieten abnehmen, in denen sich die Bevölkerung und die Wirtschaftstätigkeit konzentrieren und in denen Nutzpflanzen angebaut werden, wie Nordwestindien, Nordostchina sowie Süd- und Osteuropa (GCEW 2024). Die kombinierten Auswirkungen unterschiedlicher Störungen des Wasserkreislaufs bedeuten, dass bei Fortschreibung des Status quo das BIP der Länder mit hohem Einkommen bis 2050 um durchschnittlich 8 %

schrumpfen würde, während die Länder mit niedrigem Einkommen mit einem noch stärkeren Rückgang von 10 % bis 15 % konfrontiert wären. Eine Ursache ist, dass in Regionen mit intensiver Bewässerung schon heute die Wasserverfügbarkeit tendenziell abnimmt; wenn sich die derzeitigen Trends fortsetzen, könnte die Bewässerung dort unmöglich werden, was zu einem Rückgang der weltweiten Getreideproduktion um 23 % führen würde (GCEW 2024).

Im Sommer 2022 wurden etwa 70.000 vorzeitige Todesfälle in Europa auf Hitze zurückgeführt. Ohne wirksame Anpassungs- und Abschwächungsmaßnahmen könnten hunderttausende Menschen an Hitzewellen sterben, mit verheerenden wirtschaftlichen Folgen (Ballester et al. 2023). Klimawandelbedingte Gesundheitsbelastungen am Arbeitsplatz gehen über die Hitzebelastung hinaus, die alle im Freiland Tätigen betreffen; sie werden veränderte Arbeitszeiten und -methoden erfordern und Arbeitssicherheit wie Produktivität beeinflussen. Arbeitnehmer in Landwirtschaft, Fischerei, Forstwirtschaft, Baugewerbe, Tourismus und Rettungsdienst sind besonders gefährdet. Die Beschäftigung in diesen Sektoren wird von einer hohen Zahl an überwiegend männlichen Saisonarbeitern, Wanderarbeitern und Selbstständigen dominiert, die in der Regel keinen gesetzlichen Schutz genießen und häufig einen geringeren Grad an gewerkschaftlicher Organisation und betrieblicher Vertretung aufweisen. Hinzu kommen psychosoziale Probleme und verringerte Leistungsfähigkeit an nichtklimatisierten Arbeitsplätzen, neue Ursachen für Fehlzeiten usw. Insgesamt ist die Forschung über die Auswirkungen des Klimawandels auf Arbeitnehmer, Arbeitsplätze und Arbeitsproduktivität noch lückenhaft, aber die Folgen der Umweltkrise für die Arbeitswelt und damit auch für die Wirtschaft sollten nicht unterschätzt werden (Eurofound 2024). Neben der Emissionsreduzierung und Schadensreparatur ist deshalb heute auch Klimafolgenanpassung ein Gebot der Stunde, um Dürreschäden und Hitzetote, Wassernot und Wirtschaftskrisen zu begrenzen.

Das National Bureau of Economic Research der USA schätzt aktuell, dass die makroökonomischen Schäden allein durch den Klimawandel sechsmal größer sind als bisher angenommen (Bilal/Känzig 2024). Die Schätzung basiert auf einer verbesserten weltwirtschaftlichen Berechnungsmethode, denn globale Temperaturschocks korrelieren viel stärker mit extremen klimatischen Ereignissen als die in der Literatur üblicherweise verwendeten Temperaturschocks auf Länderebene. Demnach führt ein Anstieg der globalen Temperatur um 1 °C zu einem Rückgang des weltweiten BIP um 12 %. In einem neoklassischen Standard-Wachstumsmodell führt ein Business-as-usual-Szenario für die Erwärmung zu einem Wohlfahrtsverlust von 31 % des Gegenwartswerts.

Aus diesen Gründen stehen wir, so Kotz et al. (2024), vor einer langfristigen, klimawandelbedingten Rezession der gesamten Weltwirtschaft.

Erneuerung mit leeren Kassen?

Sollen zudem die planetaren Grenzen eingehalten und so Kollaps-Situationen vermieden werden, erfordert das einen tiefgehenden Umbau der Produktionsstrukturen. Bisher wurde z.B. die Einführung von CO_2-freiem Stahl mit Milliarden an öffentlichen Mitteln bezuschusst, und weitere Milliarden sind für die Dekarbonisierung der mittelständischen Wirtschaft bereitgestellt (BMWK 2024). Darüber hinaus soll der Staat – so die Forderung der Wirtschaft, weil die technischen Herausforderungen und ökonomischen Risiken unüberschaubar sind – Investitionsanreize geben, die Investitionen absichern, schnellstmöglich die Haftung für die CO_2-Speicher übernehmen und sich auch an den Kosten für tausende Kilometer neuer Pipelines für Gas, Wasserstoff und CO_2 beteiligen (BDI 2024a, b). Aber selbst wenn die öffentlichen Haushalte derart zugunsten der Industrie belastet würden, blieben dennoch Milliardeninvestitionen in Chemie, Fahrzeugbau, Hoch- und Tiefbau, Maschinenbau, Logistik, Landwirtschaft usw., die die Wirtschaft zu tragen hätte. Nimmt man diese Notwendigkeiten zusammen (die von konservativen Parteien wie CDU/CSU, FDP und AfD unter Vernachlässigung der Umweltvorsorge geleugnet werden), so muss die Industrie massive Umbauinvestitionen vornehmen, während gleichzeitig die demografische Entwicklung, der Fachkräftemangel und dauerhaft hohe Fehlzeiten die Produktion drücken und parallel dazu die Weltmärkte schrumpfen werden.

Welche Gefahren das für die extrem exportabhängige deutsche Industrie mit sich bringt, zeigt sich zurzeit am Beispiel Volkswagen: Zukunftsinvestitionen in Milliardenhöhe finanzieren zu müssen, während die Erträge stagnieren oder einbrechen, führt auch die finanzkräftigsten Unternehmen in die Krise – und umso mehr die kleinen und mittelständischen Betriebe, die in ihren Segmenten Weltmarktführer sind und die die Stärke der deutschen Wirtschaft ausmachen (Spiegel 2024). Globaler Freihandel war und ist die Basis des deutschen Wohlstands – nicht zuletzt infolge der ungleichen Austauschbeziehungen zwischen Nord und Süd. Diese grundlegende Voraussetzung des deutschen Wirtschaftsmodells ist heute von gestern, nicht erst dadurch, dass die US-Regierung mit ihrer Zollpolitik die Ära des Freihandels beendet hat.

Auch auf der Makroebene gilt, dass wenn eine Volkswirtschaft bei *gleichbleibender* Wertschöpfung spürbar mehr Rüstungs- und Investitionsgüter herstellt, die Menge der zur Verfügung stehenden Konsumgüter schrumpfen muss. Existenzsichernde Umbauinvestitionen sind zudem defensiv und müssen bei begrenzten Einnahmen zu Lasten von wirtschaftlich produktiven Investitionen getätigt werden – was zu einem Schrumpfen des Produktionspotenzials und damit *sinkender* Produktion und Wertschöpfung führt. Zwar kann die öffentliche Hand mit (kriegs-)keynesianischen Investitionsprogrammen für Rüstung und zur Umwelt- und Infrastruktursanierung einen Wachstumseffekt erzeugen, doch wenn die öffentlichen Mittel in defensive Maßnahmen investiert werden (müssen), schaffen sie zwar Arbeit, Einkommen, Umsätze und Steuereinnahmen; da jedoch keine zusätzliche Wertschöpfung erfolgt, ist der Rückfluss geringer als die öffentliche Investition – vermiedener Schaden zahlt sich aus, aber er zahlt nichts ein. Ähnlich liegt der Fall bei gemeinnützigen Sozialinvestitionen: Was über Kreditmodelle laufen kann (z.B. an Wohnungsbaugenossenschaften), ist mit einer Schuldenbremse kompatibel, denn es fließt irgendwann zurück – aber auch das gilt nur für produktive Investitionen.

Auch trickreiche Vorschläge wie derjenige, die hohen deutschen Ersparnisse, die bisher als Kredite ins Ausland fließen, zur Finanzierung von Nachhaltigkeitsinvestitionen ins Inland umzulenken (Petersen 2024), bieten keinen Ausweg aus dem Dilemma. Da diese Kredite Einkäufe in Deutschland finanzieren, bedeutet der Vorschlag von Petersen, die hohen und international kritisierten Handels- bzw. Leistungsbilanzüberschüsse weiter zu verstärken – was zu einem Ausfall der exportgenerierten Einnahmen führen würde, die bisher in Investitionen und Konsum fließen. Zahlreiche Arbeitsplätze und bisherige produktive Investitionen würden wegfallen, was wiederum die Gesamtwertschöpfung reduzieren würde. Weniger Wertschöpfung impliziert aber, dass die Summe der Arbeitseinkommen entsprechend sinkt – eine Folge, die durch Umverteilung nur teilweise und zeitweise abgefedert werden kann. Auch der Konsum wird also die Wirtschaft nicht dauerhaft stabilisieren können. Das deutsche Erfolgsmodell des exportgetriebenen Wachstums steht damit vor dem Scheitern.

Sinken jedoch die Löhne, Gehälter und Umsätze, dann sinkt auch das Steueraufkommen. Maßnahmen wie eine Erhöhung der Unternehmenssteuern und eine Ausweitung der Steuerbasis z.B. durch eine Bodenwertsteuer oder die Wiedererhebung der Vermögenssteuer finden in der Dauerrezession ihre Grenzen in der eingeschränkten Zahlungsfähigkeit der Betroffenen –

von der Zahlungswilligkeit ganz zu schweigen. Eine angemessene Erbschaftsbesteuerung ist möglich, aber in Deutschland weitgehend tabu. Wenn aber das oberste Prozent der Menschen so viel Vermögen besitzen wie die unteren 90 % zusammen, wie dies heute in den Vereinigten Staaten der Fall ist, ist es an der Zeit, drastische Maßnahmen zu ergreifen und ggf. dem Reichtum des Einzelnen Grenzen zu setzen. Es ist ein Skandal, wenn in einem Land im selben Jahr mehr Geld vererbt als verdient wird – in Deutschland beträgt das Verhältnis zurzeit 1:3 (Tiefensee/Grabka 2017).

Solange die wirklich großen Vermögen aber nicht angetastet werden, bleiben die Möglichkeiten des Staates begrenzt, die Kosten von Umbauprozessen durch großzügige Zuschüsse abzufedern – eine Herausforderung, die die Bundesregierung schon in der Covid- und der Gaskrise geleugnet hat. So werden Erwartungen auf einen schmerzfreien Umbau genährt, deren Enttäuschung dann wieder Wasser auf die Mühlen der Rechtsextremen ist (Acemoglu 2024). Das gilt besonders, wenn alle verfügbaren Reserven in unnötige Aufrüstung gesteckt werden (Panzer sind heute »Drohnenfutter«) und dann das Geld fehlt, um dringende soziale Notwendigkeiten anzugehen, also z.B. Alters- und Kinderarmut zu eliminieren, Renten zu sichern, Bildung zu verbessern und Gesundheit und Pflege bezahlbar zu halten (Hillebrand 2024).

Ganz unbestreitbar sind die wirtschaftlichen Kosten eines klimaneutralen Umbaus von Wirtschaft und Gesellschaft enorm, aber sie sind deutlich niedriger als die Kosten, die der voranschreitende Klimawandel mit sich bringt: Nichtstun können wir uns nicht leisten – es ist die teuerste Option, ökologisch, sozial und wirtschaftlich.

Machen wir uns ehrlich!

Vor dem Kohlezeitalter waren Produktion und Konsum durch die verfügbaren Ressourcen begrenzt (Biomasse und einige Metalle, Wind und die Muskelkraft von Mensch und Nutztieren) – das begrenzte Angebot war die unabhängige Variable und bestimmte den Konsum als abhängige Variable. Armut und Hunger prägten das Leben der Menschen. In der fossilen Ära drehte sich das Verhältnis um: Der Konsum wurde die unabhängige Variable – es wurde mehr nachgefragt, mehr gefördert und produziert, und die Menschen konnten (nach zahlreichen und schweren gewerkschaftlichen Kämpfen) das Elend hinter sich lassen und in die moderne Konsumgesellschaft eintreten. Diese bestimmende Funktion der Nachfrage ist bis heute eine Grundannahme, ein nicht weiter hinterfragtes Dogma von Politik und Wirtschaftswissenschaften, wie jeder Einführung in die Volkswirtschaftslehre zu entnehmen ist. Mit dem Ende der fossilen Ära dreht sich das Verhältnis jedoch wieder – mehr Sonne und mehr Wind können nicht je nach Nachfrage bereitgestellt werden, und auch die Ressourcen, die für ihre stärkere Ausbeutung benötigt werden (Metalle für Windräder, Generatoren, Solarpaneele usw.) sind erschöpflich bzw. erfordern immer weiter steigende Energiemengen zu ihrer Gewinnung, bis zu dem Punkt, da die Produktion von Energiegewinnungsanlagen mehr Energie erfordert, als das Endprodukt liefert (Valero et al. 2018): Die »low hanging fruits« sind schon lange geerntet worden. Auch der Bedarf an menschlicher Arbeit steigt, wenn Produkte, die bisher im Ausland gefertigt werden, nicht mehr mitsamt der in ihnen enthaltenen Arbeitsleistung importiert, sondern im Inland hergestellt werden (Pérez-Sánchez et al. 2021). Der aktuelle Arbeitskräftemangel dürfte sich also perpetuieren und noch verschärfen – auch dies mit erheblichen Folgen für das Produktionspotenzial. Die 200-jährige Epoche des Wirtschaftswachstums endet mit dem Ende des fossilen Zeitalters und bleibt eine Episode der menschlichen Kulturgeschichte (Di Felice et al. 2018; Spangenberg/Kurz 2023).

Diese Umkehrung der Verhältnisse ist nicht zeitlich begrenzt, sondern dauerhaft – die zeitlich begrenzte Ausnahme war das fossile Zeitalter, mit den einleitend beschriebenen Folgen, unter denen wir jetzt leiden. Erschöpfte Ressourcen sind unwiederbringlich verbraucht, jeder Recyclingprozess erzeugt mehr Belastung (das ist ein thermodynamisches Naturgesetz: Durch Rohstoffkonzentration entsteht ein nieder-entropisches Produkt, in seinem Gewinnungsprozess aber mehr Entropie andernorts); eine geschlossene Kreislaufwirtschaft kann es nicht geben, Systemtransformationen sind weitgehend irreversibel. Die kommende Formation des Kapitalismus wird nicht von der Art von Knappheiten geprägt, die die Wirtschaftswissenschaften seit 200 Jahren berechnen, sondern wird eine Ressourcenmangelwirtschaft sein (Quellen und Senken). Es gilt nicht länger, dass bei Knappheit zwar ein Gut teurer wird, zu diesem erhöhten Preis aber wieder genug des nachgefragten Gutes oder ein gleichwertiges Substitut zur Verfügung steht (eine Grundannahme der Wirtschaftswissenschaften), jedenfalls für diejenigen, die über genügend Kaufkraft verfügen. In dieser Situation kann nicht mehr jeder Wunsch erfüllt, jede Nachfrage befriedigt werden – man muss Prioritäten setzen, für welche Produkte und Dienstleistungen die begrenzten Ressourcen eingesetzt werden sollen und welche Produkte nicht mehr hergestellt, welche Dienstleistungen nicht mehr erbracht werden sollen (Kurz 2024; Spangenberg/Kurz 2023). In solchen Mangelsituationen kann die Allokation von Gütern nicht mehr allein dem Markt überlassen bleiben, wie die Pharma- und die Chemieindustrie angesichts der 2022 drohenden Gasmangellage mit erfrischender Klarheit erkannt und deswegen ein quotenbasiertes Zuteilungssystem gefordert haben. Die Ausgestaltung der Verteilungssysteme wird einer der politischen Kernkonflikte der Zukunft sein.

Dieser Konflikt ist es auch, der mit darüber entscheidet, ob mit der Mangelsituation auch die Unterversorgung der Bevölkerung mit wichtigen Produkten und Dienstleistungen zurückkehrt – oder ob die hochentwickelten Produktionskapazitäten so genutzt werden, dass die Lebensqualität (deren Definition sich in dem Anpassungsprozess auch ändern wird) der Bürgerinnen und Bürger gesichert werden kann. Klar ist jedenfalls, dass Armut durch mangelnden Ressourcenzugang und dadurch Unterkonsum genauso wenig nachhaltig ist wie der heute zu beobachtende Überkonsum von den oberen Mittelschichten bis hin zu den Privat-Jet-Millionären.

Virulente soziale Probleme

Das verweist auf die persistenten sozialen Probleme, die mit zunehmender Belastung durch die Umweltkrisen noch wachsen: steigende Kosten für Gesundheit und Pflege, Personalmangel in Erziehung und Bildung und besonders in den der Care- und sonstigen (seit Corona bekannten) »essenziellen Berufen« (Investmentbanker gehören nicht dazu), auch im öffentlichen Dienst, die zudem oft zu schlecht bezahlt sind, um attraktiv zu sein (Spangenberg/Lorek 2022). Auch die Schließung der Einkommenslücke zwischen Männern und Frauen erfordert private wie öffentliche Ausgaben, die wiederum öffentliche Einnahmen voraussetzen. Das geht nur begrenzt über Kreditaufnahme, denn diese bedeutet, dass der Staat von Wohlhabenden leiht und mit Zinsen aus Steuern zurückzahlt – eine Umverteilung von unten nach oben also, die nicht beliebig ausgeweitet werden kann, auch nicht, wenn begrenzende Rechtsvorschriften wie die Schuldenbremse entfallen sollten. Die Ökonomin und Philosophin Ingrid Robeyns schlägt deshalb eine Vermögensobergrenze von 10 Millionen Euro oder US-Dollar pro Person vor, auch weil die Konzentration von extremem Reichtum die Fähigkeit von Regierungen verringert, in öffentliche Güter wie Bildung, Gesundheitsversorgung und Klimaschutz zu investieren (Robeyns 2024). Bezieht man die 10-Millionen-Euro-Grenze nicht auf das persönliche Vermögen, sondern auf die pro Kopf ererbbaren Werte, dann wären das, unverzinst, 10.000 Euro leistungsloses Einkommen pro Monat, von Geburt an bis nach dem 80. Lebensjahr für die Erben der Superreichen – kein schlechtes Leben und ein wirksames Symbol für die soziale Funktion des Staates in der Gesellschaft.

Sozialer Ausgleich ist eine Daueraufgabe in der Demokratie – das ist möglich, wie die Verringerung der Ungleichheit in den Ländern mit hohen Einkommen von den 1930er- bis Ende der 1970er-Jahre zeigt (Piketty 2013). Sie war im Wesentlichen darauf zurückzuführen, dass Gewerkschaften und andere soziale Bewegungen politischen Druck ausübten und den Staat dazu brachten, eine größere Rolle beim Schutz der Schwachen zu spielen (Nature 2023). Geschieht das nicht und die soziale Polarisation nimmt zu, ist die Demokratie gefährdet, sobald die Zeiten wirtschaftlich schwieriger werden. Wir brauchen ein neues Leitbild der »Ökonomie der Endlichkeit« – und dazu die Emanzipation der Politik vom ökonomischen Narrativ des Mainstreams (Scherer 2024). Nachhaltiges Handeln muss zur politischen wie zur sozialen Norm werden; nicht jedes vorsichtige Rütteln am Status quo ist ein Angriff auf die persönliche Freiheit, denn Freiheit ohne Verantwortlichkeit ist Willkür und die rücksichtslose Verteidigung von Privilegien das Ende des sozialen Zusammenhalts (Heitmeyer 2012).

Soziale Gerechtigkeit ist auch eine wesentliche Voraussetzung für ökologische Nachhaltigkeit. Die Wissenschaft ist eindeutig: Menschen in gleicheren Gesellschaften sind vertrauensvoller und schützen die Umwelt eher als Menschen in ungleichen, konsumorientierten Gesellschaften. Ungleichheit beeinflusst auch das Konsumverhalten, denn der wahrgenommene Zusammenhang zwischen Reichtum und Selbstwert veranlasst die Menschen dazu, Güter zu kaufen, die mit einem hohen sozialen Status verbunden sind, um so ihr Erscheinungsbild gegenüber anderen zu verbessern – wie der US-amerikanische Wirtschaftswissenschaftler Thorstein Veblen vor mehr als einem Jahrhundert in seinem Buch *The Theory of the Leisure Class* (1899) darlegte. Der öffentlichkeitswirksame Lebensstil der Reichen demonstriert Standards und Lebensweisen, denen andere nachzueifern versuchen, was wiederum eine Kaskade von Ausgaben auslöst: Menschen, die in ungleicheren Gesellschaften leben, geben mehr für Statusgüter aus. Mehr Gleichheit würde ungesunden und übermäßigen Konsum reduzieren und die Solidarität und den Zusammenhalt stärken, die notwendig sind, um die Gesellschaften anpassungsfähiger gegenüber dem Klima und anderen Notlagen zu machen (Wilkinson/Pickett 2024).

Außerdem sind die Kosten der Ungleichheit für die Regierungen untragbar hoch. So schätzt der in London ansässige Equality Trust, dass allein das Vereinigte Königreich mehr als 128 Milliarden Pfund pro Jahr einsparen könnte, wenn es seine Ungleichheit auf den Durchschnitt der fünf OECD-Länder mit den geringsten Einkommensunterschieden – Dänemark, Finnland, Belgien, Norwegen und die Niederlande – reduzieren würde (Equality Trust 2023). Auch in Deutschland stellt die zunehmende Einkommensungleichheit eine (nicht nur) finanzielle Belastung dar. Direkt nach der Wiedervereinigung im Jahr 1991 lag der Gini-Koeffizient der Haushaltseinkommen in Westdeutschland bei 0,25 und 1992 in den neuen Bundesländern bei 0,2. Ab 1999 stieg die Ungleichheit steil an: Bis zum Jahr 2021 erhöhte sich der Koeffizient auf 0,31 und liegt damit leicht oberhalb des EU-Durchschnitts, aber noch deutlich unter den 0,39 der USA (Spannagel/Zucco 2022). Schaut man jedoch genauer hin und betrachtet die Primäreinkommen – also Einkommen vor jeglicher staatlichen Umverteilung –, dann liegt Deutschland mit einem Gini-Koeffizienten von ca. 0,50 auf dem Niveau der USA (Niehues/Stockhausen 2024). Die staatlichen Umverteilungssysteme begrenzen so die Erosion von demokratischen Einstellungen und Vertrauen in die Politik (Spannagel/Brülle 2024) – was bei leeren öffentlichen Kassen immer schwieriger wird. Wilkinson und Pickett schlussfolgern, es sei wichtig, dass die politischen Entscheidungsträger jetzt handeln, um die jahrzehntelange Zunahme der Ungleichheit umzukehren und die höchsten Einkommen zu begrenzen. Eine progressive Besteuerung müsse eine Rolle spielen, aber auch die institutionellen Rahmenbedingungen der Wirtschaft: Die Verteilung der Primäreinkommen muss gerechter werden (und so den Sozialstaat entlasten). Unternehmenspraktiken wie Mitarbeiterbeteiligung, Vertretung in Unternehmensvorständen und Aktienbesitz sowie Gegenseitigkeitsgesellschaften und Genossenschaften tragen dazu bei, das Ausmaß der Einkommens- und Vermögensungleichheit zu verringern (Wilkinson/Pickett 2024).

Wege in der Polykrise

Die Umweltkrise ist eine zentrale neue soziale Frage des 21. Jahrhunderts, denn ihre Folgen werden vor allem sozial benachteiligte Menschen besonders stark betreffen – während sich die alten sozialen Fragen nach Gerechtigkeit der Einkommens- und Vermögensverteilung weiter zuspitzen. Deswegen ist Klimaanpassungspolitik auch Politik für mehr soziale Gerechtigkeit. Sie darf sich nicht darauf beschränken, physische Infrastrukturen vor den direkten Folgen des Klimawandels zu schützen, sondern muss eine ganzheitliche Perspektive einnehmen und die Ursachen für die unterschiedliche Betroffenheit, nämlich die soziale Ungleichheit, berücksichtigen (Teebken/Schipperges 2024): Die Klimawende muss neben der Sorge um das Ende der Welt auch der um das Ende des Monats Rechnung tragen. So offensichtlich die Bedarfe in Klima-, Umwelt- und Sozialpolitik auch sind, bisher führt die Ablehnung von Steuererhöhungen und des Abbaus umweltschädlicher Subventionen dazu, dass kontinuierlich weitere Schäden entstehen und politische Weichenstellungen zugunsten des Allgemeinwohls nicht mehr umgesetzt werden können (Hildebrand 2024).

Angesichts der vielfältigen Herausforderungen und der weitgehend fehlenden gesellschaftlichen Diskussion über eine angemessene Politik können hier nur einige Stichworte genannt werden, die teils Ziele, teils Schritte auf einem sozialverträglichen Weg in der Polykrise beschreiben. Dazu gehört:

- ein europäisches Ressourcenschutzgesetz, das für alle wichtigen Stoffgruppen Import-Obergrenzen einführt und so den kommenden Mangel vorwegnimmt – so wird aus einer Klippe ein Abhang, was der Wirtschaft eine planbare Entwicklung vorgibt, einen plötzlichen Absturz verhindert und zudem die Zeit bis zum endgültigen Auslaufen der Ressourcenverfügbarkeit erhöht. Da die traditionelle Politik versagt hat und der Zeitdruck extrem ist, sind neue Instrumente zur sofortigen Reduzierung des Verbrauchs erforderlich. Die Rationierung des Ressourcenverbrauchs wäre eine solche Maßnahme, da sie den Ressourceneinsatz in den Volkswirtschaften begrenzt und gleichzeitig den Handel zwischen ihnen ermöglicht. Auf nationaler Ebene werden neue Zuteilungsmechanismen notwendig, die auf Gerechtigkeit, Widerstandsfähigkeit/Resilienz und sozialer Nachhaltigkeit beruhen (Spangenberg 2022).
- eine Grundsicherung, die den kostenlosen Zugang zu elementaren Gütern wie Strom, Wärme und Wasser gewährt und die durch progressive Tarife für alle Verbraucher dieser Güter finanziert wird. So würden keine Steuermittel in Anspruch genommen, und die höheren Preise für Vielverbraucher würden auch für diese Gruppe erstmals Anreize setzen, mit Ressourcen sparsam umzugehen (Spangenberg/Neumann 2023).
- die Primäreinkommen gerechter zu gestalten und so die Sozialsysteme zu entlasten sowie sie vom Wirtschaftswachstum unabhängig zu machen, z.B. durch Finanzierung aus nicht abwanderungsbedrohten Quellen wie

Bodensteuern, Erweiterung des Kreises der Zahlungspflichtigen (Beamte, Selbstständige), (keine Obergrenzen mehr) und progressive Ausgestaltung der Tarife.

- die Privatisierung von Lebensrisiken rückgängig zu machen, durch angemessene Ausstattung der Arbeitslosen- und Sozialversicherungen und eine Rücknahme der Teilprivatisierung der Alterssicherung. In privaten wie in öffentlichen Rentenversicherungen werden die Renten aus den Erträgen des letzten Jahres gezahlt; sie sind bei der öffentlichen Versicherung am höchsten, wenn es gut bezahlte sozialversicherungspflichtige Arbeit und wenig Arbeitslosigkeit gibt – bei der privaten Versicherung aber, wenn Gewinne der Unternehmen besonders hoch waren, gleichgültig, wie hoch Einkommen und Arbeitslosigkeit sind. Immer mehr Rentenempfangende auf das letztere Ziel einzuschwören, z.B. durch eine Aktienrente, ist politisch fatal. Zudem sollte nach der letzten Inflationswelle allen klar geworden sein, dass die öffentliche, nicht aber die private Rentenversicherung einen Inflationsausgleich bietet: Der kaufkraftbereinigte Wert der Privatrente ist dauerhaft gesunken, der der öffentlichen nähert sich dank erfolgreicher gewerkschaftlicher Tarifabschlüsse wieder dem Vorkrisenwert an.
- die Förderung von Gemeingütern und öffentlichen Dienstleistungen auch als Ersatz für ausbleibende private Konsumoptionen. Wer sich kein Haus im Grünen leisten kann, braucht öffentliche Grünflächen, gerade in Zeiten von häufiger werdenden Hitzewellen. Die ineffizienteste Investition der Privathaushalte ist die in einen eigenen PKW – der steht im Schnitt 23 Stunden am Tag ungenutzt herum, ist also eher Autostabil als Automobil. Das geht aber nur, wenn Verkehrsvermeidung Priorität gewinnt (z.B. durch Online-Dienstleistungen, aber auch durch die Verfügbarkeit von wichtigen Dienstleistungen (Arzt, Einkaufsmöglichkeiten, Postamt, ...) in fußläufiger Entfernung, auch auf dem Land). Hinzukommen müssen natürlich eine zu Fuß Gehende und Radfahrende begünstigende Infrastruktur und ein ausgebauter öffentlicher Nahverkehr. Das entlastet das Haushaltsbudget ebenso wie die Umwelt.
- die Förderung von Pooling und Sharing: Gemeinsames Nutzen spart Kosten und Ressourcen. Wenn z.B. in Mietwohnungsblocks eine Hausmeisterin Werkzeug von der Säge bis zur Schlagbohrmaschine bereit hält, dann sparen die Bewohner die individuelle Anschaffung, haben immer ein gut gewartetes Gerät verfügbar und bei Bedarf auch eine Anleitung. Bietet die Person auch noch Reparaturleistungen für Haushaltsgeräte, wird das Angebot noch attraktiver. Ob es sich dabei um Mitarbeitende der Hausver-

waltung handelt, um eine lokale Servicegenossenschaft oder ein kleines Start-up, ist unwesentlich. Ein weiteres, gut bekanntes Beispiel ist das Carsharing (sofern es nicht von Automobilkonzernen zur Absatzankurbelung missbraucht wird).

- die Aufwertung ehrenamtlicher Tätigkeiten insbesondere in Bereichen, in denen öffentliche Dienstleistungen aus Kostengründen nur noch eingeschränkt angeboten werden können und/oder kommerzielle Alternativen nicht vorhanden oder zu teuer sind. Das reicht von der Nachbarschaftshilfe über die Hausaufgabenbetreuung und das Haustier-Hüten bis zum Mit-Einkaufen und zur Pflege und Kinderbetreuung. Solche Arbeiten können z.B. durch das Angebot einer kostenlosen Unfallversicherung und/oder die Anrechnung von solchen ehrenamtlichen Arbeitszeiten für den Erwerb von Rentenpunkten attraktiver gemacht werden (Hans-Böckler-Stiftung 2000). Die große Herausforderung dabei ist die Herstellung von Geschlechtergerechtigkeit: Der weit überwiegende Teil der unbezahlten Care-Arbeit wird heute von Frauen geleistet – statt zu einer weiteren »Feminisierung der Umweltverantwortung« (Schultz 1993) wie der Care-Zuständigkeit zu führen, müssen eventuelle Maßnahmen den gegenteiligen Effekt haben. Eine Möglichkeit, das sicherzustellen, wäre, aus dem freiwilligen sozialen Jahr ein verpflichtendes zu machen (und dafür auf eine neue Wehrpflicht zu verzichten).

Stolpersteine

Einige dieser Themen haben inzwischen die politische Arena erreicht; die Einsicht in die Notwendigkeit ist bei einer kleinen Gruppe von Entscheidungsträgern gewachsen, aber die weit überwiegende Mehrheit ignoriert die Probleme und die Dringlichkeit ihrer Lösung (nur die extreme Rechte leugnet sie). Die Gründe für zögerliches Handeln sind vielfältig, können aber überwunden werden, wenn eine breite Mehrheit der Bevölkerung das will. Es handelt sich nach Scherer (2024) u.a. um

- Angst vor den Wählern (»Kassandra wählt man nicht«). Das übersieht, dass nur Offenheit Vertrauen schafft, in die Problembeschreibungen wie in die – nicht immer einfachen – Lösungswege. Angst vor unpopulären Entscheidungen verhindert die Wahrnehmung der Kernaufgabe von Politik, nämlich die notwendigen Prioritäten zu setzen und zu entscheiden, was besonders wichtig ist, wenn angesichts begrenzter Ressourcen nicht mehr alles möglich ist. Der Koalitionsvertrag von 2025 ist ein Beispiel par excellence: Zielkonflikte werden nicht entschieden, sondern vertagt.

- die ideologische Schwierigkeit, ein neues existenzielles Problem im eigenen politischen Koordinatensystem zu verorten. Wer Klimakrise und Biodiversitätsverlust als ausschließlich ökologisches Problem begreift, wird daraus weder die Notwendigkeit für eine andere Wirtschafts- und Gesellschaftspolitik ableiten können noch Umwelt als prioritäres Sicherheitsthema verstehen und sich der Prioritätenverschiebung zur Rüstungspolitik widersetzen (Klimawandel als neue politisch-kulturelle Spaltungslinie).
- die Abhängigkeit von wirtschaftlichen Interessen. Dabei geht es nicht nur um Lobbyismus und Parteispenden, sondern auch um die Lastenverteilung in der Gesellschaft, denn die Transformationslasten sind ungleich verteilt, und die Verrohung der Oberklassen durch die Ökonomisierung des Denkens steht jeder solidarischen Lösung im Wege (Heitmeyer 2012). Das betrifft erst recht die Notwendigkeit einer Einkommens- und Vermögensumverteilung.

Es geht also nicht nur um blockierende Wirkungen zwischen Wirtschaft, Staat und Bevölkerung, sondern auch um mangelnden politischen Gestaltungswillen in Politik und Wirtschaft sowie um das Festhalten an kultureller Identität und überkommenen Lebensformen und -erwartungen in weiten Teilen der Bevölkerung (Scherer 2024). Weil Wohlstand aber mehr bedeutet als Einkommen und Konsum (Zeitwohlstand, Teilen, Nutzen statt Besitzen, Gemeinschaft statt Ellenbogenkonkurrenz, ...), besteht auch unter Postwachstumsbedingungen die Chance, ein demokratisches Staatswesen mit einem Wohlstandsniveau zu erhalten, das ein gutes Leben für alle bedeutet. Kollaps ist keine Zwangsläufigkeit, aber es erfordert einen hohen gesellschaftlichen Druck, der auch eine Umverteilung materieller wie immaterieller Güter erzwingt, wenn es gelingen soll, Wege in der Krise sozial gerecht und menschenwürdig zu gestalten.

Literatur

Acemoglu, Daron (2024): Kurz vor dem Kollaps. Verantwortlich für den weltweiten Aufwind rechter Parteien ist auch die Politik der etablierten Kräfte. Viel Zeit zur Korrektur bleibt nicht, in: IPG Internationale Politik und Gesellschaft, 25.06.2024. https://www.ipg-journal.de/rubriken/demokratie-und-gesellschaft/artikel/kurz-vor-dem-kollaps-7600 ; letzter Abruf 5.1.2025

Ballester, Joan et al. (2023): Heat-related mortality in Europe during the summer of 2022, in: Nature Medicine 29, S. 1857–1866.

BDI – Bundesverband der Deutschen Industrie e. V. (2024a): Stellungnahme zum Gesetzentwurf der Bundesregierung. Entwurf eines Gesetzes zur Änderung des Kohlendioxid-Speicherungsgesetzes. BT-Drucksachen 20/11900, 20/12717, Ausschuss für Klimaschutz und Energie, Ausschussdrucksache 20(25)717, Deutscher Bundestag, Berlin.

BDI – Bundesverband der deutschen Industrie e. V. (2024b): Dekarbonisierung der Industrie – Der Weg in die Klimaneutralität. https://bdi.eu/artikel/news/dekarbonisierung-der-industrie-der-weg-in-die-klimaneutralitaet ; letzter Abruf 5.1.2025

Bilal, Adrien/Känzig, Diego R. (2024): The Macroeconomic Impact of Climate Change: Global vs. Local Temperature (= NBER Working Paper Series, Working Paper 32450). National Bureau of Economic Research, Cambridge/Massachusetts.

BMWK – Bundesministerium für Wirtschaft und Klimaschutz (2024): Förderrichtlinie ›Bundesförderung Industrie und Klimaschutz (BIK)‹, Berlin.

Di Felice, Louisa Jane/Ripa, Maddalena/Giampietro, Mario (2018): Deep Decarbonisation from a Biophysical Perspective: Greenhouse Gas Emissions of a Renewable Electricity Transformation in the EU, in: Sustainability 10(10), Artikel 3685.

Equality Trust (2023): Cost of Inequality 2023, London.

Eurofound – European Foundation for the Improvement of Living and Working Conditions (2024): Job quality side of climate change. European Union, Luxembourg.

GCEW – Global Commission on the Economics of Water (2024): The Economics of Water: Valuing the Hydrological Cycle as a Global Common Good. OECD, Paris.

Green Finance Institute (Hg.) (2024): Assessing the Materiality of Nature-Related Financial Risks for the UK, Oxford University Environmental Change Institute/University of Reading/UNEP-WCMC/National Institute of Economic and Social Research, London.

Hans-Böckler-Stiftung (Hg.) (2000): Arbeit und Ökologie, Endbericht, Düsseldorf.

Heitmeyer, Wilhelm (2012): Rohe Bürgerlichkeit – Bedrohung des inneren Friedens, in: Wissenschaft und Frieden 30(2), S. 39–41.

Hildebrand, Jan (2024): Steuereinnahmen brechen um 81 Milliarden Euro ein, in: Handelsblatt vom 16.05.2024. https://www.handelsblatt.com/politik/deutschland/haushaltsplanung-steuereinnahmen-brechen-um-81-milliarden-euro-ein-01/100037098.html ; letzter Abruf 5.1.2025

Hillebrand, Ernst (2024): Mehr, Mehr, Mehr. Trotz militärischer Überlegenheit gegenüber Russland herrscht eine Begeisterung für Aufrüstung und Militarisierung. Warum? in: IPG Internationale Politik und Gesellschaft 25.06.2024. https://www.ipg-journal.de/rubriken/aussen-und-sicherheitspolitik/artikel/mehr-mehr-mehr-7602 ; letzter Abruf 5.1.2025

Kemp, Luke et al. (2022): Climate Endgame: Exploring Catastrophic Climate Change Scenarios, in: Proceedings of the National Academy of Sciences 119(34), Artikel e2108146119.

Kotz, Maximilian/Levermann, Anders/Wenz, Leonie (2024): The economic commitment of climate change, in: Nature 628(8008); S. 551–557.

Kurz, Rudi (2024): Megathreats: Drohen sozio-ökonomische Tipping Points? in: Makronom vom 10. Dezember 2024. https://makronom.de/megathreats-drohen-sozio-oekonomische-tipping-points-47923 ; letzter Abruf 11.05.2025

McKay, David I. Armstrong et al. (2022): Exceeding 1.5°C Global Warming Could Trigger Multiple Climate Tipping Points, in Science 377(6611), Artikel abn7950.

Nature (2023): Reducing inequality benefits everyone — so why isn't it happening? in: Nature 620(468). Artikel d41586-023-02551-3.

Niehues, Judith/Stockhausen, Maximilian (2024): Einkommensverteilung in Europa: Wo stehen wir? in: IW-Kurzbericht Nr. 32, Institut der Deutschen Wirtschaft, Köln.

Pérez-Sánchez, Laura/Velasco-Fernández, Raúl/Giampietro, Mario (2021): The International Division of Labor and Embodied Working Time in Trade for the Us, the Eu and China, in: Ecological Economics 180, Artikel 106909.

Petersen, Thieß (2024): Wie die ökologische Transformation ohne Wohlstandsverluste gelingen könnte, in: Makronom 12.12.2024. https://makronom.de/wie-die-oekologische-transformation-ohne-wohlstandsverluste-gelingen-koennte-47931 ; letzter Abruf 5.1.2025

Piketty, Thomas (2013): Das Kapital im 21. Jahrhundert, München.

Robeyns, Ingrid (2024): Limitarianism: The Case against Extreme Wealth, London.

Schultz, Irmgard (Hg.) (1993): GlobalHaushalt. Globalisierung von Stoffströmen – Feminisierung von Verantwortung (= Forschungstexte des Instituts für sozial-ökologische Forschung, Band 3), Frankfurt a.M.

Scherer, Klaus-Jürgen (2024): Radikaler Reformismus für das Überleben. Sozialdemokratisches Narrativ in der Umweltkrise, in: perspektiven ds 41(1), S. 58–75.

Spangenberg, Joachim H. (2022): Only Radical is Realistic Now (= Hot or Cool Thinkpiece). Hot or Cool Institut, Berlin.

Spangenberg, Joachim H./Kurz, Rudi (2023): Epochal turns: Uncomfortable insights, uncertain outlooks, in: Sustainable Development, Artikel sd.2512.

Spangenberg, Joachim H./Lorek, Sylvia (2022): Who Cares (for Whom)? in: Frontiers in Sustainability 3, Artikel 3:835295.

Spangenberg, Joachim H./Neumann, Werner (2023): Progressive Preisgestaltung macht's möglich, in: Politische Ökologie 41(172), S. 124–127.

Spannagel, Dorothee/Brülle, Jan (2024): Ungleiche Teilhabe: Marginalisierte Arme – verunsicherte Mitte. (= WSI Verteilungsbericht 2024, Report Nr. 98). Wirtschafts- und Sozialwissenschaftliches Institut (WSI) der Hans-Böckler-Stiftung, Düsseldorf.

Spannagel, Dorothea/Zucco, Aline: (2022): Armut grenzt aus (= WSI Verteilungsbericht 2022, Report Nr. 79), Wirtschafts- und Sozialwissenschaftliches Institut (WSI) der Hans-Böckler-Stiftung, Düsseldorf.

Spiegel (2024): Krise bei VW und Co. – Die fetten Jahre sind vorbei, in: Der Spiegel 2024(59). https://www.spiegel.de/wirtschaft/unternehmen/volkswagen-krise-die-fetten-jahre-sind-vorbei-a-bf914f2e-a53a-4912-b9b6-85e4aab9cdda ; letzter Abruf 5.1.2025

Taberna, Alessandro et al. (2022): Coping with Increasing Tides: Evolving Agglomeration Dynamics and Technological Change under Exacerbating Hazards, in: Ecological Economics 202, Artikel 107588.

Teebken, Julia/Schipperges, Michael (2024): Soziale Frage Klimawandel. Klimaanpassung als sozialpolitische Gestaltungsaufgabe. Friedrich-Ebert-Stiftung, Bonn.

Tiefensee, Anita/Grabka, Markus M. (2017): Das Erbvolumen in Deutschland dürfte vermutlich gut ein Viertel größer sein als bisher angenommen, in: DIW-Wochenbericht 2017(27), S. 565–570.

Umweltbundesamt (2024): Gesellschaftliche Kosten von Umweltbelastungen. https://www.umweltbundesamt.de/daten/umwelt-wirtschaft/gesellschaftliche-kosten-von-umweltbelastungen#gesamtwirtschaftliche-bedeutung-der-umweltkosten ; letzter Abruf 5.1.2025

Valero, Alicia et al. (2018): Material Bottlenecks in the Future Development of Green Technologies, in: Renewable and Sustainable Energy Reviews 93, S. 178–200.

Veblen, Thorstein B. (1899): The Theory of the Leisure Class – an Economic Study of Institutions, New York.

Wilkinson, Richard G./Pickett, Kate E. (2024): Why the World Cannot Afford the Rich, in: Nature 627, S. 268–270.

Autoren

Christiane Heibach (geb. 1967), Professorin für Medienästhetik an der Universität Regensburg. Von 2009 bis 2013 DFG-Stipendiatin an der Hochschule für Gestaltung Karlsruhe; 2014/15 Vertretungsprofessorin an der Universität Konstanz; 2015 bis 2017 Leiterin des SNF-Projekts »Gestaltete Unmittelbarkeit. Atmosphärisches Erleben in einer affektiv-responsiven Umgebung« am Institut Experimentelle Design- und Medienkulturen der FHNW Basel. Forschungsschwerpunkte: Epistemologie der Multi- und Intermedialität, Theorie und Ästhetik Digitaler Medien, Ökologie und Medienkunst.

Uwe Hochmuth (geb. 1952), Research Fellow am Institut für Angewandte Wirtschaftsforschung (IAW). Er war u.a. Geschäftsführer des Sonderforschungsbereichs 3 (Mikroanalytische Grundlagen der Gesellschaftspolitik) der DFG und des Instituts für Angewandte Wirtschaftsforschung (IAW), Stadtkämmerer der Stadt Karlsruhe, Prorektor und Professor für Kulturökonomie an der Staatlichen Hochschule für Gestaltung Karlsruhe (HFG) sowie Professor für Finanzwissenschaft an der Hochschule der Wirtschaft für Management (HdWM). Studienaufenthalte u.a. an der London School of Economics und der University of California, Berkeley. Lehraufträge u.a. an der Universität Karlsruhe (KIT) und der Türkisch-Deutschen Universität Istanbul. Seine Forschungsschwerpunkte sind Mikrotheorie, Kulturökonomie und Demokratietheorie.

Jürgen Kopfmüller (geb. 1959), Dipl.-Volksw., wissenschaftlicher Mitarbeiter am Institut für Technikfolgenabschätzung und Systemanalyse (ITAS) am Karlsruher Institut für Technologie (KIT). 2010 bis 2020 Co-Leitung des Forschungsbereichs »Nachhaltigkeit und Umwelt«. Derzeit Koordinator der Querschnittsaktivität »Nachhaltigkeit«. 2005 bis 2010 Co-Vorsitzender

der Vereinigung für Ökologische Ökonomie (VÖÖ). Mitglied in verschiedenen Projektbeiräten und Gremien. Forschungsschwerpunkte: Nachhaltigkeitskonzepte, Nachhaltigkeitsbewertung, nachhaltige Stadtentwicklung, Energiesystemanalyse, Szenarioanalyse, Integriertes Wasserressourcen-Management, Qualitätskriterien für Forschung.

Rudi Kurz (geb. 1952), ehrenamtlicher Sprecher des Arbeitskreises Wirtschaft und Finanzen im Bund für Umwelt und Naturschutz Deutschland (BUND). Er war wissenschaftlicher Referent am Institut für Angewandte Wirtschaftsforschung (IAW), Guest Scholar an der Brookings Institution (Washington, DC) und Professor für Volkswirtschaftslehre an der Hochschule Pforzheim. Gutachter- und Beratertätigkeit für verschiedene Bundes- und Landesministerien. Seine Forschungsschwerpunkte sind Ordnungspolitik, Innovationsforschung, Wirtschaftswachstum, Umweltökonomie und Nachhaltige Entwicklung.

Michael Mangold (geb. 1962), Dipl.-Soz., Dr. phil., Research Fellow am Institut für Angewandte Wirtschaftsforschung (IAW). Von 1993 bis 2000 wissenschaftlicher Referent am IAW. Von 2000 bis 2015 Gründer und Leiter des Instituts für Medien, Bildung und Wirtschaft am ZKM | Zentrum für Kunst und Medien, Karlsruhe. Forschungsprojekte und Beratertätigkeit für die Europäische Kommission sowie für verschiedene Landes- und Bundesministerien. Beteiligt am Aufbau der Türkisch-Deutschen Universität Istanbul im Fachbereich Medien- und Kulturwissenschaften. Forschungsschwerpunkte: Demokratietheorie, wirtschaftlicher und sozialer Wandel.

Uwe Pfenning (geb. 1958), Honorarprofessor für Soziologie (Universität Stuttgart). Institut für Sozialwissenschaften. Abtl. für Soziologie mit Schwerpunkt sozialwissenschaftliche Forschungsmethoden. Von 2012 bis 2015 wissenschaftlicher Leiter am Deutschen Zentrum für Luft- und Raumfahrt. Forschungsschwerpunkte: Soziale Netzwerke, politische Beteiligung und Bürgerbeteiligung, Techniksoziologie, Soziologie der Energiewende.

Werner Röger (geb. 1955), Dipl.-Volksw., Dr. rer. pol., Fellow am Deutschen Institut für Wirtschaftsforschung (DIW) und an der Katholischen Universität Löwen. Wissenschaftlicher Referent am Institut für Angewandte Wirtschaftsforschung (IAW) von 1981 bis 1988. Von 1989 bis 2004 Mitarbeiter in der Generaldirektion für Wirtschaft und Finanzen bei der EU-Kommission. Von 2005 bis

2020 Leiter der Abteilung Ökonomische Modelle der Kommission. Gutachtertätigkeit für die Leibniz-Gemeinschaft. Forschungsschwerpunkte: Makroökonomische Modelle, Potentialwachstum, Geld- und Fiskalpolitik.

Joachim H. Spangenberg (geb. 1955), Dipl.-Biologe, Ökologe, Dr. rer. pol., Forschungstätigkeiten am IEUP, am Wuppertal Institut, SERI Institut sowie am UFZ, zurzeit Mitarbeiter des FZ Jülich. Ehrenamtlich Vorsitzender des Wissenschaftlichen Beirats des BUND, zuvor u.a. Mitglied im deutschen Bioökonomierat, dem Scientific Committee der EEA, der High Level Expert Group on Resource Efficiency der EU-Kommission sowie der OECD Task Force Green Growth and Sustainable Development. Forschungsschwerpunkte: Integrierte Strategien nachhaltiger Entwicklung für Biodiversität, Klima und soziale Entwicklung, Stakeholderbeteiligung, nachhaltiger Konsum, Postwachstum.

Jürgen Volkert (geb. 1962), Professor für Volkswirtschaftslehre (Hochschule Pforzheim). Mitglied im Wissenschaftlichen Beirat des Instituts für Angewandte Wirtschaftsforschung (IAW) seit 2000; Mitherausgeber des *Journal of Human Development and Capabilities* seit 2022. GAAC-Post-Doc-Stipendium 1999 bis 2000 zum Forschungsaustausch am MIT Cambridge, Massachusetts und am WZB Berlin. IAW-Geschäftsführer (Wissenschaftliches Forschungsprogramm) von 1997 bis 2000. Wissenschaftlicher IAW-Referent 1996. Forschungsschwerpunkte: Nachhaltigkeit, Armut, Migration, Herausforderungen der Standardökonomik, Capability-Ansatz, Ethik.

Hugo Winters (geb.1963), Dipl.-Volksw., Dr. rer. pol., Partner bei Economic Trends Research GbR, Hamburg. Von 1998 bis 2010 Mitarbeiter der Freien und Hansestadt Hamburg: Senatskanzlei, Behörde für Wissenschaft und Forschung, Staatsrat der Behörde für Stadtentwicklung und Umwelt. 2011 bis 2013 Haushaltsdirektor des Landes Bremen, 2014 bis 2018 Berater im Programm Good Financial Governance in Africa der GIZ mit Sitz in Südafrika. Seither internationale Beratungs- und Forschungsschwerpunkte: Public Finance, Accountability, Governance und Wirtschaftspolitik/Transformation.